全国一级建造师执业资格考试历年真题+冲刺试卷

建设工程经济历年真题+冲刺试卷

全国一级建造师执业资格考试历年真题+冲刺试卷编写委员会 编写

中国建筑工业出版社

图书在版编目（CIP）数据

建设工程经济历年真题+冲刺试卷／全国一级建造师执业资格考试历年真题+冲刺试卷编写委员会编写. -- 北京：中国建筑工业出版社，2024.12. --（全国一级建造师执业资格考试历年真题+冲刺试卷）. -- ISBN 978-7-112-30711-1

Ⅰ．F407.9-44

中国国家版本馆 CIP 数据核字第 2024YR9924 号

责任编辑：李　璇
责任校对：赵　力

全国一级建造师执业资格考试历年真题+冲刺试卷
建设工程经济历年真题+冲刺试卷
全国一级建造师执业资格考试历年真题+冲刺试卷编写委员会　编写
*
中国建筑工业出版社出版、发行(北京海淀三里河路9号)
各地新华书店、建筑书店经销
北京鸿文瀚海文化传媒有限公司制版
河北鹏润印刷有限公司印刷
*

开本：787 毫米×1092 毫米　1/16　印张：12½　字数：312 千字
2024 年 12 月第一版　　2024 年 12 月第一次印刷
定价：**40.00** 元（含增值服务）
ISBN 978-7-112-30711-1
(44011)

版权所有　翻印必究
如有内容及印装质量问题，请与本社读者服务中心联系
电话：(010) 58337283　　QQ：2885381756
（地址：北京海淀三里河路9号中国建筑工业出版社604室　邮政编码：100037）

前　言

　　"全国一级建造师执业资格考试历年真题+冲刺试卷"丛书是严格按照现行全国一级建造师执业资格考试大纲的要求，根据全国一级建造师执业资格考试用书，在全面锁定考纲与教材变化、准确把握考试新动向的基础上编写而成的。

　　本套丛书分为八个分册，分别是《建设工程经济历年真题+冲刺试卷》《建设工程项目管理历年真题+冲刺试卷》《建设工程法规及相关知识历年真题+冲刺试卷》《建筑工程管理与实务历年真题+冲刺试卷》《机电工程管理与实务历年真题+冲刺试卷》《市政公用工程管理与实务历年真题+冲刺试卷》《公路工程管理与实务历年真题+冲刺试卷》《水利水电工程管理与实务历年真题+冲刺试卷》，每分册中包含五套历年真题及三套考前冲刺试卷。

　　本套丛书秉承了"探寻考试命题变化轨迹"的理念，对历年考题赋予专业的讲解，全面指导应试者答题方向，悉心点拨应试者的答题技巧，从而有效突破应试者的固态思维。在习题的编排上，体现了"原创与经典"相结合的原则，着力加强"能力型、开放型、应用型和综合型"试题的开发与研究，注重与知识点所关联的考点、题型、方法的再巩固与再提高，并且题目的难易程度和形式尽量贴近真题。另外，各科目均配有一定数量的最新原创题目，以帮助考生把握最新考试动向。

　　本套丛书可作为考生导学、导练、导考的优秀辅导材料，能使考生举一反三、融会贯通、查漏补缺，为考生最后冲刺助一臂之力。

　　由于编写时间仓促，书中难免存在疏漏之处，望广大读者不吝赐教。衷心希望广大读者将建议和意见及时反馈给我们，我们将在以后的工作中予以改正。

读者如果对图书中的内容有疑问或问题，可关注微信公众号【建造师应试与执业】，与图书编辑团队直接交流。

建造师应试与执业

目　　录

全国一级建造师执业资格考试答题方法及评分说明

2020—2024 年《建设工程经济》真题分值统计

2024 年度全国一级建造师执业资格考试《建设工程经济》真题及解析

2023 年度全国一级建造师执业资格考试《建设工程经济》真题及解析

2022 年度全国一级建造师执业资格考试《建设工程经济》真题及解析

2021 年度全国一级建造师执业资格考试《建设工程经济》真题及解析

2020 年度全国一级建造师执业资格考试《建设工程经济》真题及解析

《建设工程经济》考前冲刺试卷（一）及解析

《建设工程经济》考前冲刺试卷（二）及解析

《建设工程经济》考前冲刺试卷（三）及解析

全国一级建造师执业资格考试答题方法及评分说明

全国一级建造师执业资格考试设《建设工程经济》《建设工程项目管理》《建设工程法规及相关知识》三个公共必考科目和《专业工程管理与实务》十个专业选考科目（专业科目包括建筑工程、公路工程、铁路工程、民航机场工程、港口与航道工程、水利水电工程、矿业工程、机电工程、市政公用工程和通信与广电工程）。

《建设工程经济》《建设工程项目管理》《建设工程法规及相关知识》三个科目的考试试题为客观题。《专业工程管理与实务》科目的考试试题包括客观题和主观题。

一、客观题答题方法及评分说明

1. 客观题答题方法

客观题题型包括单项选择题和多项选择题。对于单项选择题来说，备选项有4个，选对得分，选错不得分也不扣分，建议考生宁可错选，不可不选。对于多项选择题来说，备选项有5个，在没有把握的情况下，建议考生宁可少选，不可多选。

在答题时，可采取下列方法：

（1）直接法。这是解常规的客观题所采用的方法，就是考生选择认为一定正确的选项。

（2）排除法。如果正确选项不能直接选出，应首先排除明显不全面、不完整或不正确的选项，正确的选项几乎是直接来自于考试教材或者法律法规，其余的干扰选项要靠命题者自己去设计，考生要尽可能多排除一些干扰选项，这样就可以提高选择出正确答案的概率。

（3）比较法。直接把各备选项加以比较，并分析它们之间的不同点，集中考虑正确答案和错误答案关键所在。仔细考虑各个备选项之间的关系。不要盲目选择那些看起来、读起来很有吸引力的错误选项，要去误求正、去伪存真。

（4）推测法。利用上下文推测词义。有些试题要从句子中的结构及语法知识推测入手，配合考生自己平时积累的常识来判断其义，推测出逻辑的条件和结论，以期将正确的选项准确地选出。

2. 客观题评分说明

客观题部分采用机读评卷，必须使用2B铅笔在答题卡上作答，考生在答题时要严格按照要求，在有效区域内作答，超出区域作答无效。每个单项选择题只有1个备选项最符合题意，就是4选1。每个多项选择题有2个或2个以上备选项符合题意，至少有1个错项，就是5选2~4，并且错选本题不得分，少选，所选的每个选项得0.5分。考生在涂卡时应注意答题卡上的选项是横排还是竖排，不要涂错位置。涂卡应清晰、厚实、完整，保持答题卡干净整洁，涂卡时应完整覆盖且不超出涂卡区域。修改答案时要先用橡皮擦将原涂卡处擦干净，再涂新答案，避免在机读评卷时产生干扰。

二、主观题答题方法及评分说明

1. 主观题答题方法

主观题题型是实务操作和案例分析题。实务操作和案例分析题是通过背景资料阐述一个项目在实施过程中所开展的相应工作，根据这些具体的工作提出若干小问题。

实务操作和案例分析题的提问方式及作答方法如下：

（1）补充内容型。一般应按照教材将背景资料中未给出的内容都回答出来。

（2）判断改错型。首先应在背景资料中找出问题并判断是否正确，然后结合教材、相关规范进行改正。需要注意的是，考生在答题时，有时不能按照工作中的实际做法来回答问题，因为根据实际做法作为答题依据得出的答案和标准答案之间存在很大差距，即使答了很多，得分也很低。

（3）判断分析型。这类型题不仅要求考生答出分析的结果，还需要通过分析背景资料来找出问题的突破口。需要注意的是，考生在答题时要针对问题作答。

（4）图表表达型。结合工程图及相关资料表回答图中构造名称、资料表中缺项内容。需要注意的是，关键词表述要准确，避免画蛇添足。

（5）分析计算型。充分利用相关公式、图表和考点的内容，计算题目要求的数据或结果。最好能写出关键的计算步骤，并注意计算结果是否有保留小数点的要求。

（6）简单论答型。这类型题主要考查考生记忆能力，一般情节简单、内容覆盖面较小。考生在回答这类型题时要直截了当，有什么答什么，不必展开论述。

（7）综合分析型。这类型题比较复杂，内容往往涉及不同的知识点，要求回答的问题较多，难度很大，也是考生容易失分的地方。要求考生具有一定的理论水平和实际经验，对教材知识点要熟练掌握。

2. 主观题评分说明

主观题部分评分是采取网上评分的方法来进行，为了防止出现评卷人的评分宽严度差异对不同考生产生影响，每个评卷人员只评一道题的分数。每份试卷的每道题均由2位评卷人员分别独立评分，如果2人的评分结果相同或很相近（这种情况比例很大）就按2人的平均分为准。如果2人的评分差异较大超过4~5分（出现这种情况的概率很小），就由评分专家再独立评分一次，然后用专家所评的分数和与专家评分接近的那个分数的平均分数为准。

主观题部分评分标准一般以准确性、完整性、分析步骤、计算过程、关键问题的判别方法、概念原理的运用等为判别核心。标准一般按要点给分，只要答出要点基本含义一般就会给分，不恰当的错误语句和文字一般不扣分，要点分值最小一般为0.5分。

主观题部分作答时必须使用黑色墨水笔书写作答，不得使用其他颜色的钢笔、铅笔、签字笔和圆珠笔。作答时字迹要工整、版面要清晰。因此书写不能离密封线太近，密封后评卷人不容易看到；书写的字不能太粗太密太乱，最好买支极细笔，字体稍微书写大点、工整点，这样看起来工整、清晰，评卷人也愿意多给分。

主观题部分作答应避免答非所问，因此考生在考试时要答对得分点，答出一个得分点就给分，说得不完全一致，也会给分，多答不会给分的，只会按点给分。不明确用到什么规范的情况就用"强制性条文"或者"有关法规"代替，在回答问题时，只要有可能，就在答题的内容前加上这样一句话：根据有关法规或根据强制性条文，通常这些是得分点之一。

主观题部分作答应言简意赅，并多使用背景资料中给出的专业术语。考生在考试时应相信第一感觉，很多考生在涂改答案过程中往往把原来对的改成错的，这种情形很多。在确定完全答对时，就不要展开论述，也不要写多余的话，能用尽量少的文字表达出正确的意思就好，这样评卷人看得舒服，考生也能省时间。如果答题时发现错误，不得使用涂改液等修改，应用笔画个框圈起来，打个"×"即可，然后再找一块干净的地方重新书写。

2020—2024年《建设工程经济》真题分值统计

	命题点	题型	2020年（分）	2021年（分）	2022年（分）	2023年（分）	2024年（分）
第1篇 工程经济	第1章 资金时间价值计算及应用	单项选择题	2	3	3	3	4
		多项选择题	2			2	2
	第2章 经济效果评价	单项选择题	4	5	3	4	3
		多项选择题		2	4	2	2
	第3章 不确定性分析	单项选择题	2	1	2	2	2
		多项选择题	2	2		2	2
	第4章 设备更新分析	单项选择题	3	1	2	2	2
		多项选择题	2	2	2	2	2
	第5章 价值工程	单项选择题	1	2	1	1	1
		多项选择题	2	2	2	2	2
	技术方案现金流量表的编制*	单项选择题		1	1	2	
		多项选择题			2	2	
	新技术、新工艺和新材料应用方案的技术经济分析*	单项选择题	1	1	1	1	
		多项选择题	2				
第2篇 工程财务	第6章 财务会计基础	单项选择题	1	1	1	2	4
		多项选择题		4	2		4
	第7章 费用与成本	单项选择题	2	2	2	2	3
		多项选择题	2	2	2	2	2
	第8章 收入	单项选择题	2	2	2	2	2
		多项选择题	2		2	2	
	第9章 利润与所得税费用	单项选择题	1	1	1	2	2
		多项选择题					2
	第10章 财务分析	单项选择题	4	3	4	4	3
		多项选择题	6	4	2	2	2
	第11章 筹资管理	单项选择题	2	3	2	2	3
		多项选择题	2	2	2	2	2
	第12章 营运资金管理	单项选择题	1	1	2	2	3
		多项选择题		2	2	2	2
第3篇 工程计价	第13章 建设项目总投资构成及计算	单项选择题	8	5	6	4	6
		多项选择题	2	2	4	2	4
	第14章 工程计价依据	单项选择题	3	3	2	2	5
		多项选择题	2	2	2	2	2

3

续表

命题点		题型	2020年（分）	2021年（分）	2022年（分）	2023年（分）	2024年（分）
第3篇 工程计价	第15章 设计概算与施工图预算	单项选择题	5	3	4	3	5
		多项选择题	4	2	2	4	2
	第16章 工程量清单计价	单项选择题	4	8	10	9	3
		多项选择题	6	6	6	8	2
	第17章 工程计量与支付	单项选择题	12	12	9	9	5
		多项选择题	4	4	4	6	2
	第18章 工程总承包计价	单项选择题					2
		多项选择题					2
	第19章 国际工程投标报价	单项选择题	2	2	2	2	1
		多项选择题					2
	第20章 工程计价数字化与智能化	单项选择题					1
		多项选择题					
合计		单项选择题	60	60	60	60	60
		多项选择题	40	40	40	40	40

注：带"*"内容为现行考试用书中无此章节内容，为保留分值的完整性，将章节的分值统计予以保留。

2024年度全国一级建造师执业资格考试

《建设工程经济》
真题及解析

微信扫一扫
查看本年真题解析课

2024年度《建设工程经济》真题

一、单项选择题（共60题，每题1分。每题的备选项中，只有1个最符合题意）

1. 某企业向金融机构借入一笔资金，年名义利率为5%，按季计息，该笔资金的年有效利率是（　　）。
   A. 5% B. 5.06%
   C. 5.09% D. 5.12%

2. 根据《标准施工招标文件》（2007年版），变更指示只能由（　　）发出。
   A. 发包人 B. 承包人
   C. 监理人 D. 工程造价咨询

3. 下列企业发行债券产生的成本中，属于资金占用费的是（　　）。
   A. 债券利息 B. 广告费
   C. 代理发行费 D. 公证费

4. 施工企业会计核算内容中，属于《企业会计准则》规定的会计要素的是（　　）。
   A. 责任成本 B. 增值税
   C. 费用 D. 应付账款

5. 判定一次经济业务是否记入某一会计实体的会计假设是（　　）。
   A. 会计主体假设 B. 持续经营假设
   C. 货币计量假设 D. 会计分期假设

6. 某企业2023年的营业净利率15%，总资产周转率0.9，权益系数1.4，该企业2023年的权益净利率为（　　）。
   A. 18.9% B. 13.5%
   C. 16.7% D. 21.0%

7. 下列财务报表中，用于反映企业在某一特定日期财务状况的是（　　）。
   A. 利润表 B. 现金流量表
   C. 所有者权益变动表 D. 资产负债表

8. 某企业从金融机构借入资金5000万元，期限4年，年利率4%，按年复利计息，该

1

企业第 4 年年末还本付息额为（　　）万元。

  A. 5624.32   B. 5800

  C. 5849.293   D. 6083.26

9. 根据《企业会计准则第 14 号——收入》，建筑业企业转让技术取得的收入属于（　　）。

  A. 其他业务收入   B. 主营业务收入

  C. 基本业务收入   D. 营业外收入

10. 某企业希望未来 5 年每年年末等额投入一笔资金，用于偿还第 5 年年末的借款本息和 2000 万元，年收益率 4%，按年复利计算该企业每年年末应投入的资金是（　　）万元。

  A. 369.254   B. 449.254

  C. 470.980   D. 550.980

11. 某企业拟从金融机构借入一笔期限 5 年的资金，四种计息方案见表 1。

表 1　四种计息方案

方案	贷款利率	计息方式
方案一	年利率 5%	按年单利计息，当期支付利息
方案二	年利率 5%	按年复利计息，到期还本付息
方案三	月利率 0.4%	按年单利计息，当期支付利息
方案四	月利率 0.4%	按年复利计息，到期还本付息

在其他条件相同的情况下，仅从资金使用成本考虑，最佳的方案是（　　）。

  A. 方案一   B. 方案二

  C. 方案三   D. 方案四

12. 企业在会计核算中，对融资租赁方式租入的固定资产提取折旧，这种会计处理方式遵循的会计核算原则是（　　）。

  A. 谨慎性原则   B. 实质重于形式原则

  C. 可比性原则   D. 客观性原则

13. 某企业向银行借款，在年名义利率相同的条件下，下列利息支付方法中，对借款企业最有利的是（　　）。

  A. 贴现法   B. 收款法

  C. 加息法   D. 浮动利率法

14. 下列国际工程中，投标人报价时宜采用高价策略的是（　　）。

  A. 施工条件好的工程

  B. 竞争对手多的房屋建筑工程

  C. 工期要求急的地下开挖工程

  D. 支付条件好的工程

15. 初步设计批准后实行工程总承包发包的项目，其投资控制目标应根据发包内容，按照（　　）确定。

A. 投资估算中与发包内容对应的总金额
B. 设计概算中与发包内容对应的总金额
C. 已标价工程量清单中的总价金额
D. 设计概算中与发包内容对应的工程费用总金额

16. 某企业 2023 年的收支情况为：营业收入 9000 万元，营业成本 5500 万元，税金及附加 150 万元，销售费用 1200 万元，管理费用 500 万元，财务费用 600 万元，投资收益 50 万元。该企业 2023 年度的营业利润为（　　）万元。
A. 1050　　　　　　　　　　B. 1200
C. 1100　　　　　　　　　　D. 2200

17. 下列不可抗力造成的损失，属于承包人自行承担的是（　　）。
A. 工程损失
B. 第三方财产损失和人员伤亡
C. 已运至施工现场材料和设备的损坏
D. 承包人施工机械的损坏

18. 招标工程量清单必须作为招标文件的组成部分，其准确性、完整性由（　　）负责。
A. 工程造价咨询人　　　　　B. 招标人
C. 投标人　　　　　　　　　D. 招标代理人

19. 某借款企业获得银行一年的周转信贷额 5000 万元，承诺费费率 0.5%，在借款年度内使用了 3000 万元，该企业应向银行支付的承诺费为（　　）万元。
A. 0　　　　　　　　　　　B. 10
C. 15　　　　　　　　　　　D. 25

20. 企业 2023 年营业收入 6000 万元，年初应收账款 600 万元，年末应收账款 800 万元，请问 2023 年的应收账款周转率是（　　）。
A. 4.92　　　　　　　　　　B. 8.57
C. 7.5　　　　　　　　　　 D. 10

21. 施工企业会计对项目购货发票反映的经济内容能否记入会计要素以及何时记入会计信息系统进行辨析的过程，是会计工作环节中的（　　）。
A. 会计计量　　　　　　　　B. 会计确认
C. 会计报告　　　　　　　　D. 会计记录

22. 计算施工机械台班单价时，已知施工机械预算价格 48 万元，预计使用年限 10 年，年平均工作 220 个台班，净残值率 5%，该机械台班折旧费为（　　）元。
A. 207.27　　　　　　　　　B. 218.18
C. 229.09　　　　　　　　　D. 229.67

23. 运用价值工程优化某项目设计方案时，工程的含义是（　　）。
A. 为提高设计方案价值进行的活动
B. 为评价该设计方案工程有可行性进行的活动

3

C. 为估计该设计方案工程概算价值的活动

D. 为降低设计方案寿命周期成本的活动

24. 采用每股收益无差别点法进行资本结构决策的缺点是（　　）。

A. 没有考虑不同来源资金的成本差异

B. 没有考虑债务资金比例对每股收益的影响

C. 没有考虑不同筹资方式带来的风险

D. 每股收益的估算方法不明确

25. 某企业有一台原值30万元的设备，预计使用年限10年，净残值3万元，年折旧费2.7万元，已计折旧6年。现在以10万元价格售出，该设备的沉没成本是（　　）万元。

A. 0.8　　　　　　　　　　　　B. 3.0

C. 13.8　　　　　　　　　　　D. 3.8

26. 关于方案的敏感度系数的说法，正确的是（　　）。

A. 敏感度系数的绝对值越大，表示分析指标对该不确定因素的敏感度越小

B. 敏感度系数可以直接表示不确定因素变化后分析指标的值

C. 敏感度系数的计算结果与不确定因素变化率、取值大小无关

D. 敏感度系数大于0，表示分析指标与不确定因素同方向变化

27. 审查设计概算时，审查人对部分关键设备投资向设备供应部门征求意见的方法属于（　　）。

A. 对比分析法　　　　　　　　B. 类似工程法

C. 联合会审法　　　　　　　　D. 查询核实法

28. 按费用构成要素划分，下列费用中，属于建筑安装工程费中企业管理费的是（　　）。

A. 养老保险费

B. 工伤保险费

C. 劳动保护费

D. 高空作业津贴费

29. 企业存货独有的特点是（　　）。

A. 具有实体状态

B. 具有较强的流动性

C. 存在发生潜在损失的可能性

D. 只能通过外购获得

30. 某方案设计生产能力为5万t/年，预计生产该产品年固定成本3000万元，单位产品售价1500元/t，单位产品可变成本600元/t，单位产品税金及附加15元/t，以上成本及售价均不考虑增值税，根据线性盈亏平衡分析，该方案以产品售价表示的盈亏平衡点为（　　）元/t。

A. 600　　　　　　　　　　　　B. 615

C. 1215　　　　　　　　　　　D. 1200

31. 按编制用途分类，工程定额分为（　　）。

A. 全国统一定额、行业定额、地区统一定额、企业定额

B. 施工定额、预算定额、概算定额、概算指标、投资估算指标

C. 建筑工程定额、设备安装工程定额、工器具定额、工程建设其他费定额

D. 人工消耗定额、材料消耗定额、施工机具台班消耗定额

32. 编制某教学楼工程最高投标限价的数据如下：建筑面积12000m^2，建筑工程、安装工程、装饰装修工程分部分项工程费指标分别为1800元/m^2、500元/m^2、1200元/m^2。其中，定额人工费占分部分项工程费的15%；措施项目费以分部分项工程费为计算基数，费率10%；其他项目费合计900万元；规费以定额人工费为计算基数，费率14%；增值税税率9%；以上数据均不含增值税进项税额。该工程的最高投标限价为（　　）万元。

A. 6112.938　　　　　　　　　　B. 5608.200

C. 6657.720　　　　　　　　　　D. 6859.152

33. 某建设项目，设备及工器具购置费10000万元，建筑工程费13000万元，安装工程费2000万元，工程建设其他费7000万元，基本预备费1600万元，价差预备费1700万元，建设期利息1500万元。该建设项目的工程费用为（　　）万元。

A. 15000　　　　　　　　　　　B. 32000

C. 25000　　　　　　　　　　　D. 33600

34. 某工程施工合同约定：合同总额2100万元，合同工期5个月，预付款210万元，进度款按月支付；质量保证金按工程价款的10%逐月扣留，累计扣留至合同总额的3%停止扣留；预付款在最后两个月等额扣回。承包人每月实际完成并经监理工程师签证确认的工程价款金额见表2，则第5个月发包人应支付的工程进度款金额为（　　）万元。

表2　承包人每月实际完成并经监理工程师签证确认的工程价款金额

月份	1	2	3	4	5
实际完成的工程价款金额（万元）	300	500	400	400	500

A. 290　　　　　　　　　　　　B. 345

C. 395　　　　　　　　　　　　D. 450

35. 关于方案经济效果评价方法的说法，正确的是（　　）。

A. 投资回收期和资产负债率分析属于不确定性分析方法

B. 融资前分析充分考虑了融资方案变化对方案财务净现值的影响

C. 对同一方案进行确定性评价后，无需再进行不确定性分析

D. 按评价方法的性质不同，经济效果评价可分为定量分析和定性分析

36. 某工程施工合同约定采用价格指数调差法调整合同价款。已知不参与调值费用占合同总价的15%，结算当月可参与调值部分的费用类型、占合同总价的比例和相关价格指数见表3。若该月已完工程量的金额为1200万元，则该月实际结算时需调整的价格差额为（　　）万元。

表3 结算当月可参与调值部分的费用类型、占合同总价的比例和相关价格指数

	占合同总价的比例	基本价格指数	现行价格指数
人工费	20%	100	115
运输费	10%	105	120
钢筋	25%	102	110
混凝土	30%	110	125

A. 54.237　　　　　　　　　　B. 111.323
C. 291.333　　　　　　　　　　D. 125.763

37. 下列费用中，属于工程建设其他费中联合试运转费的是（　　）。

A. 试运转过程中因施工质量原因发生的处理费用

B. 单台设备调试费用

C. 试运转过程中因设备缺陷发生的处理费用

D. 施工单位参加试运转的人工费

38. 按作业成本法进行产品成本核算时，以"业务动因"为基础进行作业量计量和分配依据的假设是（　　）。

A. 不同产品耗费的作业次数相等

B. 执行每次作业的成本相等

C. 执行作业的人员相同

D. 执行每次作业耗费的材料相同

39. 某项目建设期2年，共向银行借款30000万元，借款年利率4.5%。第1年和第2年借款比例分别为45%和55%。假设借款在各年内均衡使用，建设期内只计息不付息。编制设计概算时，该项目建设期利息总和为（　　）万元。

A. 1296.169　　　　　　　　　B. 607.500
C. 992.419　　　　　　　　　　D. 1984.838

40. 某工程总承包合同为可调总价合同，根据《建设项目工程总承包计价规范》T/CCEAS 001—2022，若签约合同价中的预备费按合同约定支付后仍有余额，则余额应归（　　）所有。

A. 发包人　　　　　　　　　　B. 监理人
C. 承包人　　　　　　　　　　D. 造价咨询单位

41. 对于初步设计达到一定深度，建筑结构比较明确，可以计算工程量的建筑工程，编制设计概算时宜采用的方法是（　　）。

A. 概算指标法　　　　　　　　B. 类似工程预算法
C. 概算定额法　　　　　　　　D. 预算定额法

42. 采用实物量法编制施工图预算的工作包括：①计算工程量；②套用消耗定额，计算人、材、机消耗量；③计算其他各项费用并汇总造价；④计算并汇总人、材、机费用；⑤准备资料、熟悉施工图纸。上述工作正确的步骤是（　　）。

A. ⑤—④—①—②—③　　　　B. ⑤—①—③—②—④

C. ①—②—④—③—⑤　　　　　　D. ⑤—①—②—④—③

43. 施工现场设立安全警示标志、修建现场围挡所需的费用应列入（　　）。

A. 措施项目费　　　　　　　　　B. 分部分项工程费
C. 暂列金额　　　　　　　　　　D. 总承包服务费

44. 现有4个投资方案（现金流量数据见表4），计算期均为5年，设财务基准收益率为10%。若某企业可筹集到的资金总额为10000万元，则应选择的方案是（　　）。

表4　现金流量数据

方案	第1年年初投资	第1~5年各年年末净现金流量(万元)
方案一	20000	5500
方案二	15000	4500
方案三	10000	3500
方案四	9000	3300

A. 方案一　　　　　　　　　　　B. 方案四
C. 方案二　　　　　　　　　　　D. 方案三

45. 根据《关于规范实施政府和社会资本合作新机制的指导意见》（国办函〔2023〕115号），政府和社会资本合作的项目范围应限定于（　　）。

A. 市场化程度较高的项目　　　　B. 公共属性较弱的项目
C. 投资回报率较高的项目　　　　D. 有经营性收益的项目

46. 关于预算定额基价编制的说法，正确的是（　　）。

A. 预算定额基价应包括人工费、材料费、施工机具使用费、管理费和风险费

B. 以全国统一或地区通用的预算定额或基础定额，确定人工、材料、机械台班的消耗量

C. 预算定额基价中的单价含有增值税进项税额

D. 预算定额基价一般通过单位估价表来确定单价，用于直接编制施工预算

47. 下列施工机械的相关费用中，应计入施工机械台班单价的是（　　）。

A. 安拆简单、移动需要起重机运输的轻型施工机械的安拆费及场外运费

B. 施工电梯的安拆费

C. 利用辅助设施移动的施工机械，其辅助设施的折旧、搭设和拆除费用

D. 自升式塔式起重机的安拆费及场外运费

48. 设备第Ⅰ类无形磨损造成的后果是（　　）。

A. 导致设备自身技术特性和功能发生改变

B. 导致原有设备相对贬值

C. 导致设备生产精度达不到新标准要求

D. 导致设备在修理之前不能正常工作

49. 根据《建设工程工程量清单计价规范》GB 50500—2013，关于单价合同计量的说法，正确的是（　　）。

A. 发包人认为需要进行现场计量核实的，应在计量当日通知承包人
B. 承包人收到发包人现场计量通知后未派人参加计量的，发包人的计量结果无效
C. 计量周期可选择按月或按工程形象进度分段计量
D. 承包人为保证施工质量超出设计图纸要求增加的工程量，应予计量

50. 采用定额单价法编制单位工程施工图预算，套用定额单价计算人、材、机费用时若某分项工程的主要材料品种与定额单价中规定材料不一致，则应采取的处理方式是（　　）。

A. 直接套用定额单价
B. 按实际使用材料价格换算定额单价
C. 调量不换价
D. 编制补充定额单价

51. 根据《中华人民共和国公司法》，公司将法定公积金转为资本后，所留存的法定公积金占转增前公司注册资本的最小比例是（　　）。

A. 10%　　　　　　　　　　　　B. 25%
C. 20%　　　　　　　　　　　　D. 50%

52. 某建筑材料出厂价 4000 元/t，运输费用 100 元/t，运输损耗率 1%，采购保管费费率 2%，以上数据均不含增值税。该材料（不含增值税）单价为（　　）元/t。

A. 4120.80　　　　　　　　　　B. 4141.00
C. 4223.82　　　　　　　　　　D. 4182.00

53. 下列施工企业的支出中，属于收益性支出的是（　　）。

A. 自建办公楼支出　　　　　　　B. 购置施工机械支出
C. 购买现场周转材料支出　　　　D. 购置施工运输车辆支出

54. 进行施工图预算审查时，对于工程量小、工艺较简单的工程，按定额顺序或施工顺序对各项工程细目逐项详细审查的方法属于（　　）。

A. 标准预算审查法　　　　　　　B. 对比审查法
C. 筛选审查法　　　　　　　　　D. 全面审查法

55. 某施工企业与业主签订了一项总造价为 5000 万元的固定造价合同，合同约定工期 3 年。若第 1 年完工进度 30%，第 2 年完工进度 80%，第 3 年完工进度 100%，则该施工企业第 2 年应确认的合同收入为（　　）万元。

A. 2500　　　　　　　　　　　　B. 1000
C. 1500　　　　　　　　　　　　D. 4000

56. 已知招标工程量清单中挖土方工程量 $5000m^3$，投标人根据施工方案确定的挖土方工程量 $5600m^3$。经测算，投标人完成该土方工程的人、材、机费用之和 275500 元，管理费取人、材、机费用之和的 10%，利润取人、材、机费用及管理费之和的 6%。不考虑其他因素，根据《建设工程工程量清单计价规范》GB 50500—2013，该土方工程报价的综合单价应为（　　）元/m^3。

A. 55.10　　　　　　　　　　　　B. 57.36

C. 60.61　　　　　　　　　　　D. 64.25

57. 采用 ABC 分析法进行存货管理时，对于种类较少、资金占用较多的 A 类存货，宜采取的措施是（　　）。

　　A. 对其经济批量认真规划，严格控制
　　B. 根据数量标准划分，分类别一般控制
　　C. 根据存货是否容易保存，灵活控制
　　D. 根据经验确定订货批量，适当控制

58. 某建设项目，初始方案建设期 2 年，运营期 10 年，财务内部收益率 17.6%。若因追加建设投资导致建设期第 1 年年初现金流出增加 40000 万元，运营期前 4 年每年现金净流入增加 10000 万元，则该项目财务内部收益率可能变为（　　）。

　　A. 15.00%　　　　　　　　　　B. 17.67%
　　C. 21.00%　　　　　　　　　　D. 22.00%

59. 某公司从国外进口一套机电设备，相关费用折合成人民币为：离岸价 1500 万元，国外运费 90 万元，国外运输保险费 4.5 万元；银行财务费 6 万元，进口关税税率 10%，增值税税率 13%。该进口设备增值税为（　　）万元。

　　A. 207.285　　　　　　　　　　B. 214.500
　　C. 228.794　　　　　　　　　　D. 228.014

60. 根据《建筑信息模型存储标准》GB/T 51447—2021，组成 BIM 数据模式架构的 4 个概念层是（　　）。

　　A. 核心层、共享层、专业领域层和资源层
　　B. 基础层、核心层、共享层和应用层
　　C. 基础层、核心层、专业领域层和应用层
　　D. 核心层、共享层、应用层和资源层

二、多项选择题（共 20 题，每题 2 分。每题的备选项中，有 2 个或 2 个以上符合题意，至少有 1 个错项。错选，本题不得分；少选，所选的每个选项得 0.5 分）

61. 下列方案经济效果评价指标中，属于动态评价指标的有（　　）。

　　A. 费用年值　　　　　　　　　　B. 净现值率
　　C. 速动比率　　　　　　　　　　D. 内部收益率
　　E. 偿债备付率

62. 下列财务分析指标中，属于反映企业发展能力的指标有（　　）。

　　A. 偿债备付率　　　　　　　　　B. 利率备付率
　　C. 营业收入增长率　　　　　　　D. 总资产周转率
　　E. 资产积累率

63. 根据《建设工程工程量清单计价规范》GB 50500—2013，下列费用中，投标人可以自主确定报价的有（　　）。

　　A. 计日工单价　　　　　　　　　B. 专业工程暂估价
　　C. 总承包服务费　　　　　　　　D. 暂列金额

E. 安全文明施工费

64. 采用成本分析法确定企业最佳现金持有量时，通常考虑的成本有（　　）。
   A. 管理成本　　　　　　　　　　B. 沉没成本
   C. 机会成本　　　　　　　　　　D. 短缺成本
   E. 表现成本

65. 与一般的材料采购合同相比，建造合同的主要特征有（　　）。
   A. 建造合同属于资本　　　　　　B. 现有买主后有标的
   C. 建设周期长　　　　　　　　　D. 资产体积大，造价高
   E. 建设合同一般不可取消

66. 价值工程方案创新的方法有（　　）。
   A. 价值指数法　　　　　　　　　B. 专家意见法
   C. 专家检查法　　　　　　　　　D. 头脑风暴法
   E. 价值法

67. 根据《建设项目工程总承包管理规范》GB/T 50358—2017，下列工程总承包其他费中，属于其他专项费的有（　　）。
   A. 工程总承包管理费　　　　　　B. 工程技术经济咨询费
   C. 研究试验费　　　　　　　　　D. 临时用地及占道使用补偿费
   E. 工程的专利使用费

68. 对承租人而言，融资租赁的特点包括（　　）。
   A. 可以避免长期借款可能附加的各种限制性条款
   B. 能够迅速获得所需长期资产的使用权
   C. 融资租赁费中的利息费用可在企业所得税前扣除
   D. 融资租赁的资产不体现在承租人的资产负债表中
   E. 是融资与融物相结合的筹资方式

69. 下列与资金有关的因素中，属于直接影响资金时间价值的因素有（　　）。
   A. 资金的使用时机　　　　　　　B. 资金的使用时长
   C. 资金的筹措方式　　　　　　　D. 投入的资金数量
   E. 资金的周转速度

70. 某公立医院建设项目包括住院楼、科研楼、门诊楼等单项工程，关于该医院建设项目总概算的说法，正确的有（　　）。
   A. 总概算应不含价差预备费概算
   B. 总概算等于各单项工程综合概算之和
   C. 总概算应包含项目前期工作费
   D. 总概算应采用二级概算形式编制
   E. 总概算表应反映静态投资和动态投资两部分

71. 编制人工定额时，下列工人工作时间中，属于必需消耗的时间的有（　　）。
   A. 偶然和多余工作时间

B. 基本工作时间

C. 辅助工作时间

D. 准备与结束工作时间

E. 不可避免的中断时间

72. 根据《标准施工招标文件》(2007年版)，下列导致承包人工期延误和费用增加的事项中，承包人可同时索赔工期、费用和利润的有（　　）。

A. 发包人提供的材料和工程设备不符合合同要求

B. 发包人延迟提供施工场地

C. 施工过程中发现文物

D. 发包人提供资料错误而导致承包人返工

E. 承包人遇到不利水文条件

73. 下列费用中，属于工程建设其他费的有（　　）。

A. 生态补偿费　　　　　　　　B. 施工工人临时宿舍建设费

C. 环境影响评价费　　　　　　D. 场地准备费

E. 生产准备费

74. 若国际工程的招标文件中未单列开办费，则下列费用中，应计入现场管理费的有（　　）。

A. 工程辅助费　　　　　　　　B. 现场办公费

C. 经营业务费　　　　　　　　D. 检验试验费

E. 文体宣教费

75. 关于设备使用过程中年运行成本的说法，正确的有（　　）。

A. 年平均运行成本是设备各年运行成本总和的平均

B. 每年运行成本随设备使用年限的延长而逐渐增加

C. 若设备每年运行成本的增量相等，则总运行成本呈线性增长

D. 年运行成本包括人工费、材料费、能源费、维修费等

E. 年平均运行成本最低对应的使用年限是设备的经济寿命

76. 下列出纳人员工作安排中，违背企业内部控制"不相容职务相互分离"原则的有（　　）。

A. 出纳人员负责会计档案管理工作

B. 出纳人员负责稽核工作

C. 出纳人员负责现金收款工作

D. 出纳人员负责网上转账操作工作

E. 出纳人员负责支票的开具和保管工作

77. 按历史成本核算资产耗费时，确定资产历史成本的方法有（　　）。

A. 按购置资产时支付的现金金额计量

B. 按购置资产时资产的市场信息价计量

C. 按购置资产时支付的现金等价物金额计量

D. 按购置资产时资产的出厂价计量

E. 按购置资产时付出的对价的公允价值计量

78. 按费用构成要素划分，下列费用中，应计入建筑安装工程材料费的有（   ）。

A. 材料采购费

B. 材料运杂费

C. 材料在运输装卸过程中不可避免的损耗费

D. 施工机械日常维修保养的材料费

E. 对材料进行一般鉴定和检查的费用

79. 关于敏感性分析中临界点的说法，正确的有（   ）。

A. 临界点可用百分比或临界值表示

B. 临界点只能用图解法求得

C. 临界点的测定方法属于相对测定法

D. 利用敏感性分析图可求得临界点的近似值

E. 临界点是使方案由可行变为不可行的不确定因素变化的临界数值

80. 下列企业支出中，在计算应纳税所得额时，不得扣除的有（   ）。

A. 向投资者支付的股息

B. 税收滞纳金支出

C. 赞助支出

D. 未经核定的准备金支出

E. 生产经营活动中发生的销售成本

2024 年度真题参考答案及解析

一、单项选择题

1. C;	2. C;	3. A;	4. C;	5. A;
6. A;	7. D;	8. C;	9. A;	10. A;
11. C;	12. B;	13. B;	14. C;	15. B;
16. C;	17. D;	18. B;	19. B;	20. B;
21. B;	22. A;	23. A;	24. C;	25. D;
26. D;	27. C;	28. C;	29. C;	30. C;
31. B;	32. A;	33. C;	34. C;	35. D;
36. D;	37. D;	38. B;	39. A;	40. A;
41. C;	42. D;	43. B;	44. B;	45. D;
46. B;	47. A;	48. B;	49. C;	50. A;
51. B;	52. C;	53. C;	54. D;	55. A;
56. D;	57. A;	58. A;	59. D;	60. A。

【解析】

1. C。本题考核的是年有效利率的计算。年有效利率计算公式为：$i = \dfrac{I}{P} = \left(1 + \dfrac{r}{m}\right)^m - 1$，该笔资金的年有效利率＝（1+5%/4)^4－1＝5.09%。

2. C。本题考核的是变更指示。变更指示只能由监理人发出。

3. A。本题考核的是资金占用费内容。资金占用费是指企业占用资金支付的费用，如银行借款利息和债券利息等。筹集费用是指在资金筹集过程中支付的各项费用，如发行债券支付的印刷费、代理发行费、律师费、公证费、广告费等，它通常是在筹集资金时一次性支付，在使用资金的过程中不再发生。

4. C。本题考核的是会计要素的组成。会计要素包括资产、负债、所有者权益、收入、费用和利润。

5. A。本题考核的是会计假设。会计主体又称会计实体，是会计工作服务的特定单位或组织，是会计记录和报告的特定单位和组织。《企业会计准则》规定，企业应当对其本身发生的交易或者事项进行会计确认、计量和报告。会计主体假设界定了会计工作的空间范围和立场。持续经营假设，即假定企业在可以预见的未来不会面临破产和清算，因而它所拥有的资产将在正常的经营过程中被耗用或出售，所承担的债务也将在同样的过程中被偿还。货币计量规定了会计的计量手段，即企业的生产经营活动及其成果可以通过货币反映。会计分期又称会计期间，规定了会计对象的时间界限。

6. A。本题考核的是权益净利率的计算。权益净利率＝营业净利率×总资产周转率×权益乘数＝15%×0.9×1.4＝18.9%。

7. D。本题考核的是资产负债表的作用。利润表是反映企业在一定会计期间的经营成果的财务报表。现金流量表是指反映企业在一定会计期间现金和现金等价物流入和流出的报表，是以现金为基础编制的动态财务报表。所有者权益变动表是反映构成所有者权益的各组成部分当期的增减变动情况的财务报表。资产负债表是根据资产、负债、所有者权益之间的关系，即"资产＝负债+所有者权益"，按照一定的分类标准和顺序，把企业一定日期的资产、负债和所有者权益各项目进行适当排列，用以反映企业在某一特定日期财务状况的报表。

8. C。本题考核的是一次支付现金流量终值计算。$F=P(1+i)^n=5000×(1+4\%)^4=5849.293$ 万元。

9. A。本题考核的是收入的分类。其他业务收入也称附营业务收入，是指企业非经常性的、兼营的业务所产生的收入，如销售原材料、转让技术、代购代销、出租包装物等取得的收入等。主营业务收入也称基本业务收入，是指企业从事主要营业活动所取得的收入，可以根据企业营业执照上注明的主营业务范围来确定。营业外收入是指企业发生的与其生产经营活动没有直接关系的各项收入。

10. A。本题考核的是等额支付系列终值计算。已知终值求年金，根据公式 $F=A\dfrac{(1+i)^n-1}{i}$，则 $2000=A×[(1+4\%)^5-1]/4\%$，则 $A=369.254$ 万元。

11. C。本题考核的是。从资金使用成本考虑，选择最佳的方案是选择利率最小的方案。

方案一与方案二比较：年利率均为5%，选单利方案一利息少。

方案三与方案四比较：月利率均为0.4%，选单利方案三利息少。

方案一与方案三比较：方案一年利率5%，方案三年利率＝0.4%×12＝4.8%，选年利率小的方案三。

12. B。本题考核的是会计核算原则。会计核算原则包括：重要性原则、谨慎性原则、实质重于形式原则、可比性原则、相关性原则、明晰性原则、及时性原则、客观性原则。

谨慎性原则：企业对交易或者事项进行会计确认、计量和报告应当保持应有的谨慎，不应高估资产或者收益、低估负债或者费用。

实质重于形式原则：企业应当按照交易或者事项的经济实质进行会计确认、计量和报告，不应仅以交易或者事项的法律形式为依据。例如：企业以融资租赁方式租入固定资产，在法律形式上企业并不拥有其所有权，但在实质上企业能够控制融资租入固定资产所创造的未来经济利益，因此应当将以融资租赁方式租入的固定资产视为承租企业的资产进行管理和会计处理。

可比性原则：企业提供的会计信息应当具有可比性。

客观性原则：企业应当以实际发生的交易或者事项为依据进行会计确认、计量和报告，如实反映符合确认和计量要求的各项会计要素及其他相关信息，保证会计信息真实可靠、内容完整。

13. B。本题考核的是借款利息的支付方法。一般借款企业可以有贴现法、收款法、加息法3种方法支付银行贷款利息，不包括选项D。采用贴现法，企业可利用的贷款额只有本金减去利息部分后的差额，因此贷款的实际利率高于名义利率。收款法是在借款到期时向银行支付利息的方法。银行向工商企业发放的贷款大都采用这种方法收息。加息法是银行发放分期等额偿还贷款时采用的利息收取方法。企业所负担的实际利率便高于名义利率大约1倍。

14. C。本题考核的是报价可高一些的工程。报价可高一些的工程有：

(1) 施工条件差的工程。

(2) 专业要求高的技术密集型工程，而本公司在这方面有专长，声望也较高。

(3) 总价低的小型工程以及自己不愿做、又不方便不投标的工程。

(4) 特殊的工程，如港口码头、地下开挖工程等。

(5) 工期要求急的工程。

(6) 竞争对手少的工程。

(7) 支付条件不理想的工程。

15. B。本题考核的是工程总承包计价方式。发包人采用工程总承包模式时，应根据发包内容，按照下列规定作为建设项目控制投资的基础：

(1) 在可行性研究报告批准或方案设计后，按照投资估算中与发包内容对应的总金额作为投资控制目标。

(2) 在初步设计批准后，按照设计概算中与发包内容对应的总金额作为投资控制目标。

16. C。本题考核的是营业利润的计算。营业利润＝营业收入－营业成本（或营业费用）－税金及附加－销售费用－管理费用－财务费用－资产减值损失＋公允价值变动收益（损失为负）＋投资收益（损失为负）＝9000－5500－150－1200－500－600＋50＝1100万元。

17. D。本题考核的是因不可抗力事件导致的工程索赔。因不可抗力事件导致的工程索赔，发承包双方应按下列原则分别承担并调整合同价格和工期：

(1) 永久工程、已运至施工现场的材料的损坏，以及因不可抗力事件引起施工场地内及工程损坏造成的第三方人员伤亡和财产损失由发包人承担。

(2) 承包人施工设备的损坏及停工损失和措施项目的损坏、清理、修复费用以及因承包人原因发生的第三方人员伤亡和财产损失由承包人承担。

(3) 发包人和承包人承担各自人员伤亡和财产的损失。

(4) 因不可抗力引起暂停施工的，停工期间按照发包人要求照管、清理、修复工程的费用和发包人要求留在施工现场必要的管理与保卫人员工资由发包人承担。

(5) 因不可抗力影响承包人履行合同约定的义务，引起工期延误的，应当顺延工期，发包人要求赶工的，由此增加的赶工费用由发包人承担。

(6) 其他情形按法律法规规定执行。

18. B。招标工程量清单必须作为招标文件的组成部分，由招标人提供、并对其准确性和完整性负责。

19. B。本题考核的是短期借款的信用条件。周转信贷协定是银行具有法律义务地承诺提供不超过某一最高限额的贷款协定。在协定的有效期内，只要企业的借款总额未超过最高限额，银行必须满足企业任何时候提出的借款要求。企业享用周转信贷协定，通常要就贷款限额的未使用部分付给银行一笔承诺费。

该企业应向银行支付的承诺费为（5000−3000）×0.5%＝10万元。

20. B。本题考核的是应收账款周转率的计算。应收账款周转率＝营业收入/[（期初应收账款+期末应收账款）/2]＝6000/[（600+800）/2]＝8.57。

21. B。本题考核的是会计工作关键环节。会计确认是指对发生的交易或事项，按照一定的标准辨析其能否确认为会计主体的一个或多个会计要素、何时输入会计信息系统以及如何进行会计报告的过程。

22. A。本题考核的是机械台班折旧费的计算。机械台班折旧费＝机械预算价格×（1−净残值率）/耐用总台班数＝480000×（1−5%）/（10×220）＝207.27元。

23. A。本题考核的是价值工程的含义。价值工程中的"工程"是指为提高对象价值所进行的一系列活动，包括选取价值高的备选对象、提高对象价值（针对价值较低的备选对象）以及两者的综合应用（选取价值较高的对象并进一步优化提高其价值）。开展价值工程也称价值工程活动。

24. C。本题考核的是资本结构决策的分析方法。每股收益无差别点法是在计算不同筹资方案的每股收益相等时所对应的盈利水平的基础上，通过比较在企业预期盈利水平下的不同筹资方案的每股收益，进而选择每股收益较大的筹资方案。显然，每股收益无差别点法的判断原则是比较不同筹资方式能否给股东带来更大的净收益，但是没有考虑风险因素。

25. D。本题考核的是沉没成本的计算。沉没成本＝（旧设备原值−历年折旧费）−当前市场价值＝（30−2.7×6）−10＝3.8万元。

26. D。本题考核的是敏感性分析。敏感度系数的绝对值越大，分析指标对于该不确定因素的敏感度越高，所以选项A错误。敏感度系数提供了各不确定因素变动率与分析指标变动率之间的比例，但不能直接显示不确定因素变化后分析指标的值，所以选项B错误。敏感度系数的计算结果可能受到不确定因素变化率取值不同的影响，数值会有所变化，所以选项C错误。$S_{AF}>0$，分析指标与不确定因素同方向变化；$S_{AF}<0$，表示分析指标与不确定因素反方向变化。$|S_{AF}|$越大，分析指标对于该不确定因素的敏感度越高，所以选项D正确。

27. C。本题考核的是设计概算审查方法。设计概算审查方法包括对比分析法、查询核实法、联合会审法。联合会审前，可先采取多种形式分头审查，包括：设计单位自审，主管、建设、承包单位初审，工程造价咨询公司评审，邀请同行专家预审，审批部门复审等，经层层审查把关后，由有关单位和专家进行联合会审。在会审大会上，由设计单位介绍概算编制情况及有关问题，各有关单位、专家汇报初审及预审意见。然后进行认真分析、讨论，结合对各专业技术方案的审查意见所产生的投资增减，逐一核实原概算出现的问题。经过充分协商，认真听取设计单位意见后，实事求是地处理、调整。

28. C。本题考核的是企业管理费的内容。企业管理费是指建筑安装企业组织施工生产和经营管理所需的费用，由管理人员工资、办公费、差旅交通费、固定资产使用费、工具用具使用费、劳动保险和职工福利费、劳动保护费、检验试验费、工会经费、职工教育经费、财产保险费、财务费、税金、城市维护建设税、教育费附加和地方教育附加及其他管理费构成。选项 A、B 属于规费；选项 D 属于人工费。

29. C。本题考核的是存货的特点。存货的特点有：（1）存货是有形资产（区别于无形资产）；（2）存货具有较强的流动性（相对于固定资产），即存货处于不断销售、耗用、购买或重置的循环中；（3）存货具有时效性和发生潜在损失的可能性（减值可能性）。

30. C。本题考核的是盈亏平衡点的计算。产品售价 = 年固定成本/正常产销量 + 单位产品可变成本 + 单位产品税金及附加 = 3000/5 + 600 + 15 = 1215 元/t。

31. B。本题考核的是工程定额的分类。按编制用途分类，可以把工程定额分为施工定额、预算定额、概算定额、概算指标和投资估算指标。

32. A。本题考核的是最高投标限价的计算。本题的计算过程如下：

分部分项工程费：（1800 + 500 + 1200）×12000 = 4200 万元；

措施项目费：4200×10% = 420 万元；

其他项目费：900 万元；

规费：4200×15%×14% = 88.2 万元；

增值税：（4200 + 420 + 900 + 88.2）×9% = 504.738 万元；

最高投标限价 = 分部分项工程费 + 措施项目费 + 其他项目费 + 规费 + 增值税 = 4200 + 420 + 900 + 88.2 + 504.738 = 6112.938 万元。

33. C。本题考核的是工程费用的计算。工程费用是指建筑安装工程费用和设备及工器具购置费用之和。建筑安装工程费包括建筑工程费和安装工程费。该建设项目的工程费用为：13000 + 2000 + 10000 = 25000 万元。

34. C。本题考核的是工程进度款的计算。质量保证金可扣留 2100×3% = 63 万元，第 1 个月扣留 300×10% = 30 万元，第 2 个月扣留 500×10% = 50 万元，第 2 个月已扣除完质量保证金，第 5 个月不扣留质量保证金，则第 5 个月发包人应支付的工程进度款金额为：500 - 210÷2 = 395 万元。

35. D。本题考核的是方案经济效果评价方法。盈亏平衡分析和敏感性分析属于不确定性分析方法。投资回收期属于确定性评价方法，所以选项 A 错误。融资前动态分析应以营业收入、建设投资、经营成本和流动资金的估算为基础，考察整个计算期内现金流入和现金流出，编制方案的投资现金流量表，利用资金时间价值的原理进行折现，计算方案的财务内部收益率和财务净现值等指标。融资前分析排除了融资方案变化的影响，从方案本身的总获利能力的角度，考察方案本身设计的合理性，所以选项 B 错误。对同一个方案必须同时进行确定性评价和不确定性分析，所以选项 C 错误。按评价方法的性质不同，经济效果评价分为定量分析和定性分析，所以选项 D 正确。

36. D。本题考核的是价格指数调差法。价格指数调差法公式：

$$\Delta P = P_0\left[A + \left(B_1 \times \frac{F_{t1}}{F_{01}} + B_2 \times \frac{F_{t2}}{F_{02}} + B_3 \times \frac{F_{t3}}{F_{03}} + \cdots + B_n \times \frac{F_{tn}}{F_{0n}}\right) - 1\right]$$

该月实际结算时需调整的价格差额 = 1200×［15%＋（20%×115/100＋10%×120/105＋25%×110/102＋30%×125/110）－1］= 125.763 万元。

37. D。本题考核的是联合试运转费。联合试运转费是指新建或新增生产能力的工程项目，在交付生产前按照批准的设计文件规定的工程质量标准和技术要求，对整个生产线或装置进行负荷联合试运转所发生的费用净支出，包括试运转所需材料、燃料及动力消耗、低值易耗品、其他物料消耗、机械使用费、联合试运转人员工资、施工单位参加试运转人工费、专家指导费以及必要的工业炉烘炉费。费用净支出是指试运转支出大于收入的差额部分费用。

38. B。本题考核的是成本核算方法。作业量的计量和分配通常采用三种方式：业务动因、持续动因、强度动因。业务动因通常以执行作业的次数作为作业量分配依据，并假定执行每次作业的成本（包括耗用的时间和单位时间耗用的资源）相等。

39. A。本题考核的是建设期利息的计算。根据公式 $Q = \sum_{j=1}^{n}(P_{j-1} + A_j/2)i$ 计算：

第 1 年利息：30000×45%×1/2×4.5% = 303.75 万元

第 2 年利息：（30000×55%×1/2+30000×45%+303.75）×4.5% = 992.41875 万元

建设期利息合计：303.75+992.41875 = 1296.169 万元

40. A。本题考核的是工程总承包项目的预备费使用规定。工程总承包为可调总价合同，已签约合同价中的预备费应由发包人掌握使用，发包人按照合同约定支付后，预备费如有余额，应归发包人所有。

41. C。本题考核的是设计概算编制方法。概算定额法又叫扩大单价法或扩大结构定额法，该方法要求初步设计达到一定深度，建筑结构比较明确时方可采用。概算指标法计算精度较低，但由于其编制速度快，因此对一般附属、辅助和服务工程等项目，以及住宅和文化福利工程项目或投资比较小、比较简单的工程项目投资概算编制有一定实用价值。类似工程预算法适用于拟建工程初步设计与已完工程或在建工程的设计相类似且没有可用的概算指标的情况，但必须对建筑结构差异和价差进行调整。设计概算编制方法中没有预算定额法。

42. D。本题考核的是实物量法编制施工图预算。实物量法编制施工图预算的编制步骤：准备资料熟悉图纸→计算工程量→套用消耗定额，计算人、材、机消耗量→计算并汇总人工费、材料费、施工机具使用费→计算其他各项费用并汇总造价→复核→编制说明填写封面。

43. A。本题考核的是措施项目费的内容。安全文明施工费：是指施工现场为达到环保要求、文明施工、安全施工所需要的环境保护费、文明施工费、安全施工费及临时设施费、建筑工人实名制管理费。其中，临时设施费：是指施工企业为进行建设工程施工所必须搭设的生活和生产用的临时建筑物、构筑物和其他临时设施费用，包括临时设施的搭设、维修、拆除、清理费或摊销费等。施工现场设立的安全警示标志，现场围挡等所需的费用属于安全文明施工费，归属于措施项目费的一项。

44. B。本题考核的是方案比选定量分析方法的选择。

方案一：$FNPV = -20000 + 5500 \times (P/A，10\%，5) = -20000 + 5500 \times 3.79 = 845$ 万元

方案二：$FNPV = -15000 + 4500 \times (P/A，10\%，5) = -15000 + 4500 \times 3.79 = 2055$ 万元

方案三：$FNPV = -10000 + 3500 \times (P/A，10\%，5) = -10000 + 3500 \times 3.79 = 3265$ 万元

方案四：$FNPV = -9000 + 3300 \times (P/A，10\%，5) = -9000 + 3300 \times 3.79 = 3507$ 万元

财务净现值评价互斥方案的判据是：财务净现值不小于零且为最大的方案是最优可行方案。

方案四的财务净现值最大，应选 B 项。

45. D。本题考核的是政府和社会资本合作的项目范围。政府和社会资本合作应限定于有经营性收益的项目，主要包括公路、铁路、民航基础设施和交通枢纽等交通项目，物流枢纽、物流园区项目，城镇供水、供气、供热、停车场等市政项目，城镇污水垃圾收集处理及资源化利用等生态保护和环境治理项目，具有发电功能的水利项目，体育、旅游公共服务等社会项目，智慧城市、智慧交通、智慧农业等新型基础设施项目，城市更新、综合交通枢纽改造等盘活存量和改扩建有机结合的项目。

46. B。本题考核的是预算定额基价的确定。预算定额基价就是预算定额分项工程或定额子目的单价，只包括人工费、材料费和施工机具使用费，即工料单价，所以选项 A 错误。预算定额基价的编制是：（1）以全国统一或地区通用的预算定额或基础定额，确定人工、材料、机械台班的消耗量，所以选项 B 正确。（2）以本地区或市场上的资源实际价格或市场价格，确定人工、材料、机械台班价格。编制定额基价时，在项目的划分、项目名称、项目编号、计量单位和工程量计算规则上应尽量与定额保持一致。单价均为不含增值税进项税额的价格，所以选项 C 错误。预算定额基价一般通过编制单位估价表来确定单价，用于直接编制施工图预算，所以选项 D 错误。

47. A。本题考核的是安拆费及场外运费确定。安拆简单、移动需要起重机运输机械的轻型施工机械，其安拆费及场外运费计入台班单价。安拆复杂、移动需要起重机运输机械的重型施工机械，其安拆费及场外运费单独计算。利用辅助设施移动的施工机械，其辅助设施（包括轨道和枕木）等的折旧、搭设和拆除等费用可单独计算。自升式塔式起重机、施工电梯安拆费的超高起点及其增加费，各地区、部门可根据具体情况确定。

48. B。本题考核的是设备磨损的后果。由于科学技术进步的影响，设备制造工艺不断改进，劳动生产效率不断提高，使生产同样结构或性能的设备所需的社会必要劳动时间相应减少，设备制造成本和价格不断降低，致使原设备相对贬值。这类磨损称为第Ⅰ类无形磨损。此类无形磨损的后果只是现有设备原始价值部分贬值，设备本身的技术特性和功能（即使用价值）并未发生变化，故不会影响现有设备的使用。

49. C。本题考核的是单价合同计量。发包人认为需要进行现场计量核实时，应在计量前 24h 通知承包人，承包人应为计量提供便利条件并派人参加。当发承包双方均同意核实结果时，应签字确认。承包人收到通知后不派人参加计量的，应视为认可发包人的计量核实结果。发包人不按照约定时间通知承包人，致使承包人未能派人参加计量的，计量核实

结果无效。所以选项 A、B 错误。工程计量周期可以月为单位，也可按其他时间节点、工程形象进度分段计量，所以选项 C 正确。因承包人原因造成的超出合同工程范围施工或返工的工程量，发包人不予计量，所以选项 D 错误。

50. B。本题考核的是定额单价法编制施工图预算。计算人、材、机费用时需注意以下几项内容：(1) 分项工程的名称、规格、计量单位与定额单价中所列内容完全一致时，可以直接套用定额单价；(2) 分项工程的主要材料品种与定额单价中规定材料不一致时，不可以直接套用定额单价，需要按实际使用材料价格换算定额单价；(3) 分项工程施工工艺条件与定额单价或单位估价表不一致而造成人工、机械的数量增减时，一般调量不换价；(4) 分项工程不能直接套用定额、不能换算和调整时，应编制补充定额单价。

51. B。本题考核的是法定公积金的用途。《中华人民共和国公司法》规定，法定公积金转为资本时，所留存的该项公积金不得少于转增前公司注册资本的 25%。

52. C。本题考核的是材料单价的计算。材料单价 =（材料原价+运杂费）×[1+运输损耗率(%)]×[1+采购保管费率(%)] =（4000+100）×（1+1%）×（1+2%）= 4223.82 元/t。

53. C。本题考核的是。收益性支出是指通过它所取得的财产或劳务的效益仅及于一个会计期间的支出。如企业外购材料、支付劳动报酬支出，以及管理费用、销售费用（营业费用）、财务费用支出等；另外，生产经营过程中缴纳税金、有关费用（消费税、城市维护建设税、资源税、教育费附加及房产税、土地使用税、车船使用税、印花税等）的支出也包括在收益性支出之内，它是企业得以存在并持续经营的必要的社会性支出。资本性支出既有用于建造厂房、购买机械设备、修建道路等生产用设施的支出，也有用于建造办公楼、购买小汽车等非生产用设施的支出。

54. D。本题考核的是施工图预算审查方法。全面审查法又称逐项审查法，即按定额顺序或施工顺序，对各项工程细目逐项全面详细审查的一种方法。其优点是全面、细致，审查质量高、效果好。缺点是工作量大，时间较长。这种方法适合于一些工程量较小、工艺比较简单的工程。

55. A。本题考核的是资产负债表日建造合同收入的确认。本题的计算过程为：

第 1 年确认的合同收入 = 5000×30% = 1500 万元；

第 2 年确认的合同收入 = 5000×80%−1500 = 2500 万元。

56. D。本题考核的是投标报价的编制方法。将人工费、材料费、施工机具使用费、企业管理费、利润汇总后，并考虑合理的风险费用后，即可得到清单综合单价。该土方工程报价的综合单价应为 [275500×（1+10%）×（1+6%）]/5000 = 64.25 元/m³。

57. A。本题考核的是存货管理的方法。从财务管理的角度来看，A 类存货种类虽然较少，但占用资金较多，应集中主要精力，对其经济批量进行认真规划，实施严格控制。

58. A。本题考核的是财务内部收益率分析。财务净现值 = −40000 + 10000/(1+17.67%)³ + 10000/(1+17.67%)⁴ + 10000/(1+17.67%)⁵ + 10000/(1+17.67%)⁶ = −23751.411 万元<0，因此追加建设投资后的财务内部收益率小于 17.67%，所以选项 A 正确。

59. D。本题考核的是进口设备增值税的计算。进口设备增值税 =（到岸价+进口关税+消费税）×增值税率

到岸价＝离岸价+国外运费+国外运输保险费＝1500+90+4.5＝1594.5万元

进口关税＝到岸价×进口关税率＝1594.5×10%＝159.45万元

增值税＝（到岸价+进口关税）×增值税率＝（1594.5+159.45）×13%＝228.014万元

60. A。本题考核的是BIM数据模式架构组成。BIM应由核心层、共享层、专业领域层和资源层4个概念层组成数据模式架构。

二、多项选择题

61. A、B、D；	62. C、E；	63. A、C；
64. A、C、D；	65. B、C、D、E；	66. B、C、D；
67. B、E；	68. A、B、C、E；	69. A、B、D、E；
70. C、E；	71. B、C、D、E；	72. A、B、D；
73. A、C、D、E；	74. B、D、E；	75. A、B、C、D；
76. A、B；	77. A、C、E；	78. A、B、C；
79. A、D、E；	80. A、B、C、D。	

【解析】

61. A、B、D。本题考核的是经济效果评价指标。动态评价指标包括财务净现值、净现值率、费用现值、净年值、费用年值、内部收益率、动态投资回收期、效益费用比。速动比率和偿债备付率属于静态评价指标。

62. C、E。本题考核的是企业发展能力的指标。企业发展能力又称成长能力，是指企业在经营活动过程中表现出的增长能力。企业发展能力的指标主要有：营业收入增长率和资产积累率。选项A、B属于偿债能力比率指标；选项D属于营运能力比率指标。

63. A、C。本题考核的是投标报价的编制。计日工按招标工程量清单中列出的项目和数量，自主确定综合单价并计算计日工金额。总承包服务费根据招标文件中提出的需要投标人提供服务的范围、内容、要求及其招标工程量清单的特征描述自主确定，并列明其相应的计算方法。暂估价不得变动和更改，暂估价中的材料、工程设备暂估价必须按照招标人提供的暂估单价计入清单项目的综合单价；专业工程暂估价按招标工程量清单中列出的金额填写，所以选项B错误。暂列金额按招标工程量清单中列出的金额填写，所以选项D错误。措施项目费由投标人自主确定，但其中安全文明施工费必须按照国家或省级、行业建设主管部门的规定计价，不得作为竞争性费用，所以选项E错误。

64. A、C、D。本题考核的是采用成本分析法确定最佳现金持有量。成本分析法是通过分析持有现金的成本，寻找持有成本最低的现金持有量。一般企业持有的现金，将会有三种成本：(1) 机会成本；(2) 管理成本；(3) 短缺成本。

65. B、C、D、E。本题考核的是，建造合同的主要特征。建造合同属于经济合同范畴，但它不同于一般的材料采购合同和劳务合同，是一种特殊类型的经济合同，其主要特征表现为：

(1) 先有买主（即客户），后有标的（即资产），建造资产的工程范围、建设工期、工程质量和工程造价等内容在签订合同时已经确定。

21

(2) 资产的建设期长，一般都要跨越一个会计年度，有的长达数年。

(3) 所建造的资产体积大，造价高。

(4) 建造合同一般为不可取消的合同。

66. B、C、D。本题考核的是方案创新方法。方案创新以定性方法为主，如头脑风暴法、歌顿法（模糊目标法）、专家意见法（德尔菲法）、专家检查法等。

67. B、E。本题考核的是其他专项费的内容。其他专项费，是指发包人按照合同约定支付给承包人在项目建设期内，用于本工程的专利及专有技术使用、引进技术和引进设备其他费、工程技术经济等咨询费、苗木迁移、测绘等发生的费用。

68. A、B、C、E。本题考核的是融资租赁的特点。融资租赁作为一种筹资方式，其优点主要有：（1）是一种融资与融物相结合的筹资方式，能够迅速获得所需长期资产的使用权；（2）可以避免长期借款筹资所附加的各种限制性条款，具有较强的灵活性；（3）融资与引进设备都由有经验和对市场熟悉的租赁公司承担，可以减少设备引进费，从而降低设备取得成本；（4）租赁费中的利息、手续费以及融资租赁设备的折旧费均可在税前支付，可以减轻所得税负担。

69. A、B、D、E。本题考核的是资金时间价值的影响因素。资金的时间价值来源于资金在生产运营中发挥作用带来的增值，因此，影响企业生产经营效益的因素都会成为资金时间价值的影响因素，其中直接相关的影响因素有：

(1) 资金使用的时机。

(2) 资金的使用时长。

(3) 投入运营的资金数量的多少。

(4) 资金周转的速度。

70. C、E。本题考核的是建设工程项目总概算的编制方法。建设工程项目总概算是以整个建设工程项目为对象，确定项目从立项开始，到竣工交付使用整个过程的全部建设费用（即建设项目总投资）的文件，建设项目总投资构成应由建设投资、建设期利息、预备费和经营性项目的铺底流动资金组成。建设投资包括工程费用、工程建设其他费用和预备费。选项A错误，包含价差预备费。项目前期工作费属于工程建设其他费用，所以选项C正确。按照概算编制工作顺序则由各单项工程综合概算、工程建设其他费用、建设期利息、预备费和经营性项目的铺底流动资金组成，所以选项B错误。当包含两个及以上单项工程的建设项目时，应采用三级形式编制设计概算，所以选项D错误。总概算表应反映静态投资和动态投资两个部分，所以选项E正确。

71. B、C、D、E。本题考核的是工人工作时间消耗分类。必需消耗的工作时间包括有效工作时间、不可避免的中断时间和休息时间，有效工作时间包括基本工作时间、辅助工作时间、准备与结束工作时间。偶然的多余工作时间属于损失时间。

72. A、B、D。本题考核的是《标准施工招标文件》（2007年版）中承包人索赔可引用的条款。施工过程中发现文物、承包人遇到不利水文条件可同时索赔工期和费用，不能索赔利润。

73. A、C、D、E。本题考核的是工程建设其他费的内容。工程建设其他费由项目前期工作费、项目建设管理费、土地使用权取得费、生态补偿与压覆矿产资源等补偿费、工程准备费、市政公用配套设施费、专项评价费、工程咨询服务费、专利及专有技术使用费、联合试运转费、生产准备费、工程保险费、税费构成。环境影响评价费属于专项评价费；场地准备费属工程准备费。选项 B 属于措施项目费。

74. B、D、E。本题考核的是国际工程投标报价的构成。现场管理费包括工作人员费、办公费、差旅交通费、文体宣教费、固定资产使用费、国外生活设施使用费、工具用具使用费、劳动保护费、检验试验费、其他费用。选项 A、C 属于其他待摊费。

75. A、B、C、D。本题考核的是设备经济寿命的估算。设备的平均年度运行成本，是将设备各年运行成本总和再平均，它随着设备使用年限的延长而逐渐增加。所以选项 A、B 正确。通常随着设备使用期限增加，年运行成本每年以某种速度在递增，这种递增的运行成本称为设备的劣化。若每年运行成本的增量是相等的，则运行成本呈线性增长。所以选项 C 正确。运行成本，包括人工费、材料费、能源费、维修费、停工损失、废次品损失等。所以选项 D 正确。设备的年平均使用成本曲线的最低点对应的使用年限为设备的经济寿命，所以选项 E 错误。

76. A、B。本题考核的是内部会计控制的方法。不相容职务主要包括：授权批准、业务经办、会计记录、财产保管、稽核检查等职务。出纳人员不得兼任稽核、会计档案保管和收入、支出、费用、债权债务账目的登记工作。

77. A、C、E。本题考核的是会计要素计量属性。在历史成本计量下，资产按照购置时支付的现金或者现金等价物的金额，或者按照购置资产时所付出的对价的公允价值计量。

78. A、B、C。本题考核的是材料费的组成。材料费是指工程施工过程中耗费的各种原材料、半成品、构配件的费用，以及周转材料等的摊销、租赁费用，由材料原价、运杂费、运输损耗费和采购及保管费构成。

(1) 材料原价：是指材料、工程设备的出厂价格或商家供应价格。工程设备是指构成或计划构成永久工程一部分的机电设备、金属结构设备、仪器装置及其他类似的设备和装置。

(2) 运杂费：是指材料、工程设备自来源地运至工地仓库或指定堆放地点所发生的全部费用。

(3) 运输损耗费：是指材料在运输装卸过程中不可避免的损耗。

(4) 采购及保管费：是指为组织采购、供应和保管材料、工程设备过程中所需要的各项费用。包括采购费、仓储费、工地保管费、仓储损耗。

选项 D 属于施工机械使用费；选项 E 属于企业管理费。

79. A、D、E。本题考核的是敏感性分析。临界点可用临界点百分比或者临界值分别表示某一变量的变化达到一定的百分比或者一定数值时，方案的经济效果指标将从可行转变为不可行，所以选项 A 正确。临界点的确定可以通过敏感性分析图求得临界点的近似值，但由于方案分析指标的变化与不确定因素变化之间不完全是直线关系，有时误差较大，因此最好采用试算法或函数求解。所以选项 B 错误，选项 D 正确。相对测定法主要是通过敏感度系数确定，绝对测定法主要是通过临界点确定，所以选项 C 错误。临界点是指不确定因素的变化极限值，即不确定因素的变化使方案由可行变为不可行的临界数值，所以选项E正确。

80. A、B、C、D。本题考核的是所得税的计税基础。在计算应纳税所得额时，下列支出不得扣除：

（1）向投资者支付的股息、红利等权益性投资收益款项。

（2）企业所得税税款。

（3）税收滞纳金。

（4）罚金、罚款和被没收财物的损失。

（5）《中华人民共和国企业所得税法》第九条规定以外的捐赠支出。

（6）赞助支出。

（7）未经核定的准备金支出。

（8）与取得收入无关的其他支出。

2023 年度全国一级建造师执业资格考试

《建设工程经济》

真题及解析

学习遇到问题？
扫码在线答疑

2023 年度《建设工程经济》真题

一、单项选择题（共 60 题，每题 1 分。每题的备选项中，只有 1 个最符合题意）

1. 某公司希望所投资项目在第 5 年末回收 1000 万元资金，若年复利率为 6%，则公司现在需要投入约（   ）万元。
   A. 747.258
   B. 769.231
   C. 792.094
   D. 806.452

2. 根据《建设工程工程量清单计价规范》GB 50500—2013，招标工程量清单的项目编码中，表示专业工程顺序码的是第（   ）位。
   A. 1、2
   B. 3、4
   C. 5、6
   D. 7、8、9

3. 下列企业资产中，属于流动资产的是（   ）。
   A. 在建工程
   B. 交易性金融资产
   C. 投资性房地产
   D. 债权投资

4. 建筑业企业对外提供机械作业取得的收入属于（   ）。
   A. 营业外收入
   B. 建造合同收入
   C. 提供劳务收入
   D. 销售商品收入

5. 已知招标工程量清单中挖土方的工程量为 3000m³。其投标人在考虑工作面和放坡后，预计挖土方量为 3600m³。经测算，完成该挖土方的人工费 40000 元，材料费 2000 元，施工机具使用费 140000 元，管理费取人、料、机费用之和的 10%，利润取人、料、机费用及管理费之和的 6%。不考虑其他因素，根据《建设工程工程量清单计价规范》GB 50500—2013，该分项工程报价的综合单价应为（   ）元/m³。
   A. 53.89
   B. 70.74
   C. 58.95
   D. 66.73

6. 下列财务分析指标中，反映企业发展能力的指标是（   ）。
   A. 净资产收益率
   B. 应收账款周转率
   C. 权益乘数
   D. 资本积累率

1

7. 根据《建设工程施工合同（示范文本）》GF—2017—0201，承包人向监理人正式递交索赔报告应在发出索赔意向通知书后（　　）d 内。
   A. 28   B. 14
   C. 21   D. 56

8. 下列成本费用要素中，属于经营成本的是（　　）。
   A. 修理费   B. 折旧费
   C. 摊销费   D. 利息支出

9. 编制工程量清单时，应列入其他项目清单的是（　　）。
   A. 特殊地区施工增加费   B. 社会保险费
   C. 材料暂估价   D. 工程定位复测费

10. 某企业生产需要的甲材料年度采购总量预计3000t，材料单价6000元/t，每次订货的固定成本和变动成本分别为3000元和1500元，每吨材料的平均储存成本为100元。该材料每年最经济的采购次数为（　　）次。
    A. 7   B. 8
    C. 9   D. 10

11. 国际工程投标报价中，现场管理费应列入（　　）。
    A. 分包报价   B. 开办费
    C. 待摊费用   D. 暂定金额

12. 下列企业支出中，属于资本性支出的是（　　）。
    A. 长期投资支出   B. 大额原材料采购支出
    C. 公益性捐赠支出   D. 分配股利支出

13. 某公司年初存入银行100万元，年名义利率4%，按季复利计息。第5年末该笔存款本利和约为（　　）万元。
    A. 117.258   B. 121.665
    C. 122.019   D. 126.973

14. 某企业拟进口一套机电设备，折合成人民币的离岸价、国外运费和国外运输保险费分别为1500万元、75万元和3.16万元。银行财务费6万元，外贸手续费22.9万元，关税税率8%，增值税税率13%，国内运杂费费率3%。该套进口设备购置费（含增值税）为（　　）万元。
    A. 1999.886   B. 1955.729
    C. 2002.231   D. 2020.094

15. 对承包单位已经缴纳的工程一切险和第三方责任险保险费，监理人对其进行计量适宜采用的方法是（　　）。
    A. 凭据法   B. 均摊法
    C. 估价法   D. 分解计量法

16. 某设备原值9万元，累计已提折旧3万元，现在市场价值4万元，若此时进行设备更新分析，则其沉没成本为（　　）万元。

A. 2 B. 3
C. 4 D. 5

17. 某投资项目有四个互斥的方案，设计生产能力和盈亏平衡点产量见表1。仅从方案抗风险能力的角度考虑，投资者应选择的方案是（   ）。

表 1 设计生产能力和盈亏平衡点产量表

方案	甲	乙	丙	丁
设计生产能力(万t/年)	1000	900	800	700
盈亏平衡点产量(万t/年)	600	650	500	500

A. 甲 B. 乙 C. 丙 D. 丁

18. 某投资方案的现金流量见表2，该方案的静态投资回收期为（   ）年。

表 2 现金流量表

年份	0	1	2	3	4	5	6	7
现金流入(万元)	—	—	—	130	260	450	480	550
现金流出(万元)	—	560	270	80	150	220	230	250

注：表中数据均不考虑税收影响。

A. 6.36 B. 6.58
C. 6.63 D. 6.76

19. 某施工机械预算价格140万元，折旧年限12年（按年限平均法折旧），残值率5%，年平均工作260台班。该机械台班折旧费为（   ）元。

A. 448.72 B. 5115.38
C. 5384.62 D. 426.28

20. 某项目运营期第6年的相关数据为：利息备付率5，息税前利润5000万元，应偿还借款本金3000万元，提取折旧费3000万元，摊销费100万元，利润总额4000万元（无需弥补以前年度亏损）。所得税税率为25%。第6年的偿债备付率是（   ）。

A. 2.70 B. 2.03
C. 1.71 D. 1.78

21. 某企业按照1/30、n/45的条件购入100万元材料，同期银行贷款的年利率为4.35%。若企业在第40天付款，则企业放弃现金折扣的成本是（   ）。

A. 4.35% B. 8.08%
C. 36.36% D. 24.24%

22. 关于资金时间价值的说法，正确的是（   ）。

A. 资金周转速度加快，对提升资金的时间价值有利
B. 资金的时间价值与资金的使用时间长短无关
C. 资金的时间价值与资金的数量无关
D. 资金总额一定，前期投入越多，资金的正效益越大

23. 根据《中华人民共和国企业所得税法》，下列企业取得的收入中，属于不征税收入

的是（　　）。

　　A. 债务重组收入

　　B. 已做坏账损失处理后又收回的应收账款

　　C. 依法代政府收取的具有专项用途的财政资金

　　D. 违约金收入

24. 下列人工定额制定方法中，属于技术测定法的是（　　）。

　　A. 统计分析法　　　　　　　　B. 写实记录法

　　C. 比较类推法　　　　　　　　D. 经验估计法

25. 企业为生产产品发生的可归属于产品成本的费用，应当在（　　）时将已销售产品的成本计入当期损益。

　　A. 产品生产完成　　　　　　　B. 确认产品销售收入

　　C. 产成品入库　　　　　　　　D. 收到产品销售货款

26. 关于经济效果评价中独立型方案和互斥型方案的说法，正确的是（　　）。

　　A. 独立型方案和互斥型方案是经济效果评价中最常见的两类方案

　　B. 独立型方案在经济上是否可接受，不取决于方案自身的经济性

　　C. 互斥型方案意味着各方案间彼此不能相互替代

　　D. 互斥型方案的经济比选，无需考察各方案自身的经济效果

27. 企业现有设备出现第一种无形磨损对设备及其管理产生的影响是（　　）。

　　A. 需要更换磨损的零部件　　　B. 需要提前更换现有设备

　　C. 导致现有设备原始价值贬值　D. 导致现有设备折旧增加

28. 某技术方案现金流量见表3，设基准收益率为8%，则该技术方案的财务净现值约为（　　）万元。

表3　现金流量表

年份	1	2	3	4	5
现金流入（万元）	—	—	5000	6000	7000
现金流出（万元）	2000	2500	3000	3500	4500

　　A. 1221.018　　　　　　　　　B. 1131.498

　　C. 1701.458　　　　　　　　　D. 2500.000

29. 下列施工企业产生的现金流量中，应计入现金流量表中经营活动产生的现金流量的是（　　）。

　　A. 提供劳务收到的现金　　　　B. 从银行借款收到的现金

　　C. 处置闲置的固定资产收到的现金　D. 偿付贷款利息支付的现金

30. 根据《建设工程工程量清单计价规范》GB 50500—2013，招标人公布的招标控制价（最高投标限价）未按规定编制的，投标人应在招标控制价（最高投标限价）公布后（　　）d内向招标投标监督机构投诉。

　　A. 3　　　　　　　　　　　　B. 5

C. 7　　　　　　　　　　　　　　　D. 10

31. 施工过程中，需要进行现场签证的事项是（　　）。
A. 工程变更导致的施工措施费增减　　B. 完成施工合同以内的零星工程
C. 承包人原因导致设备窝工损失　　　D. 承包人原因引起的工程量增减

32. 塔式起重机自停放地点运至施工现场的运输、拆卸、安装的费用属于建筑安装工程费中的（　　）。
A. 措施项目费　　　　　　　　　　　B. 施工机具使用费
C. 分部分项工程费　　　　　　　　　D. 其他项目费

33. 某投资项目，建筑安装工程费5080万元，设备及工器具购置费4010万元，工程建设其他费3030万元，基本预备费600万元，价差预备费750万元，建设期利息458万元，以上数据均为含税价。该项目的静态投资（含税）为（　　）万元。
A. 12120　　　　　　　　　　　　　B. 12720
C. 13470　　　　　　　　　　　　　D. 13928

34. 国际工程投标报价中，估价师根据以往实际经验直接估算出分项工程中人、料、机的消耗量，从而估算出分项工程单价的估价方法是（　　）。
A. 技术测定法　　　　　　　　　　　B. 匡算估价法
C. 定额估价法　　　　　　　　　　　D. 作业估价法

35. 某建筑业企业与业主订立了固定总价为2000万元的建造合同，工期3年。第1年年末完工进度为30%，第2年年末累计完工进度为65%。该建造合同结果能够可靠地估计，第2年应确认的合同收入为（　　）万元。
A. 800　　　　　　　　　　　　　　B. 700
C. 1300　　　　　　　　　　　　　 D. 600

36. 关于采用实物量法与定额单价法编制施工图预算的说法，正确的是（　　）。
A. 实物量法与定额单价法在计算人、料、机费用及汇总方法方面完全相同
B. 实物量法编制的预算相对于定额单价法工作量更小、编制过程更快捷
C. 实物量法编制的预算相对于定额单价法更能准确反映实际价格
D. 实物量法与定额单价法均适用于市场经济条件波动较大的情况

37. 工程量清单计价模式下，投标人应按照招标工程量清单中列出的金额填写且不得变动的是（　　）。
A. 暂列金额和总承包服务费　　　　　B. 计日工和总承包服务费
C. 暂列金额和专业工程暂估价　　　　D. 计日工和专业工程暂估价

38. 某施工企业在2022年取得营业利润5000万元，固定资产盘亏600万元，处置无形资产净收益500万元，缴纳罚款支出20万元，债务重组损失800万元。该企业2022年度的利润总额为（　　）万元。
A. 3080　　　　　　　　　　　　　 B. 4100
C. 5000　　　　　　　　　　　　　 D. 4080

39. 关于最高投标限价编制的说法，正确的是（　　）。

A. 暂估价应采用基准日期的市场平均价格

B. 计算总承包服务费时，不考虑招标人是否自行供应材料和设备

C. 编制措施项目费时，针对无法计算工程量的措施项目，可以以"项"为单位的方式计价，但不包括规费和税金

D. 综合单价应包括由招标人承担的风险费用

40. 论证新技术应用方案是否对产品质量有足够的保证程度，属于技术方案（　　）评价的内容。

A. 先进性　　　　　　　　　　　B. 经济性
C. 安全性　　　　　　　　　　　D. 可靠性

41. 下列财务计划现金流量表的构成要素中，属于筹资活动现金流入的是（　　）。

A. 增值税进项税额　　　　　　　B. 股利分配
C. 技术方案资本金投入　　　　　D. 偿还债务本金

42. 某采用工程量清单计价的场地平整工程，招标工程量清单中的工程量为 8000m²。合同约定：场地平整全费用综合单价为 11.3 元/m²，当实际工程量超过清单中工程数量 15% 以上时，15% 以内部分按原有单价计算，15% 以外部分单价调整为 10 元/m²。工程结束时实际完成的场地平整工程量为 10000m²。该场地平整工程实际结算价款为（　　）万元。

A. 10.000　　　　　　　　　　　B. 11.040
C. 11.300　　　　　　　　　　　D. 11.196

43. 某拟建工程与已完工程地上部分的建设条件和设计完全相同，但地下部分不同。审查拟建工程施工图预算的地上部分最适宜采用的方法是（　　）。

A. 标准预算审查法　　　　　　　B. 筛选审查法
C. 分组预算审查法　　　　　　　D. 对比审查法

44. 有同一行业的四家企业拟从银行申请一笔短期贷款，每家企业均向银行提供了能反映自身偿债能力的财务数据见表 4。仅根据上述信息，银行应优先考虑给予贷款的企业是（　　）。

表 4　企业自身偿债能力的财务数据表

企业	甲	乙	丙	丁
流动比率	2.3	2.1	2.3	1.9
速动比率	1.2	1.4	1.5	1.3
资产负债率	60%	65%	70%	50%

A. 甲　　　　　　　　　　　　　B. 乙
C. 丙　　　　　　　　　　　　　D. 丁

45. 关于投资项目敏感性分析中临界点的说法，正确的是（　　）。

A. 临界点是不确定因素变化使项目由可行转为不可行的临界数值

B. 随着设定的投资项目基准收益率提高，临界点也会变高

C. 利用临界点判别敏感因素的方法是一种相对测定法

D. 通过敏感性分析图可以直接得到临界点的准确值

46. 根据《企业会计准则》，关于财务报表列报要求的说法，正确的是（　　）。
   A. 应以持续经营作为会计确认、计量和编制会计报表的基础
   B. 所有财务报表均应按照权责发生制编制
   C. 计入当期利润的利得和损失项目的金额应以抵消后的净额列报
   D. 重要项目单独列报，仅以项目金额大小为标准判断其重要性

47. 编制某项目最高投标限价的数据如下：建筑分部分项工程费5000万元，安装分部分项工程费2400万元，装饰装修分部分项工程费3000万元，其中定额人工费占分部分项工程费用的25%。措施项目费以分部分项工程费为计费基础，费率合计11%。其他项目费合计900万元。规费以定额人工费为计费基础，费率12%。以上费用均不含增值税进项税额。增值税税率9%。该项目的最高投标限价为（　　）万元。
   A. 12756.00　　　　　　　　　B. 13692.00
   C. 13904.04　　　　　　　　　D. 14138.04

48. 某工程在施工过程中，因不可抗力造成永久工程损失55万元，承包人受伤人员医药费6万元，施工机具损失18万元，复工前承包人按发包人要求清理工程费用8万元。以上费用应由发包人承担的金额为（　　）万元。
   A. 32　　　　　　　　　　　　B. 63
   C. 69　　　　　　　　　　　　D. 87

49. 关于企业最优资本结构的说法，正确的是（　　）。
   A. 最优资本结构是使股东每股收益最大的资本结构
   B. 最优资本结构是使债务资金最大的资本结构，因为债务资金越多，抵税作用越明显
   C. 最优资本结构是使企业价值最大化，同时资金成本最低的资本结构
   D. 最优资本结构是使债务资金最小的资本结构，因为债务资金越少，企业面临的财务风险越小

50. 在进行投标报价时，对于措施项目中的已完工程及设备保护费，适宜采用的计算方法是（　　）。
   A. 工程量乘以综合单价　　　　B. 分包价格加上管理费
   C. 分包价格加上风险费　　　　D. 计算基数乘以费率

51. 根据《建设工程造价鉴定规范》GB/T 51262—2017，关于计量争议鉴定的说法，正确的是（　　）。
   A. 当事人一方既提出异议又提出证据的，以提出异议方的计量结果进行鉴定
   B. 当事人就总价合同计量发生争议的，合同对工程计量没有约定的，应对全部工程量进行鉴定
   C. 当事人一方仅提出异议未提供证据的，以原计量结果进行鉴定
   D. 当事人就总价合同计量发生争议的，合同对工程计量有约定的，仅就变更部分进行鉴定

52. 进行价值工程分析时，计算功能评价值最常用的方法是（　　）。

A. 功能重要性系数评价法　　　　　　B. 功能现实成本法
C. 功能现实满意度评价法　　　　　　D. 价值系数法

53. 关于总价合同工程竣工结算编制的说法，正确的是（　　）。

A. 应按照施工图、设计变更及工程洽商计算各分部分项工程量，依据合同约定单价确定竣工结算价

B. 应根据合同约定方法计算清单工程量及设计变更增加工程量的工程成本并计算酬金及税费

C. 应以竣工图为依据核定分部分项工程量并计算分部分项工程价款及相关税费

D. 应在合同价基础上对设计变更、工程洽商及工程索赔等合同约定可以调整的内容进行调整

54. 根据《建设工程施工合同（示范文本）》GF—2017—0201，关于进度款审核和支付的说法，正确的是（　　）。

A. 发包人签发进度款支付证书表明发包人已接受承包人完成的相应工作

B. 发包人和监理人对承包人进度付款申请单有异议的，有权要求承包人修正和提供补充资料

C. 发包人逾期支付工程进度款的，应按照中国人民银行发布的同期存款利率支付违约金

D. 监理人应在收到承包人进度付款申请单及相关资料后 14d 内完成审查并报送发包人

55. 企业为了对应收票据和应收账款回收情况进行监督，可采取的措施是（　　）。

A. 编制账龄分析表　　　　　　　　　B. 制定现金折扣政策
C. 调整信用期间　　　　　　　　　　D. 增加收账人员催收账款

56. 某工程采用单价合同计价方式，其中一个分项工程的全费用综合单价为 500 元/m³。合同约定：发包人第 1 个月起从承包人工程进度款中按 3%扣留质量保证金；监理人每月签发付款凭证的最低金额为 25 万元。在第 1 个月承包人仅进行了该分项工程施工，实际完成并经监理人计量的该分项工程量为 450m³。第 1 个月监理人实际签发的付款金额为（　　）万元。

A. 0　　　　　　　　　　　　　　　　B. 21.825
C. 22.500　　　　　　　　　　　　　　D. 25.000

57. 企业会计核算中，同一企业不同时期发生的相同交易应当采用一致的会计政策，这体现了会计信息质量（　　）的要求。

A. 可靠性　　　　　　　　　　　　　B. 可比性
C. 相关性　　　　　　　　　　　　　D. 重要性

58. 关于招标工程量清单编制的说法，正确的是（　　）。

A. 招标工程量清单必须由招标人自行编制

B. 清单项目的工程量计算规则由清单编制人自主确定

C. 招标工程量清单应以分部工程为单位编制

D. 名称相同但特征不同的清单项目应分别列项

59. 利用概算定额法编制单位建筑工程概算的工作有：①确定分部分项工程概算定额基价；②列出分部分项工程并计算工程量；③计算企业管理费、利润、规费和税金；④计算单位工程概算造价；⑤计算单位工程的人、料、机费用。编制步骤正确的是（　　）。
   A. ②①③⑤④   B. ①②③⑤④
   C. ①②⑤③④   D. ②①⑤③④

60. 下列施工机械工时消耗中，属于必需消耗的工作时间是（　　）。
   A. 施工本身造成的停工时间   B. 多余工作时间
   C. 不可避免的无负荷工作时间   D. 低负荷下工作时间

二、多项选择题（共20题，每题2分。每题的备选项中，有2个或2个以上符合题意，至少有1个错项。错选，本题不得分；少选，所选的每个选项得0.5分）

61. 下列经济效果评价指标中，属于盈利能力分析的动态指标有（　　）。
   A. 资本金净利润率   B. 财务内部收益率
   C. 财务净现值   D. 速动比率
   E. 利息备付率

62. 下列费用中，属于建筑安装工程规费的有（　　）。
   A. 职工福利费   B. 工伤保险费
   C. 劳动保护费   D. 职工教育经费
   E. 养老保险费

63. 为了提高现金使用效率，企业可采取的现金管理方法有（　　）。
   A. 推迟应付票据及应付账款的支付，充分利用供货方提供的信用优惠
   B. 尽可能多地将现金转换为有价证券，以获取更多收益
   C. 尽量使现金流入和现金流出发生的时间趋于一致
   D. 制定收账政策时，缩短应收账款和应收票据的时间
   E. 合理使用现金浮游量

64. 设备安装工程概算的编制方法有（　　）。
   A. 估算指标法   B. 预算单价法
   C. 类似工程经验法   D. 概算指标法
   E. 扩大单价法

65. 下列资料中，属于招标工程量清单编制依据的有（　　）。
   A. 设计文件   B. 施工现场情况
   C. 合理的施工方案   D. 地勘水文资料
   E. 企业定额

66. 根据《建设工程工程量清单计价规范》GB 50500—2013，下列费用中，应按国家或省级、行业建设主管部门的规定计价，不得作为竞争性费用的有（　　）。
   A. 安全文明施工费   B. 计日工
   C. 财产保险费   D. 总承包服务费
   E. 规费

67. 根据《建设工程施工合同（示范文本）》GF—2017—0201，关于工程保修期内的保修责任和修复费用的说法，正确的有（   ）。

  A. 因承包人原因造成工程的缺陷，承包人应负责修复并承担修复费用
  B. 因发包人使用不当造成工程的缺陷，发包人承担修复费用并支付承包人合理利润
  C. 发包人未经验收擅自使用工程的，承包人不再承担修复责任和费用
  D. 因不可抗力原因造成工程的缺陷，发包人承担修复费用并支付承包人合理利润
  E. 因工程的缺陷导致的人身伤害和财产损失应由造成缺陷的责任方承担

68. 关于采用双倍余额递减法计算固定资产折旧的说法，正确的有（   ）。

  A. 寿命期累计折旧额与年限平均法累计折旧额相等
  B. 前期年折旧额高，后期年折旧额低
  C. 固定资产账面价值逐年减少
  D. 计算折旧额使用的折旧率逐年下降
  E. 固定资产折旧年限与年限平均法折旧年限相同

69. 关于施工图预算对施工单位作用的说法，正确的有（   ）。

  A. 可作为确定最高投标限价的依据
  B. 可作为确定投标报价的参考依据
  C. 可作为进行施工准备的依据
  D. 可作为控制工程成本的依据
  E. 可作为安排建设资金计划的依据

70. 将一项包括数项资产的建造合同分立为单项合同需同时具备一定的条件，这些条件包括（   ）。

  A. 每项资产均有独立的建造计划
  B. 每项资产的价值不低于合同价值的三分之一
  C. 每项资产可以独立进行分包，且可由不同的分包单位实施
  D. 每项资产的收入和成本可以单独辨认
  E. 与客户就每项资产进行单独谈判，双方能够接受或拒绝与每项资产有关的合同条款

71. 关于影响利率高低因素的说法，正确的有（   ）。

  A. 社会平均利润率的高低直接影响利率的高低
  B. 通常借贷资本供过于求时，利率会呈上涨趋势
  C. 通货膨胀会对利率高低产生直接影响
  D. 借出资本的风险越高其利率可能越高
  E. 通常借贷资本的期限越长其利率越低

72. 关于技术方案不确定性分析的说法，正确的有（   ）。

  A. 常用的不确定性分析方法包括盈亏平衡分析和敏感性分析
  B. 技术方案的不确定性是客观存在的，通常政策变化、技术进步等原因会带来不确定性
  C. 技术方案论证中所依据的数据不充分或预测方法的局限性会带来不确定性

D. 不确定性的直接后果是使技术方案经济效果的实际值与评价值相偏离，从而给决策带来风险

E. 通过不确定性分析，可以准确计量各不确定因素对技术方案经济效果产生的影响

73. 根据《标准施工招标文件》（2007年版），下列导致承包人工期延误和费用增加的事件中，承包人能同时获得工期、费用和利润索赔的有（　　）。

A. 承包人应监理人要求对材料重新检验且检验结果合格

B. 设计单位提供图纸延误

C. 采用合同未约定的安全作业环境及安全施工措施

D. 异常恶劣的气候条件

E. 发包人的原因造成工期延误

74. 关于投标人进行工程量清单报价的说法，正确的有（　　）。

A. 投标报价不得低于工程成本

B. 暂列金额应根据招标工程量清单列出的金额填写

C. 投标人对投标报价的任何优惠均应反映在相应的综合单价中

D. 暂估价应依据投标人市场询价结果进行填报

E. 投标人应在综合单价中计入招标文件要求其承担的风险费用

75. 编制人工定额时，应计入定额时间的有（　　）。

A. 由于劳动组织不合理导致工作中断所占用的时间

B. 准备与结束工作时间

C. 工人必需的休息时间

D. 不可避免的中断时间

E. 由于材料供应不及时引起的停工时间

76. 采用附加率法估算租赁设备租金时，影响每期租金的因素有（　　）。

A. 租赁设备的价格　　　　　　　　B. 租赁期数

C. 与租赁期数相对应的利率　　　　D. 出租方的股权结构

E. 承租方的资金来源

77. 关于项目融资特点的说法，正确的有（　　）。

A. 项目出现问题，项目贷款人可以追索借款人除该项目以外的任何形式的资产

B. 项目融资是一种需进入项目投资者资产负债表的贷款形式

C. 通常会增加贷款人对投资者资信的依赖程度

D. 项目融资是以项目为主体的融资活动

E. 在项目初始阶段应合理分配全寿命周期中的风险

78. 根据《保障农民工工资支付条例》，关于农民工工资支付的说法，正确的有（　　）。

A. 农民工工资应以现金、实物或有价证券等形式发放

B. 分包单位拖欠农民工工资的，由施工总承包单位先行清偿，再依法进行追偿

C. 建设单位应按照合同约定及时足额将人工费拨付至农民工工资专用账户

D. 若农民工工资采取施工总承包单位代发的方式支付，总承包单位与分包单位对工程

数量、质量等产生争议时，待争议解决后再按规定代发

E. 建设项目违反工程建设相关法律法规导致拖欠农民工工资的，由建设单位清偿

79. 下列措施项目费中，宜采用综合单价法计价的有（　　）。

A. 冬雨季施工增加费　　　　　　B. 垂直运输工程费
C. 脚手架工程费　　　　　　　　D. 混凝土模板工程费
E. 夜间施工增加费

80. 下列价值工程活动中，属于功能分析工作内容的是（　　）。

A. 功能成本分析　　　　　　　　B. 功能定义
C. 工作对象选择　　　　　　　　D. 功能整理
E. 确定改进范围

2023年度真题参考答案及解析

一、单项选择题

1. A；	2. B；	3. B；	4. C；	5. B；
6. D；	7. A；	8. A；	9. C；	10. D；
11. C；	12. A；	13. A；	14. A；	15. A；
16. A；	17. A；	18. C；	19. D；	20. D；
21. D；	22. A；	23. A；	24. B；	25. A；
26. A；	27. C；	28. B；	29. A；	30. B；
31. A；	32. A；	33. B；	34. B；	35. B；
36. C；	37. C；	38. C；	39. C；	40. D；
41. C；	42. D；	43. D；	44. C；	45. A；
46. A；	47. C；	48. D；	49. C；	50. D；
51. C；	52. A；	53. C；	54. B；	55. A；
56. A；	57. B；	58. D；	59. D；	60. C。

【解析】

1. A。本题考核的是一次支付现值计算。$P = F(1+i)^{-n} = 1000 \times (1+6\%)^{-5} = 747.258$ 万元。

2. B。本题考核的是分部分项工程项目清单的编制。项目编码是分部分项工程和措施项目清单名称的阿拉伯数字标识。分部分项工程量清单项目编码分五级设置，用12位阿拉伯数字表示。其中1、2位为相关工程国家计量规范代码，3、4位为专业工程顺序码，5、6位为分部工程顺序码，7、8、9位为分项工程项目名称顺序码，10~12位为清单项目编码。

3. B。本题考核的是流动资产的内容。流动资产是指可以在一年内或超过一年的一个营业周期内变现、耗用的资产，包括货币资金、交易性金融资产、衍生金融资产、应收票据、应收账款、应收款项融资、预付款项、其他应收款、存货、合同资产、持有待售资产、一年内到期的非流动资产、其他流动资产。选项A、C、D属于非流动资产。

4. C。本题考核的是收入的分类。提供劳务收入是指企业通过提供劳务作业而取得的收入。建筑业企业提供劳务一般均为非主营业务，主要包括机械作业、运输服务、设计业务、产品安装、餐饮住宿等。

5. B。本题考核的是综合单价的计算。综合单价=（人、料、机总费用+管理费+利润）/清单工程量=$(40000+2000+140000) \times (1+10\%)(1+6\%)/3000 = 70.74$ 元/m^3。

6. D。本题考核的是企业发展能力指标。企业发展能力的指标主要有：营业收入增长率和资本积累率。选项A属于盈利能力比率指标；选项B属于营运能力比率指标；选项C

13

属于长期偿债能力比率指标。

7. A。本题考核的是承包人提出索赔的程序。根据《建设工程施工合同（示范文本）》GF—2017—0201，承包人应在发出索赔意向通知书后28d内，向监理人正式递交索赔报告。索赔报告应详细说明索赔理由以及要求追加的付款金额和（或）延长的工期，并附必要的记录和证明材料。

8. A。本题考核的是经营成本的内容。经营成本=总成本费用-折旧费-摊销费-利息支出=外购原材料、燃料及动力费+工资及福利费+修理费+其他费用。

9. C。本题考核的是其他项目清单的内容。其他项目清单应根据拟建工程的具体情况，参照《建设工程工程量清单计价规范》GB 50500—2013 提供的下列内容列项：

（1）暂列金额；

（2）暂估价：包括材料暂估单价、工程设备暂估价、专业工程暂估价；

（3）计日工；

（4）总承包服务。

选项A、D属于措施项目费清单内容；选项B属于规费清单内容。

10. D。本题考核的是经济采购次数的计算。经济订货量=$\sqrt{\dfrac{2\times 每次订货的变动成本 \times 存货年需要量}{单位储存成本}} = \sqrt{\dfrac{2\times 1500\times 3000}{100}} = 300t$，则甲材料的经济采购次数=3000/300=10次。

11. C。本题考核的是国际工程投标报价的内容。现场管理费是在工程量清单中没有单独列项的费用项目，需将其作为待摊费用分摊到工程量清单的各个报价分项中去。

12. A。本题考核的是资本性支出的内容。资本性支出是指通过它所取得的效益及于几个会计年度（或几个营业周期）的支出，如企业购置和建造固定资产、无形资产及其他资产的支出、长期投资支出等，对于这类支出在会计核算中应予以资本化，形成相应的资产。

13. C。本题考核的是有效利率的运用。$i=(1+r/m)^m-1=(1+4\%/4)^4-1=0.0406=4.06\%$，$F=P(1+i)^n=100\times(1+4.06\%)^5=122.019$ 万元。

14. A。本题考核的是设备购置费的计算。本题的计算过程为：

进口关税=到岸价×进口关税率=（离岸价+国外运费+国外运输保险费）×8%=（1500+75+3.16）×8%=1578.16×8%=126.2528 万元。

进口产品增值税额=组成计税价格×增值税率=（到岸价+进口关税）×13%=（离岸价+国外运费+国外运输保险费+进口关税）×13%=（1500+75+3.16+126.2528）×13%=1704.41×13%=221.5733 万元。

进口设备抵岸价=离岸价+国外运费+国外运输保险费+银行财务费+外贸手续费+进口关税+进口产品增值税=1500+75+3.16+6+22.9+126.2528+221.5733=1954.886 万元。

设备运杂费=离岸价×国内运杂费费率=1500×3%=45 万元。

设备购置费=进口设备抵岸价+设备运杂费=1954.886+45=1999.886 万元。

15. A。本题考核的是工程计量的方法。凭据法是按照承包人提供的凭据进行计量支付。如建筑工程险保险费、第三方责任险保险费、履约保证金等项目，一般按凭据法进行计量支付。

16. A。本题考核的是沉没成本的计算。沉没成本=设备账面价值-当前市场价值；或沉没成本=(设备原值-历年折旧费)-当前市场价值=(9-3)-4=2万元。

17. A。本题考核的是盈亏平衡分析。

四个互斥的方案的生产能力利用率分别为：

甲：$BEP(\%) = 600/1000 \times 100\% = 60\%$；

乙：$BEP(\%) = 650/900 \times 100\% = 72.2\%$；

丙：$BEP(\%) = 500/800 \times 100\% = 62.5\%$；

丁：$BEP(\%) = 500/700 \times 100\% = 71.4\%$；

盈亏平衡点越低，达到此点的盈亏平衡产销量就越少，技术方案投产后盈利的可能性越大，适应市场变化的能力越强，抗风险能力也越强，所以选项 A 正确。一般用生产能力利用率的计算结果表示技术方案运营的安全程度。根据经验，若 $BEP(\%) \leq 70\%$，则技术方案的运营是安全的，或者说技术方案可以承受较大的风险。

18. C。本题考核的是静态投资回收期的计算。该方案累计净现金流量见表5。

表5 累计净现金流量表

年份	0	1	2	3	4	5	6	7
现金流入(万元)	—	—	—	130	260	450	480	550
现金流出(万元)	—	560	270	80	150	220	230	250
净现金流量(万元)	—	-560	-270	50	110	230	250	300
累计净现金流量(万元)	—	-560	-830	-780	-670	-440	-190	110

则方案的静态投资回收期 $P_t = (7-1) + |-190|/300 = 6.63$。

19. D。本题考核的是机械台班折旧费的计算。台班折旧费=$\dfrac{机械预算价格 \times (1-残值率)}{耐用总台班数}$，耐用总台班数=折旧年限×年工作台班

则该机械台班折旧费=$140 \times 10000 \times (1-5\%)/(12 \times 260) = 426.28$ 元/台班。

20. D。本题考核的是偿债备付率的计算。利息备付率=息税前利润/计入总成本费用的应付利息，利息备付率5，故应付利息为5000/5=1000万元。偿债备付率=(息税前利润-所得税+折旧+摊销)/当期还本付息金额=[(5000+3000+100)-4000×25%]/(3000+1000)=1.775=1.78。

21. D。本题考核的是放弃现金折扣的成本的计算。放弃现金折扣的成本=[折扣百分比/(1-折扣百分比)]×[360/(信用期-折扣期)]=[1%/(1-1%)]×[360/(45-30)]=24.24%。

22. A。本题考核的是影响资金时间价值的因素。选项 B 错误，在单位时间的资金增值率一定的条件下，资金使用时间越长，则资金的时间价值越大；使用时间越短，则资金的时间价值越小。选项 C 错误，在其他条件不变的情况下，资金数量越多，资金的时间价值就越多；反之，资金的时间价值则越少。选项 D 错误，在总资金一定的情况下，前期投入

15

的资金越多，资金的负效益越大；反之，后期投入的资金越多，资金的负效益越小。而在资金回收额一定的情况下，离现在越近的时间回收的资金越多，资金的时间价值就越多；反之，离现在越远的时间回收的资金越多，资金的时间价值就越小。

23. C。本题考核的是不征税收入。收入总额中，下列收入为不征税收入：

（1）财政拨款。

（2）依法收取并纳入财政管理的行政事业性收费、政府性基金。行政事业性收费，是指依照法律法规等有关规定，按照国务院规定程序批准，在实施社会公共管理，以及在向公民、法人或者其他组织提供特定公共服务过程中，向特定对象收取并纳入财政管理的费用。政府性基金，是指企业依照法律、行政法规等有关规定，代政府收取的具有专项用途的财政资金。

（3）国务院规定的其他不征税收入。

24. B。本题考核的是人工定额制定方法。技术测定法是根据生产技术和施工组织条件，对施工过程中各工序采用测时法、写实记录法、工作日写实法，测出各工序的工时消耗等资料，再对所获得的资料进行科学的分析，制定出人工定额的方法。

25. B。本题考核的是工程成本的结算方法。《企业会计准则》规定，企业为生产产品、提供劳务等发生的可归属于产品成本、劳务成本等的费用，应当在确认产品销售收入、劳务收入等时，将已销售产品、已提供劳务的成本等计入当期损益。

26. A。本题考核的是经济效果评价方案。对独立型方案的评价选择，其实质就是在"做"与"不做"之间进行选择。因此，独立型方案在经济上是否可接受，取决于技术方案自身的经济性，即技术方案的经济指标是否达到或超过了预定的评价标准或水平，所以选项 B 错误。互斥型方案又称排他型方案，在若干备选技术方案中，各个技术方案彼此可以相互代替，因此技术方案具有排他性，选择其中任何一个技术方案，则其他技术方案必然被排斥。所以选项 C 错误。互斥方案经济评价包含两部分内容：一是考察各个技术方案自身的经济效果，即进行"绝对经济效果检验"；二是考察哪个技术方案相对经济效果最优，即"相对经济效果检验"，所以选项 D 错误。

27. C。本题考核的是设备磨损的类型。设备的技术结构和性能并没有变化，但由于技术进步，设备制造工艺不断改进，社会劳动生产率水平的提高，同类设备的再生产价值降低，因而设备的市场价格也降低了，致使原设备相对贬值。这种磨损称为第一种无形磨损。这种无形磨损的后果只是现有设备原始价值部分贬值，设备本身的技术特性和功能即使用价值并未发生变化，故不会影响现有设备的使用。因此，不产生提前更换现有设备的问题。

28. B。本题考核的是财务净现值的计算。该技术方案净现金流量见表6。

表6　净现金流量表

年份	1	2	3	4	5
现金流入(万元)	—	—	5000	6000	7000
现金流出(万元)	2000	2500	3000	3500	4500
净现金流量(万元)	-2000	-2500	2000	2500	2500

则财务净现值 $FNPV = -2000/(1+8\%) - 2500/(1+8\%)^2 + 2000/(1+8\%)^3 + 2500/(1+8\%)^4 + 2500/(1+8\%)^5 = 1131.498$ 万元。

29. A。本题考核的是经营活动产生的现金流量。经营活动的现金流量主要包括：（1）销售商品、提供劳务收到的现金；（2）收到的税费返还；（3）收到其他与经营活动有关的现金；（4）购买商品、接受劳务支付的现金；（5）支付给职工以及为职工支付的现金；（6）支付的各项税费；（7）支付其他与经营活动有关的现金。

30. B。本题考核的是招标控制价未按规定编制的投诉与处理。投标人经复核认为招标人公布的最高投标限价（招标控制价）未按照《建设工程工程量清单计价规范》GB 50500—2013 的规定进行编制的，应在最高投标限价（招标控制价）公布后 5d 内向招标投标监督机构和工程造价管理机构投诉。

31. A。本题考核的是现场签证的范围。现场签证的范围一般包括：（1）适用于施工合同范围以外零星工程的确认；（2）在工程施工过程中发生变更后需要现场确认的工程量；（3）非承包人原因导致的人工、设备窝工及有关损失；（4）符合施工合同规定的非承包人原因引起的工程量或费用增减；（5）确认修改施工方案引起的工程量或费用增减；（6）工程变更导致的工程施工措施费增减等。

32. A。本题考核的是措施项目费的内容。大型机械设备进出场及安拆费是指机械整体或分体自停放场地运至施工现场或由一个施工地点运至另一个施工地点，所发生的机械进出场运输及转移费用及机械在施工现场进行安装、拆卸所需的人工费、材料费、机械费、试运转费和安装所需的辅助设施的费用，属于措施项目费的一项。大型机械设备进出场及安拆费主要针对"大型"机械设备，例如塔式起重机；而施工机具使用费中的安拆费与场外运费，主要针对小型施工机械（如电锤、车床等工具）。

33. B。本题考核的是静态投资的计算。静态投资部分由建筑安装工程费、设备及工器具购置费、工程建设其他费和基本预备费构成。故静态投资 = 5080+4010+3030+600 = 12720 万元

34. B。本题考核的是分项工程人、料、机费用常用的估价方法。匡算估价法是指估价师根据以往的实际经验或有关资料，直接估算出分项工程中人工、材料、机具的消耗量，从而估算出分项工程的人、料、机单价。采用这种方法，估价师的实际经验直接决定了估价的准确程度。因此，往往适用于工程量不大，所占费用比例较小的那部分分项工程。

35. B。本题考核的是合同收入的确认。当期确认的合同收入 =（合同总收入×完工进度）-以前会计期间累计已确认的收入，第 1 年确认的合同收入 = 2000×3% = 600 万元，第 2 年确认的合同收入 = 2000×65%-600 = 700 万元。

36. C。本题考核的是施工图预算的编制方法。实物量法编制施工图预算的步骤与定额单价法基本相似，但在具体计算人工费、材料费和施工机具使用费及汇总三种费用之和方面有一定区别。实物量法编制施工图预算所用人工、材料和机械台班的单价都是当时当地的实际价格，编制出的预算可较准确地反映实际水平，误差较小，适用于市场经济条件波动较大的情况。由于采用该方法需要统计人工、材料、机械台班消耗量，还需搜集相应的实际价格，因而工作量较大、计算过程繁琐。

37. C。本题考核的是其他项目费的编制与审核。暂列金额应按照招标工程量清单中列出的金额填写，不得变动。暂估价不得变动和更改。暂估价中的材料、工程设备必须按照暂估单价计入综合单价；专业工程暂估价必须按照招标工程量清单中列出的金额填写。计日工应按照招标工程量清单列出的项目和估算的数量，自主确定各项综合单价并计算费用。总承包服务费应根据招标工程量列出的专业工程暂估价内容和供应材料、设备情况，按照招标人提出协调、配合与服务要求和施工现场管理需要自主确定。

38. D。本题考核的是利润总额的计算。利润总额=营业利润+营业外收入-营业外支出=5000+500-600-20-800=4080万元。

39. C。本题考核的是最高投标限价的编制。暂估价中的材料、工程设备单价、控制价应按招标工程量清单列出的单价计入综合单价；暂估价专业工程金额应按招标工程量清单中列出的金额填写，所以选项A错误。编制最高投标限价时，招标人自行供应材料、设备的，总承包服务费按招标人供应材料、设备价值的1%计算，所以选项B错误。招标文件中要求投标人承担的风险费用，投标人应在综合单价中给予考虑，所以选项D错误。

40. D。本题考核的是新技术、新工艺和新材料应用方案的选择原则。技术可靠性指备选的新技术应用方案必须是成熟的、稳定的，有可借鉴的企业或项目；对尚在试验阶段的新技术应采取积极慎重的态度；采用转让取得的技术，要考虑技术来源的可靠性，主要表现在技术持有者信誉好，愿意转让技术，且转让条件合理，知识产权经过确认。同时，备选方案的技术能够实现方案设定的目标，对产品的质量性能和方案的生产能力有足够的保证程度，能防范和积极避免因方案技术可靠性不足而产生的资源浪费。

41. C。本题考核的是财务计划现金流量表的构成要素。筹资活动净现金流量的现金流入有：技术方案资本金投入、建设投资借款、流动资金借款、债券、短期借款等；现金流出有：各种利息支出、偿还债务本金、应付利润（股利分配）等。

42. D。本题考核的是价款结算。合同约定范围内（15%以内）的工程款为：8000×（1+15%）×11.3=103960元；超过15%之后部分工程量的工程款为：[10000-8000×（1+15%）]×10=8000元；则土方工程款合计=103960+8000=111960元=11.196万元。

43. D。本题考核的是施工图预算的审查方法。对比审查法是当工程条件相同时，用已完工程的预算或未完但已经过审查修正的工程预算对比审查拟建工程的同类工程预算的一种方法。采用该方法一般须符合下列条件：（1）拟建工程与已完或在建工程预算采用同一施工图，但基础部分和现场施工条件不同，则相同部分可采用对比审查法。（2）工程设计相同，但建筑面积不同，两工程的建筑面积之比与两工程各分部分项工程量之比大体一致。此时可按分项工程量的比例，审查拟建工程各分部分项工程的工程量，或用两工程每平方米建筑面积造价、每平方米建筑面积的各分部分项工程量对比进行审查。（3）两工程面积相同，但设计图纸不完全相同，则相同的部分，如厂房中的柱子、屋面、砖墙等，可进行工程量的对照审查。对不能对比的分部分项工程可按图纸计算。

44. C。本题考核的是偿债能力分析。企业申请短期贷款，而资产负债率是长期偿债能力指标，所以不予考虑，只考虑流动比率和速动比率即可。流动比率是流动资产和流动负债的比率，速动比率是速动资产和流动负债的比率，丙的流动比率和速动比率都比甲、乙、丁要高，说明其负债偏少，资产相对充足，应选择先贷款给丙。

45. A。本题考核的是敏感性分析。选项B错误，对于同一个技术方案，随着设定基准收益率的提高，临界点就会变低（即临界点表示的不确定因素的极限变化变小）。选项C错误，利用临界点判别敏感因素的方法是一种绝对测定法。选项D错误，临界点可用专用软件的财务函数计算，也可由敏感性分析图直接求得近似值。

46. A。本题考核的是财务报表列报的基本要求。除现金流量表按照收付实现制编制外，企业应当按照权责发生制编制其他财务报表，所以选项B错误。财务报表项目应当以总额列报，资产和负债、收入和费用、直接计入当期利润的利得和损失项目的金额不能相互抵消，即不得以净额列报，除非会计准则另有规定，所以选项C错误。重要项目单独列报。重要性是指财务报表某项目的省略或错报会影响使用者据此做出经济决策。重要性应当根据企业所处环境，从项目的性质和金额大小两方面予以判断，所以选项D错误。

47. C。本题考核的是最高投标限价的计算。分部分项工程费 = 5000+2400+3000 = 10400万元；定额人工费 = 10400×25% = 2600万元；措施项目费 = 10400×11% = 1144万元；其他项目费 900万元；规费 = 2600×12% = 312万元；增值税 = (10400+1144+900+312)×9% = 1148.04万元；最高投标限价 = 10400+1144+900+312+1148.04 = 13904.04万元。

48. B。本题考核的是不可抗力后果的承担。永久工程损失由发包人承担，承包人受伤人员医药费由承包人承担，施工机具损失由承包人承担，清理工程费由发包人承担，则由发包人承担的费用是 55+8 = 63万元。

49. C。本题考核的是资本结构的优化。企业最优的资本结构应当是使企业的价值最大化、资金成本最低的资本结构，而不一定是每股收益最大的资本结构。

50. D。本题考核的是措施项目费的计算方法。参数法计价：安全文明施工费、夜间施工增加费、二次搬运费、冬雨季施工增加费、已完工程及设备保护费。参数法计价是指按一定的基数乘系数的方法或自定义公式进行计算。

51. C。本题考核的是计量争议的鉴定。当事人一方既提出异议又提出具体证据的，应复核或进行现场勘验，按复核后的计量结果进行鉴定，所以选项A错误。当事人就总价合同计量发生争议的，总价合同对工程计量有约定的，按约定进行鉴定，没有约定的，仅就工程变更部分进行鉴定，所以选项B、D错误。

52. A。本题考核的是功能评价的方法。对象的功能评价值 F（目标成本），是指可靠地实现用户要求功能的最低成本，可以根据图纸和定额，也可根据国内外先进水平或根据市场竞争的价格等来确定。它可以理解为是企业有把握，或者说应该达到的实现用户要求功能的最低成本。从企业目标的角度来看，功能评价值可以看成是企业预期的、理想的成本目标值，常用功能重要性系数评价法计算。

53. D。本题考核的是竣工结算编制。竣工结算的编制应区分合同类型，采用相应的编制方法。采用总价合同的，应在合同价基础上对设计变更、工程洽商以及工程索赔等合同约定可以调整的内容进行调整；采用单价合同的，应计算或核定竣工图或施工图以内的各个分部分项工程量，依据合同约定的方式确定分部分项工程项目价格，并对设计变更、工程洽商、施工措施以及工程索赔等内容进行调整；采用成本加酬金合同的，应依据合同约定的方法计算各个分部分项工程以及设计变更、工程洽商、施工措施等内容的工程成本，并计算酬金及有关税费。

54. B。本题考核的是进度款审核和支付。发包人签发进度款支付证书或临时进度款支付证书，不表明发包人已同意、批准或接受了承包人完成的相应部分的工作，所以选项A错误。除专用合同条款另有约定外，发包人应在进度款支付证书或临时进度款支付证书签发后14d内完成支付，发包人逾期支付进度款的，应按照中国人民银行发布的同期同类贷款基准利率支付违约金，所以选项C错误。监理人应在收到承包人修正后的进度付款申请单及相关资料后7d内完成审查并报送发包人，发包人应在收到监理人报送的进度付款申请单及相关资料后7d内，向承包人签发无异议部分的临时进度款支付证书，所以选项D错误。

55. A。本题考核的是应收账款回收情况的监督。实施对应收票据及应收账款回收情况的监督，可以通过编制账龄分析表进行。

56. A。本题考核的是工程款的结算。第1个月的进度款额为 $500 \times 450 \times (1-3\%) = 21.825$ 万元<25万元，因此本月监理签发的付款金额为0元。

57. B。本题考核的是会计信息的质量要求。企业提供的会计信息应当具有可比性。同一企业不同时期发生的相同或者相似的交易或者事项，应当采用一致的会计政策，不得随意变更。确需变更的，应当在会计报表附注中说明。不同企业发生的相同或者相似的交易或者事项，应当采用规定的会计政策，确保会计信息口径一致、相互可比。会计核算可比性原则也称统一性原则。

58. D。本题考核的是招标工程量清单的编制。选项A错误，招标工程量清单应由具有编制能力的招标人或受其委托、具有相应资质的工程造价咨询人进行编制。选项B错误，不是清单编制人自主确定的。选项C错误，招标工程量清单应以单位（项）工程为单位编制，应由分部分项工程量清单、措施项目清单、其他项目清单、规费和税金项目清单组成。

59. D。本题考核的是利用概算定额法编制设计概算的步骤。利用概算定额法编制设计概算的具体步骤如下。

（1）按照概算定额分部分项顺序，列出各分项工程的名称。

（2）确定各分部分项工程项目的概算定额单价（基价）。

（3）计算单位工程的人、料、机费用。

（4）根据人、料、机费用，结合其他各项取费标准，分别计算企业管理费、利润、规费和税金。

（5）计算单位工程概算造价。

60. C。本题考核的是机械工作时间消耗的分类。在必需消耗的工作时间里，包括有效工作、不可避免的无负荷工作和不可避免的中断三项时间消耗。不可避免的无负荷工作时间，是指由施工过程的特点和机械结构的特点造成的机械无负荷工作时间。选项A、B、D属于损失时间。

二、多项选择题

61. B、C；　　　　　62. B、E；　　　　　63. A、C、D、E；

64. B、D、E；	65. A、B、C、D；	66. A、E；
67. A、B、D、E；	68. A、B、C、E；	69. B、C、D；
70. A、D、E；	71. A、C、D；	72. A、B、C、D；
73. A、B、E；	74. A、B、C、E；	75. B、C、D；
76. A、B、C；	77. D、E；	78. B、C、E；
79. B、C、D；	80. B、D。	

【解析】

61. B、C。本题考核的是盈利能力动态分析指标。盈利能力动态分析指标：财务内部收益率、财务净现值、净现值率、费用现值、净年值、费用年值、动态投资回收期和效益费用比。

62. B、E。本题考核的是规费的内容。规费是指按国家法律法规规定，由省级政府和省级有关权力部门规定必须缴纳或计取的费用。包括：（1）社会保险费：①养老保险费；②失业保险费；③医疗保险费；④生育保险费；⑤工伤保险费。（2）住房公积金。选项A、C、D属于企业管理费。

63. A、C、D、E。本题考核的是现金管理的方法。现金管理的方法包括：（1）力争现金流量同步。企业要尽量使其现金流入和现金流出发生的时间趋于一致，这样可以使其持有的交易性现金余额降低到最低水平。（2）使用现金浮游量。（3）加速收款。主要是指缩短应收票据及应收账款的时间。（4）企业应在不影响自己信誉的前提下尽可能地推迟应付票据及应付账款的支付期，充分利用供货方提供的信用优惠。

64. B、D、E。本题考核的是设备安装工程概算的编制方法。设备安装工程概算的编制方法：（1）预算单价法；（2）扩大单价法；（3）概算指标法。选项A、C不属于单位工程概算的编制方法。

65. A、B、C、D。本题考核的是招标工程量清单编制的依据。招标工程量清单编制的依据有：

(1)《建设工程工程量清单计价规范》GB 50500—2013 和相关工程的国家工程量计算标准；

(2) 国家或省级、行业建设主管部门颁发的工程量计量计价规定；

(3) 建设工程设计文件及相关材料；

(4) 与建设工程有关的标准、规范、技术资料；

(5) 拟定的招标文件及相关资料；

(6) 施工现场情况、地勘水文资料、工程特点及合理的施工方案；

(7) 其他相关资料。

66. A、E。本题考核的是不得作为竞争性费用的项目。发包人和承包人均应按照省、自治区、直辖市或行业建设主管部门发布的标准计算规费和税金，不得作为竞争性费用。安全文明施工费应按照国家或省级、行业建设主管部门的规定计价，不得作为竞争性费用。

67. A、B、D、E。本题考核的是保修责任和修复费用的规定。工程保修期从工程竣工验收合格之日起算，具体分部分项工程的保修期由合同当事人在专用合同条款中约定，但

21

不得低于法定最低保修年限。在工程保修期内，承包人应当根据有关法律规定以及合同约定承担保修责任。发包人未经竣工验收擅自使用工程的，保修期自转移占有之日起算。保修期内，修复的费用按照以下约定处理：（1）保修期内，因承包人原因造成工程的缺陷、损坏，承包人应负责修复，并承担修复的费用以及因工程的缺陷、损坏造成的人身伤害和财产损失；（2）保修期内，因发包人使用不当造成工程的缺陷、损坏，可以委托承包人修复，但发包人应承担修复的费用，并支付承包人合理利润；（3）因其他原因造成工程的缺陷、损坏，可以委托承包人修复，发包人应承担修复的费用，并支付承包人合理的利润，因工程的缺陷、损坏造成的人身伤害和财产损失由责任方承担。

68. A、B、C、E。本题考核的是固定资产折旧的方法。双倍余额递减法，是在固定资产使用年限最后两年之前的各年，不考虑固定资产预计净残值的情况下，根据每年年初固定资产净值和双倍的年限平均法折旧率计算固定资产折旧额，而在最后两年按年限平均法计算折旧额的一种方法。采用这种方法，固定资产账面余额随着折旧的计提逐年减少，而折旧率不变，因此，各期计提的折旧额必然逐年减少。双倍余额递减法是加速折旧的方法，是在不缩短折旧年限和不改变净残值率的情况下，改变固定资产折旧额在各年之间的分布，在固定资产使用前期提取较多的折旧，而在使用后期则提取较少的折旧。

69. B、C、D。本题考核的是施工图预算对施工单位的作用。施工图预算对施工单位的作用：

（1）施工图预算是确定投标报价的参考依据。
（2）施工图预算是施工单位进行施工准备的依据。
（3）施工图预算是施工企业控制工程成本的依据。
（4）施工图预算是进行"两算"对比的依据。施工企业可以通过施工预算和施工预算的对比分析，找出差距，采取必要的措施。

选项A、E是施工图预算对建设单位的作用。

70. A、D、E。本题考核的是建造合同分立为单项合同的条件。一项包括建造数项资产的建造合同，同时满足下列条件的，每项资产应当分立为单项合同：（1）每项资产均有独立的建造计划；（2）与客户就每项资产单独进行谈判，双方能够接受或拒绝与每项资产有关的合同条款；（3）每项资产的收入和成本可以单独辨认。如果不同时具备上述三个条件，则不能将建造合同进行分立，而应将其作为一项合同进行会计处理。

71. A、C、D。本题考核的是影响利率高低的因素。利率的高低由以下因素决定：（1）利率的高低首先取决于社会平均利润率的高低，并随之变动。（2）在社会平均利润率不变的情况下，利率高低取决于金融市场上借贷资本的供求情况，借贷资本供过于求，利率便下降；反之，求过于供，利率便上升。（3）借出资本要承担一定的风险，风险越大，利率也就越高。（4）通货膨胀对利息的波动有直接影响，资金贬值往往会使利息无形中成为负值。（5）借出资本的期限长短。贷款期限长，不可预见因素多，风险大，利率就高；反之利率就低。（6）利率与经济周期的波动有密切的关联，在经济周期的扩张期上升，而在经济衰退期下降。

72. A、B、C、D。本题考核的是不确定性分析方法。常用的不确定性分析方法有盈亏平衡分析和敏感性分析,所以选项A正确。产生不确定性因素的主要原因有以下几点:(1)所依据的基本数据不足或者统计有偏差。(2)预测方法的局限,预测的假设不准确,所以选项C正确。(3)未来经济形势的变化。(4)技术进步。(5)无法以定量来表示的定性因素的影响。(6)其他外部影响因素,如政府政策的变化,新的法律法规的颁布,国际政治经济形势的变化等,所以选项B正确。不确定性的直接后果是使技术方案经济效果的实际值与评价值相偏离,从而给决策者带来风险,所以选项D正确。选项E错误,不确定性是难以计量的。

73. A、B、E。本题考核的是《标准施工招标文件》(2007年版)中承包人索赔可引用的条款。选项C,采用合同未约定的安全作业环境及安全施工措施只索赔费用。选项D,异常恶劣的气候条件只索赔工期。

74. A、B、C、E。本题考核的是工程量清单报价的相关规定。选项D错误,暂估价专业工程金额应按招标工程量清单中列出的金额填写。

75. B、C、D。本题考核的是人工定额编制。准备与结束工作时间、工人必需的休息时间、不可避免的中断时间,属于必需消耗的工作时间,应计入定额时间。选项A,属于与工艺特点无关的工作中断所占用时间,属于损失时间;选项E属于施工本身造成的停工时间,属于损失时间。

76. A、B、C。本题考核的是影响租金的因素。影响租金的因素很多,如设备的价格、融资的利息及费用、各种税金、租赁保证金、运费、租赁利差、各种费用的支付时间,以及租金采用的计算公式等。

附加率法算租金 $R = P(1+N×i)/N+P×r$

式中　P——租赁资产的价格;

　　　N——租赁期数,其值取决于租赁资产预计使用寿命,租赁期可按月、季、半年、年计;

　　　i——与租赁期数相对应的利率;

　　　r——附加率。

77. D、E。本题考核的是项目融资的特点。项目的贷款人可以在贷款的某个特定阶段对项目借款人实行追索,或在一个规定范围内对公私合作双方进行追索。除此之外,项目出现任何问题,贷款人均不能追索到项目借款人除该项目资产、现金流量以及政府承诺义务之外的任何形式的资产,所以选项A错误。项目融资是一种在资产负债表之外的融资,根据有限追索原则,项目投资人承担的是有限责任,因而通过对项目投资结构和融资结构的设计,可以帮助投资者将贷款安排为一种非公司负债性融资,使融资不需进入项目投资者资产负债表的贷款形式,所以选项B错误。采用项目融资的项目一般具有灵活的项目结构,可以将贷款的信用支持分配到与项目有关的各个方面,提高项目的债务承受能力,减少贷款人对投资者资信和其他资产的依赖程度,所以选项C错误。

78. B、C、E。本题考核的是农民工工资支付。农民工工资应当以货币形式,通过银行转账或者现金支付给农民工本人,不得以实物或者有价证券等其他形式替代,所以选项A错误。分包单位拖欠农民工工资的,由施工总承包单位先行清偿,再依法进行追偿,所以选项 B 正确。建设单位应当向施工单位提供工程款支付担保。建设单位与施工总承包单位依法订立书面工程施工合同，应当约定工程款计量周期、工程款进度结算办法以及人工费用拨付周期，并按照保障农民工工资按时足额支付的要求约定人工费用，所以选项 C 正确。建设单位与施工总承包单位或者承包单位与分包单位因工程数量、质量、造价等产生争议的，建设单位不得因争议不按照《保障农民工工资支付条例》的规定拨付工程款中的人工费用，施工总承包单位也不得因争议不按照规定代发工资，所以选项 D 错误。工程建设项目违反国土空间规划、工程建设等法律法规，导致拖欠农民工工资的，由建设单位清偿，所以选项 E 正确。

79. B、C、D。本题考核的是措施项目费的计算。综合单价法适用于可以计算工程量的措施项目，主要是指一些与工程实体有紧密联系的项目，如混凝土模板、脚手架、垂直运输等。

80. B、D。本题考核的是价值工程分析阶段的工作内容。价值工程分析阶段的功能分析步骤有：功能定义、功能整理。选项 A、E 属于分析阶段功能评析的工作内容；选项 C 属于准备阶段确定目标的工作内容。

2022年度全国一级建造师执业资格考试

《建设工程经济》

真题及解析

2022年度《建设工程经济》真题

一、单项选择题（共60题，每题1分。每题的备选项中，只有1个最符合题意）

1. 企业年初借入一笔资金，年名义利率为6%，按季度复利计算，年末本利和为3184.09万元，则年初借款金额是（   ）万元。
   A. 3003.86
   B. 3000.00
   C. 3018.03
   D. 3185.03

2. 关于资金时间价值的说法，正确的是（   ）。
   A. 资金的时间价值是资金随时间周转使用的结果
   B. 资金的时间价值与资金数量无关
   C. 资金的时间价值与资金周转的速度成反比
   D. 利率是衡量资金时间价值的绝对尺度

3. 关于一次支付现值、终值、计息期数和折现率相互关系的说法，正确的是（   ）。
   A. 现值一定，计息期数相同，折现率越高，终值越小
   B. 现值一定，折现率相同，计息期数越少，终值越大
   C. 终值一定，折现率相同，计息期数越多，现值越大
   D. 终值一定，计息期数相同，折现率越高，现值越小

4. 关于偿债备付率的说法，正确的是（   ）。
   A. 偿债备付率大于1，说明偿付债务本息的能力不足
   B. 偿债备付率从付息资金来源的角度反映企业偿付债务利息的能力
   C. 偿债备付率是还本付息的资金与当期应还本金额的比值
   D. 偿债备付率应在借款偿还期内分年计算

5. 关于财务基准收益率的说法，正确的是（   ）。
   A. 境外投资项目基准收益率的测定，可忽略国家风险因素
   B. 财务基准收益率必须由政府投资主管部门统一确定
   C. 财务基准收益率的确定应考虑资金成本、投资机会成本、通货膨胀和风险因素
   D. 财务基准收益率是投资项目可能获得的最高盈利水平

1

6. 关于技术方案经济效果评价的说法，正确的是（　　）。
   A. 经济效果评价应定性分析和定量分析相结合，以定性分析为主
   B. 经济效果动态分析不能全面地反映技术方案整个计算期的经济效果
   C. 融资前经济效果分析通常以静态分析为主，动态分析为辅
   D. 方案实施前经济效果分析通常存在一定的不确定性和风险性

7. 关于技术方案敏感性分析的说法，正确的是（　　）。
   A. 敏感性分析可以通过计算敏感度系数和临界点确定敏感因素
   B. 不确定因素的临界点越低，该因素对技术方案的评价指标影响越小
   C. 敏感度系数大于零，表示评价指标与不确定因素反方向变化
   D. 敏感度系数的绝对值越大，表明评价指标对于不确定因素越不敏感

8. 某技术方案年设计生产能力为3万吨，产销量一致，销售价格和成本费用均不含增值税，单位产品售价为300元/吨，单位产品可变成本为150元/吨，单位产品税金及附加为3元/吨，年固定成本为280万元。用生产能力利用率表示的盈亏平衡点为（　　）。
   A. 31.11%　　　　　　　　　　B. 31.42%
   C. 62.22%　　　　　　　　　　D. 63.49%

9. 下列现金流量中，属于资本金现金流量表中现金流出的是（　　）。
   A. 实分利润　　　　　　　　　　B. 销项税额
   C. 借款利息支付　　　　　　　　D. 建设投资

10. 某公司5年前购置的一台设备，原价为10万元，因环保要求需更换。目前该设备的账面价值为5万元，市场价值为4万元，则设备更新决策时的沉没成本是（　　）万元。
    A. 6　　　　　　　　　　　　　B. 5
    C. 4　　　　　　　　　　　　　D. 1

11. 某施工企业以经营租赁方式租入一台设备，租赁保证金2万元，担保费5万元，年租金10万元。预计租赁期设备年运行成本10万元，其中原材料消耗2万元。则设备第一年的租赁费是（　　）万元。
    A. 17　　　　　　　　　　　　B. 19
    C. 20　　　　　　　　　　　　D. 27

12. 下列工程产品中，从设计方面宜优先作为价值工程研究对象的是（　　）。
    A. 用户意见少且竞争力较强的工程产品
    B. 成本较低或占总成本比重较小的工程产品
    C. 工艺简单、原材料能耗较低、质量有一定保障的工程产品
    D. 结构复杂、性能和技术指标较差的工程产品

13. 价值工程中产品功能与成本的关系图如图1所示。关于图中两者关系的说法，正确的是（　　）。
    A. 随着产品功能水平F提高，生产成本C_1降低，使用及维护成本C_2增加

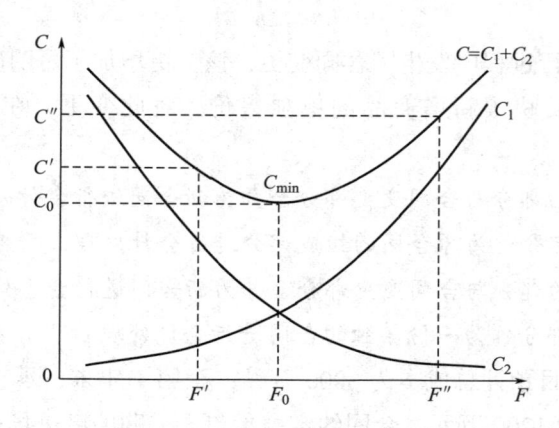

图1 产品功能与成本的关系图

B. 在 F' 处，产品的功能较少，生产成本 C_1、使用及维护成本 C_2 较低，寿命周期成本较低

C. 在 F_0 处，产品满足必要的功能需求，生产成本 C_1、使用及维护成本 C_2 之和对应的寿命周期成本最低

D. 在 F'' 处，产品功能较多，生产成本 C_1、使用及维护成本 C_2 均较高，寿命周期成本较高

14. 下列新技术应用方案的技术经济效果分析内容中，属于技术适用性分析的是（　　）。

A. 提高生产自动化程度和减轻工人劳动强度的幅度

B. 发挥企业原有技术装备和方案所在地资源优势的程度

C. 对所生产产品质量性能和生产能力的保证强度

D. 降低环境不利影响和工人操作安全风险的幅度

15. 某企业3年前购置一台价值为30万元的设备，现在若以20万元卖出，卖出该设备需要发生维修成本2万元，发生销售费用1万元，缴纳税金0.5万元，则该设备的可变现净值为（　　）万元。

A. 16.5　　　　　　　　　　　B. 18.5

C. 19.5　　　　　　　　　　　D. 20.0

16. 工程成本核算时，要求为取得本期收入而发生的成本和费用应与本期实现的收入在同一时期内确认入账，不得提前或延后。该要求体现了成本核算的（　　）原则。

A. 谨慎　　　　　　　　　　　B. 一贯性

C. 及时性　　　　　　　　　　D. 配比

17. 某企业接受委托生产一台定制设备，约定售价50万元，生产完成后由客户自提。企业生产该设备的生产费用为30万元，应分摊的管理费用为5万元，财务费用2万元，代垫设备运输费用4万元，从财务会计角度，企业生产销售该设备的费用为（　　）万元。

A. 32　　　　　　　　　　　　B. 35

3

C. 37				D. 41

18. 某销售合同履行过程中发生了合同变更，该变更增加了可明确区分的商品及合同价款，且新增合同价款反映了新增商品的单独售价，对此变更，在会计上的处理方式是（　　）。

　　A. 将原合同未履约部分与合同变更部分合并为新合同进行会计处理

　　B. 将该合同变更部分作为原合同的组成部分进行会计处理

　　C. 将原合同已履约部分与合同变更部分合并为新合同进行会计处理

　　D. 将该合同变更部分作为一份单独的合同进行会计处理

19. 某施工合同项目预计总成本为3000万元，至第1年末，承包人自行施工部分累计实际发生的合同成本为1200万元，合同约定由承包人采购的已进场待安装工程设备200万元，已进场待使用的工程材料100万元，已预付分包工程款150万元（分包工作量尚未完成），则第1年末承包人的合同完工进度为（　　）。

　　A. 40%				B. 45%
　　C. 48%				D. 55%

20. 核算企业一定时期应纳税所得额时，下列收入中，属于不征税收入的是（　　）。

　　A. 提供专利使用权取得的收入		B. 转让财产收入
　　C. 接受捐赠取得的收入		D. 接受财政拨款取得的收入

21. 账户式资产负债表右侧列示的内容是（　　）。

　　A. 资产和负债			B. 资产和所有者权益
　　C. 负债和所有者权益		D. 货币资金和所有者权益

22. 企业编制现金流量表时，短期投资视为现金等价物必须同时具备的条件是期限短、流动性强、易于转换为已知金额的现金以及（　　）。

　　A. 价值变动风险小		B. 投资数额小
　　C. 预期收益高			D. 转换方式多

23. 某企业2021年末的流动资产构成为：货币资金800万元，存货500万元，交易性金融资产300万元，应收账款450万元，其他应收款200万元；流动负债为1050万元。该企业2021年末的速动比率是（　　）。

　　A. 1.05				B. 1.24
　　C. 1.67				D. 2.14

24. 下列财务指标中，属于杜邦财务分析体系核心指标的是（　　）。

　　A. 资本积累率			B. 销售净利率
　　C. 净资产收益率			D. 总资产周转率

25. 某企业为扩大投资规模，拟筹资15000万元，现有四个筹资方案，其中筹资方案甲的相关数据见表1，筹资方案乙、丙、丁的综合资金成本分别为11.36%、10.71%和11.93%，则仅根据上述条件，为完成筹资，依据综合资金成本应选择的筹资方案是（　　）。

表1 筹资方案甲的相关数据表

筹资方式	原资本结构		筹资方案甲	
	筹资额(万元)	个别资金成本	筹资额(万元)	个别资金成本
长期借款	3000	7%	1000	7.5%
长期债券	3000	7.5%	4000	8%
优先股	2000	11%	3000	12%
普通股	7000	14%	7000	13%
合计	15000		15000	

A. 甲 B. 乙
C. 丙 D. 丁

26. 下列发行债券发生的资金成本中，属于资金占用费的是（　　）。
A. 代理发行费 B. 债券利息
C. 印刷费 D. 公证费

27. 下列企业存货管理的损失中，属于储存成本的是（　　）。
A. 材料供应中断造成的停工损失 B. 存货破损和变质损失
C. 丧失销售机会的损失 D. 产成品缺货造成的延迟发货损失

28. 某企业现有四个现金持有量方案，相关数据见表2，其中机会成本为现金持有量的8%。则最佳现金持有量方案是（　　）。

表2 现金持有量方案相关数据表

方案	甲	乙	丙	丁
现金持有量(元)	40000	50000	70000	80000
管理成本(元)	3000	3000	3000	3000
短缺成本(元)	4500	4000	2500	0

A. 甲 B. 乙
C. 丙 D. 丁

29. 某建设项目设备及工器具购置费为1000万元，建筑安装工程费为2500万元，工程建设其他费为700万元，基本预备费为210万元，价差预备费为310万元，建设期利息为320万元，则该项目的静态投资为（　　）万元。
A. 4200 B. 4410
C. 4720 D. 5040

30. 因执行国家或社会义务，按计时工资标准支付给从事建筑安装工程施工生产工人的工资，属于建筑安装工程人工费中的（　　）。
A. 奖金 B. 特殊情况下支付的工资
C. 津贴补贴 D. 加班加点工资

31. 某施工机械预算价格为50万元，假定全部形成固定资产原值，折旧年限为10年，

5

年平均工作 225 个台班，残值率为 5%，按年限平均法计算，该机械台班折旧费为（　　）元。

A. 211　　　　　　　　　　　　B. 222
C. 2110　　　　　　　　　　　D. 2220

32. 根据我国现行建筑安装工程费用项目组成的相关规定，施工企业按规定标准为职工缴纳的基本医疗保险费应计入建筑安装工程费用的（　　）。

A. 人工费　　　　　　　　　　B. 措施项目费
C. 规费　　　　　　　　　　　D. 企业管理费

33. 根据《建设工程工程量清单计价规范》GB 50500—2013 编制某办公楼的最高投标限价，相关数据为：建筑分部分项工程费为 2400 万元（不含增值税进项税额），安装分部分项工程费为 1200 万元（不含增值税进项税额），装饰装修分部分项工程费为 900 万元（不含增值税进项税额），其中定额人工费占分部分项工程费的 15%。措施项目费以分部分项工程费为计费基础，其中安全文明施工费费率为 4%，其他措施项目费费率合计 1%。其他项目费合计 900 万元（不含增值税进项税额），规费费率为 14%，增值税税率为 9%。则该项目的最高投标限价合计为（　　）万元。

A. 4725.000　　　　　　　　　B. 5625.000
C. 5719.500　　　　　　　　　D. 6234.255

34. 编制建筑施工企业定额时，劳动力价格宜按（　　）计算确定。

A. 企业所在地社会平均工资　　B. 企业所在地预算人工价格
C. 地区劳务市场价格　　　　　D. 地区最低工资标准

35. 施工企业编制人工定额时，应区分工人工作必须消耗的时间和损失时间，下列工人工作时间中，属于必须消耗时间的是（　　）。

A. 工人偶然违背劳动纪律造成的损失时间
B. 工人手工操作的辅助工作时间
C. 材料供应不及时造成的停工时间
D. 劳动组织不合理引起的停工时间

36. 某项目建设期为 2 年，共向银行借款 20000 万元，借款年有效利率为 6%。第 1 和第 2 年借款比例分别为 45% 和 55%。借款在各年内均衡使用，建设期内只计息不付息。则编制设计概算时该项目建设期利息总和为（　　）万元。

A. 600.0　　　　　　　　　　　B. 886.2
C. 1156.2　　　　　　　　　　D. 1772.4

37. 某拟建砖混结构工程，结构特征与概算指标相比，仅外墙装饰面不同。概算指标中，外墙面为水泥砂浆抹面，单价为 8.75 元/m²，每平方米建筑面积消耗量为 0.62m²；拟建工程外墙为贴釉面砖，单价为 41.50 元/m²，每平方米建筑面积消耗量为 0.84m²。已知概算指标为 508 元/m²，则该拟建工程修正后的概算指标为（　　）元/m²。

A. 467.72　　　　　　　　　　B. 502.58

C. 537.44   D. 542.86

38. 采用定额单价法编制施工图预算时，若分项工程的主要材料品种与定额单价中规定的不一致，正确的处理方法是（　　）。

A. 编制补充定额单价

B. 直接套用定额单价

C. 调量不换价

D. 按照实际使用材料价格换算定额单价

39. 采用定额单价法和实物量法编制施工图预算的主要区别是（　　）。

A. 计算工程量的方法不同

B. 计算人工费、材料费和施工机械使用费的方法不同

C. 计算企业管理费的方法不同

D. 计算其他税费的程序不同

40. 关于招标工程量清单中措施项目清单设置的说法，正确的是（　　）。

A. 可参考拟建工程的常规施工组织设计和施工技术方案

B. 需适应投标企业的资质等级、规模和采取的特殊施工方案

C. 需考虑拟建工程施工现场可能出现的零星工作

D. 不考虑设计文件中不足以写进施工方案但要通过技术措施才能实现的内容

41. 采用工程量清单计价时，招标人要求拟建工程的质量达到优良标准，该要求通常应列在（　　）中。

A. 分部分项工程量清单   B. 工程量清单编制总说明

C. 其他项目清单   D. 工程量清单编制依据

42. 工程量清单为投标人的投标竞争提供了一个平等和共同的基础，其理由在于（　　）。

A. 工程量清单列出的工程项目内容、数量和质量要求是投标人竞争的共同基础

B. 投标人均应按工程量清单列出的项目不加修改地投标

C. 投标人均按工程量清单中确定的计量规则计算工程量

D. 工程量清单中的项目和综合单价是投标人平等竞争的基础和依据

43. 根据《建设工程工程量清单计价规范》GB 50500—2013，关于其他项目清单编制的说法，正确的是（　　）。

A. 暂估价应列出材料暂估价和工程设备暂估价，不考虑专业工程暂估价

B. 暂列金额一般应尽可能列高，以避免在实际中超出该数量

C. 其他项目清单中应列出总承包服务费

D. 计日工应按照招标工程的复杂程度估算一个数量，该数量一般要比实际低

44. 采用工程量清单计价时，投标人综合单价的计算有以下工作：①确定人、料、机单价；②确定组合定额子目并计算各子目工程量；③测算人、料、机的数量；④计算清单项目的综合单价；⑤计算清单项目的管理费和利润；⑥计算清单项目的人、料、机总费用。

7

正确的计算步骤是（　　）。

A. ②-③-①-⑥-⑤-④ B. ③-①-②-⑤-⑥-④
C. ①-③-②-⑥-⑤-④ D. ②-①-③-④-⑥-⑤

45. 某工程项目的土方工程采用机械挖土方、人工运输和机械运输，招标工程量清单中的挖土方数量为4000m³，投标人根据拟采用的施工方案计算的挖土方数量为7500m³，余土外运。投标人估算的机械挖土方费用为130000元，人工运土费用为30000元，机械运土费用50000元，管理费取人、料、机费用之和的15%，利润取人、料、机与管理费之和的6%。根据《建设工程工程量清单计价规范》GB 50500—2013，不考虑其他因素，投标人报价时挖土方综合单价为（　　）元/m³。

A. 34.13 B. 39.62
C. 63.53 D. 64.00

46. 投标过程中，若投标人发现招标工程量清单项目特征描述与施工图纸不符，应以（　　）为准进行报价。

A. 投标人按规范修正后的项目特征
B. 招标工程量清单的项目特征描述
C. 投标人参照以往完成的实际施工的项目特征
D. 招标文件中的施工图纸

47. 因突发新冠疫情，某施工单位接受政府有关部门委托，需在15d之内建设一座方舱医院，该项目合同计价方式宜采用（　　）。

A. 固定总价合同 B. 固定单价合同
C. 可调单价合同 D. 成本加酬金合同

48. 根据《建设工程工程量清单计价规范》GB 50500—2013，下列措施项目费中，宜采用综合单价计价的是（　　）。

A. 材料二次搬运费 B. 已完工程及设备保护费
C. 安全文明施工费 D. 混凝土模板及支架费

49. 根据《建设工程工程量清单计价规范》GB 50500—2013，投标报价时必须按国家或省级、行业有关权力部门规定的标准计算，不得作为竞争性费用的是（　　）。

A. 暂列金额、规费、税金 B. 暂估价、规费、税金
C. 安全文明施工费、规费、税金 D. 计日工、安全文明施工费、税金

50. 根据《建设工程施工合同（示范文本）》GF—2017—0201，关于单价合同计量的说法，正确的是（　　）。

A. 监理人应在收到承包人提交的工程量报告后14d内完成对承包人提交的工程量报表的审核并报送发包人
B. 监理人未在收到承包人提交的工程量报表后的5d内完成复核的，承包人提交的工程量报告中的工程量视为承包人实际完成的工程量
C. 承包人为保证施工质量超出施工图纸范围施工的工程量，监理人应该予以计量

D. 承包人未按监理人要求参加工程量复核或抽样复测的，监理人复核或修正的工程量视为承包人实际完成的工程量

51. 某工程施工合同约定采用价格调整公式调整合同价款。已知不调值部分占合同总价的比例为20%，各可调部分的费用类型、占合同总价的比例和相关价格指数见表3。若结算当月已完成的合同工程量价款为1000万元，则需调整的价款差额为（　　）万元。

表3　各可调部分相关指数表

	占合同总价的比例	基准日期价格指数	合同签订时价格指数	现行价格指数
人工	25%	110	115	120
钢筋	20%	108	112	125
水泥	15%	105	109	120
木材	10%	102	105	115
汽油	10%	110	120	130

A. 67.079　　　　　　　　　　B. 106.564
C. 1067.079　　　　　　　　　D. 1106.564

52. 工程实施过程中，发包人要求合同工程提前竣工的，根据《建设工程工程量清单计价规范》GB 50500—2013，其正确的做法是（　　）。

A. 通过监理工程师下达变更指令要求承包人必须提前竣工，并支付由此增加的提前竣工费用

B. 征得承包人同意后，与承包人商定采取加快工程进度的措施，并承担承包人由此增加的提前竣工费用

C. 增加合同补充条款要求承包人采取加快工程进度措施，发包人不承担赶工费用

D. 发承包双方应签订补充合同约定提前竣工的赶工费用总额，并各承担50%的费用

53. 根据《建设工程施工合同（示范文本）》GF—2017—0201，当合同履行期间出现工程变更时，该变更在已标价的工程量清单中无相同项目，但有类似项目的，其变更估价的原则是（　　）。

A. 参照类似项目的单价认定

B. 按照直接成本加适当利润的原则，由发包人确定变更单价

C. 按照合理成本加利润的原则，由承包人确定变更工作的单价

D. 按照合理成本加适当利润的原则，由监理人确定新的变更单价

54. 某建设工程施工过程中，由于发包人设计变更导致承包人暂停施工，致使承包人自有机械窝工10个台班，该机械的台班单价为400元/台班，台班折旧费为300元/台班；承包人的租赁机械窝工10个台班，台班租赁费用为500元，工作时每台班燃油动力费100元；人员窝工20个工作日，人工工资单价300元/工日，人工窝工补贴100元/工日。不考虑其他因素，则承包人可以索赔的费用为（　　）元。

A. 10000　　　　　　　　　　B. 14000

C. 15000　　　　　　　　　　　　D. 16000

55. 根据《建设工程施工合同（示范文本）》GF—2017—0201，关于预付款的说法，正确的是（　　）。

A. 预付款担保不宜采用银行保函和担保公司担保形式

B. 发包人在中期扣回预付款后，剩余的预付款担保金额可低于未被扣回的预付款金额

C. 在颁发工程接收证书前，提前解除合同的，尚未扣回的预付款应与合同价款一并结算

D. 发包人逾期支付预付款超过7d的，承包人有权暂停施工

56. 根据《建设工程施工合同（示范文本）》GF—2017—0201，关于工程保修期和保修责任的说法，正确的是（　　）。

A. 工程保修期从工程竣工验收合格之日起算

B. 单位工程中各分部分项工程的保修期必须相同

C. 保修期内，承包人应承担全部工程损坏的维修责任

D. 发包人未经竣工验收擅自使用工程的，保修期自使用之日起算

57. 根据《建设工程造价鉴定规范》GB/T 51262—2017，关于现场签证争议鉴定的说法，正确的是（　　）。

A. 现场签证只有用工数量没有人工单价的，其人工单价按照工作技术要求比照鉴定项目相应工程人工单价适当下浮计算

B. 现场签证只有材料和机械台班用量没有价格的，其材料和台班价格按照鉴定项目相应工程材料和台班价格计算

C. 现场签证既无数量，又无价格，只有工作事项的，鉴定人应以法律证据缺失作出否定性鉴定

D. 现场签证只有总价款而无明细表述的，鉴定人应以法律证据缺失作出否定性鉴定

58. 某施工项目因新冠肺炎疫情停工两个月，承包人在停工期间发生如下费用和损失：按照发包人要求照管工程发生费用5万元，承包人施工机具损坏损失2万元，已经建成的永久工程损坏损失3万元，疫情过后发包人要求赶工增加的赶工费用10万元。根据《建设工程施工合同（示范文本）》GF—2017—0201，上述产生的费用和损失中，发包人应承担（　　）万元。

A. 5　　　　　　　　　　　　　　B. 8

C. 18　　　　　　　　　　　　　 D. 20

59. 国际工程投标中，投标人在投标截止日前发现招标工程量清单中某分项工程的工程量有计算错误，宜采取的做法是（　　）。

A. 按照原招标文件的工程量填报单价，可另在投标函中予以说明

B. 按照投标人自行修正的工程量填报单价，另在投标函中予以说明

C. 电话咨询招标人，根据招标人口头认可的工程量填报单价

D. 按照施工中可能发生的工程量填报单价，另在投标函中予以说明

60. 关于国际工程中暂定金额的说法，正确的是（   ）。
    A. 计入合同总价，由承包商决定其用途
    B. 不计入合同总价，由业主工程师决定其用途
    C. 不计入合同总价，由项目设计方决定其用途
    D. 计入合同总价，承包商根据业主工程师的指示使用

二、多项选择题（共20题，每题2分。每题的备选项中，有2个或2个以上符合题意，至少有1个错项。错选，本题不得分；少选，所选的每个选项得0.5分）

61. 对于经营性项目，通过财务报表分析，计算财务指标，进行经济效果评价的内容有（   ）。
    A. 经济寿命分析   B. 盈利能力分析
    C. 偿债能力分析   D. 经济费用效益分析
    E. 财务生存能力分析

62. 下列成本费用中，属于技术方案现金流量表中经营成本的有（   ）。
    A. 外购原材料费   B. 折旧费
    C. 工资及福利费   D. 利息支出
    E. 修理费

63. 关于设备磨损补偿方式的说法，正确的有（   ）。
    A. 不可消除的有形磨损可通过大修理进行局部补偿
    B. 可消除的有形磨损可通过大修理进行局部补偿
    C. 可消除的有形磨损可通过更新进行完全补偿
    D. 由于技术进步引起的无形磨损可通过现代化改装进行局部补偿
    E. 对设备制造工艺改进导致原始设备相对贬值可通过设备更新进行完全补偿

64. 关于价值工程特点的说法，正确的有（   ）。
    A. 价值工程的目标是以最低的使用成本使产品具备所必须具备的功能
    B. 价值工程的产品分析是在研究产品结构和材质基础上分析其必备的功能
    C. 价值工程的核心是对产品进行功能分析
    D. 价值工程要求将功能转化为能够与成本直接相比的量化值
    E. 价值工程是以集体智慧开展的有组织、有计划、有领导的管理活动

65. 某项目寿命期内有关数据见表4，基准收益率为10%，关于项目经济效果评价的说法，正确的有（   ）。

表4 某项目寿命期内有关数据表

年份	建设期		运营期				
	0	1	2	3	4	5	6
净现金流量(万元)		-5000	2000	2000	2000	2000	2000
净现金流量现值(万元)			1653	1503	1366	1242	1129

A. 自运营期起，项目静态投资回收期为2.5年

B. 项目投资现值为-5000万元

C. 项目累计净现金流量为5000万元

D. 项目经济效果评价的计算期为7年

E. 项目净现值为2348万元

66. 下列会计要素中，属于动态会计等式组成要素的有（　　）。

A. 所有者权益　　　　　　　　B. 收入

C. 资产　　　　　　　　　　　D. 利润

E. 费用

67. 将施工企业发生的成本作为合同履约成本确认为一项资产，需要同时满足的条件有（　　）。

A. 该成本预期能够收回

B. 该成本金额小于合同收入

C. 该成本与一份当前或预期取得的合同直接相关

D. 该成本增加了企业未来用于履行履约义务的资源

E. 该成本性质应为工程直接成本

68. 下列费用中，属于施工企业管理费的有（　　）。

A. 施工人员工资性津贴　　　　B. 施工现场场地清理费

C. 职工集体福利费　　　　　　D. 劳动保护费

E. 工程点交费

69. 建筑业企业取得的下列收入中，属于提供劳务收入的有（　　）。

A. 建造房屋取得的收入　　　　B. 销售商品混凝土取得的收入

C. 提供机械作业取得的收入　　D. 让渡无形资产使用权取得的收入

E. 提供设计业务取得的收入

70. 根据《标准施工招标文件》，下列导致承包人工期延误和费用增加的情形中，承包人可以同时索赔工期、费用和利润的有（　　）。

A. 承包人遇到不利物质条件　　B. 不可抗力

C. 发包人原因引起的暂停施工　D. 延期提供施工场地

E. 发包人提供的材料和设备不符合合同要求

71. 下列财务分析指标中，属于反映企业短期偿债能力的有（　　）。

A. 流动比率　　　　　　　　　B. 速动比率

C. 资本积累率　　　　　　　　D. 权益乘数

E. 营业净利率

72. 项目融资的特点有（　　）。

A. 项目融资主要根据项目发起人的预期利润、抵押资产状况安排融资

B. 贷款人可以在贷款的某个特定阶段对项目借款人实行追索

C. 贷款人对投资者资信和项目资产外的其他资产的依赖程度高

D. 可以帮助投资者将贷款安排为一种非公司负债性融资

E. 可以将贷款的信用支持分配到与项目相关的各个方面，提高债务承受能力

73. 关于企业应收账款财务管理的说法，正确的有（   ）。

A. 应收账款是商业信用的直接产物，管理目标是增加利润

B. 延长信用期，会导致应收账款、收账费用和坏账损失减少

C. 当应收账款所增加的盈利大于所增加成本时，企业可实施赊销

D. 对于拖欠时间长的应收账款，企业应实施严密的监督

E. 可以通过编制账龄分析表监督应收账款的回收情况

74. 下列费用中，属于工程建设其他费用中联合试运转费的有（   ）。

A. 施工单位参加试运转人员的人工费

B. 试运转所需低值易耗品费用

C. 生产单位提前进厂参加设备调试的人员工资

D. 交付生产前发生的必要的工业炉烘炉费

E. 生产职工培训费

75. 关于施工定额的说法，正确的有（   ）。

A. 施工定额水平必须遵循平均先进的原则

B. 编制施工定额前应拟定编制方案，确定定额水平和步距等

C. 施工定额是施工企业进行成本管理的基础

D. 施工定额是编制施工预算，加强企业成本核算的基础

E. 施工定额的人工价格一般按照地区人力资源和社会保障部门所发布的最低工资标准确定

76. 下列公式中，属于采用概算指标法计算设备安装工程费的有（   ）。

A. 设备安装费=设备购置费×设备安装费率

B. 设备安装费=设备原价×设备安装费率

C. 设备安装费=设备总吨数×每吨设备安装费

D. 设备安装费=设备台数×每台设备安装费

E. 设备安装费=建筑面积×单位建筑面积安装费

77. 根据《建设工程工程量清单计价规范》GB 50500—2013，下列费用中，属于措施项目综合单价组成的有（   ）。

A. 人工费   B. 施工机械使用费

C. 企业管理费   D. 规费

E. 一定范围内的风险费用

78. 根据《建设工程工程量清单计价规范》GB 50500—2013，编制分部分项工程量清单时，应列入项目特征描述的有（   ）。

A. 项目使用的材质   B. 项目的工程量

C. 项目的规格、型号   D. 项目的工艺特征

E. 项目的施工方法

79. 关于工程项目最高投标限价的说法，正确的有（   ）。

A. 使用国有资金的工程项目招标时，招标人必须编制最高投标限价

B. 国有资金投资的工程项目其最高投标限价原则上不能超过批准的投资概算

C. 最高投标限价在开标现场公布，不能上浮或下调

D. 最高投标限价应由具有编制能力的招标人自行编制，不得委托第三方编制

E. 投标人的投标报价高于最高投标限价的，其投标应予否决

80. 根据《保障农民工工资支付条例》，关于农民工工资的说法，正确的有（   ）。

A. 农民工工资应当以货币形式，通过银行转账或者现金支付给农民工本人

B. 用人单位应当按照工资支付周期编制书面工资支付台账，并至少保存 2 年

C. 工程建设项目违反国土空间规划、工程建设等法律法规，导致拖欠农民工工资的，由建设单位清偿

D. 建设单位应当向施工单位提供工程款支付担保，人工费用拨付周期不得超过 1 个月

E. 工程建设项目实行分包，分包单位拖欠农民工工资的，由施工总承包单位先行清偿，再依法进行追偿

2022年度真题参考答案及解析

一、单项选择题

1. B;	2. A;	3. D;	4. D;	5. C;
6. D;	7. A;	8. D;	9. C;	10. D;
11. A;	12. D;	13. C;	14. B;	15. A;
16. D;	17. C;	18. D;	19. A;	20. D;
21. C;	22. A;	23. C;	24. C;	25. C;
26. B;	27. B;	28. D;	29. D;	30. B;
31. A;	32. C;	33. D;	34. C;	35. B;
36. C;	37. C;	38. D;	39. B;	40. A;
41. B;	42. C;	43. C;	44. A;	45. D;
46. B;	47. D;	48. D;	49. C;	50. D;
51. B;	52. B;	53. A;	54. A;	55. C;
56. A;	57. D;	58. C;	59. A;	60. D。

【解析】

1. B。本题考核的是一次支付现金流量的现值计算。年实际利率为 $(1+6\%/4)^4-1=6.136\%$,$P=3184.09/(1+6.136\%)=3000.00$ 万元。

2. A。本题考核的是资金时间价值的影响因素。影响资金时间价值的因素包括资金的使用时间、资金数量的多少、资金投入和回收的特点、资金周转的速度,所以选项 B 错误。在单位时间的资金增值率一定的条件下,资金使用时间越长,则资金的时间价值越大;使用时间越短,则资金的时间价值越小。选项 C 错误,成正比。资金周转越快,在一定的时间内等量资金的周转次数越多,资金的时间价值越多;反之,资金的时间价值越少。选项 D 错误,利率作为衡量资金时间价值的相对尺度。

3. D。本题考核的是一次支付现值、终值、计息期数和折现率相互关系。选项 A 错误,现值一定,计息期数相同,折现率越高,终值越大。选项 B 错误,现值一定,折现率相同,计息期数越少,终值越小。选项 C 错误,终值一定,折现率相同,计息期数越多,现值越小。

4. D。本题考核的是偿债备付率。选项 A 错误,当指标小于 1 时,表示企业当年资金来源不足以偿付当期债务。选项 B 错误,从偿债资金来源的充裕性角度反映偿付债务本息的能力。选项 C 错误,在技术方案借款偿还期内,各年可用于还本付息的资金与当期应还本付息金额的比值。

15

5. C。本题考核的是财务基准收益率的确定。选项A错误,应首先考虑国家风险因素。选项B错误,在企业各类技术方案的经济效果评价中参考选用的行业财务基准收益率,应在分析一定时期内国家和行业发展战略、发展规划、产业政策、资源供给、市场需求、资金时间价值、技术方案目标等情况的基础上,结合行业特点、行业资本构成情况等因素综合测定。选项D错误,是投资资金应获得的最低盈利率水平。

6. D。本题考核的是技术方案经济效果评价方法。选项A错误,在技术方案经济效果评价中,应坚持定量分析与定性分析相结合,以定量分析为主的。选项B错误,动态分析能较全面地反映技术方案整个计算期的经济效果。选项C错误,融资前分析应以动态分析为主,静态分析为辅。

7. A。本题考核的是敏感性分析。选项B错误,临界点越低,说明该因素对技术方案经济效果指标影响越大。选项A说法正确。选项C错误,敏感度系数大于零,表示评价指标与不确定因素同方向变化。选项D错误,敏感度系数的绝对值越大,表明评价指标A对于不确定因素F越敏感。

8. D。本题考核的是用生产能力利用率盈亏平衡分析的方法。利润=单位产品售价×产销量-单位产品税金及附加×产销量-固定成本-单位产品可变成本×产销量。根据题意,0=300×产销量-3×产销量-280-150×产销量,解得:产销量=1.9万吨,则用生产能力利用率表示的盈亏平衡点为1.9/3=63.49%。

9. C。本题考核的是资本金现金流量表中现金流出的内容。资本金现金流量表中现金流出项目包括技术方案资本金、借款本金偿还、借款利息支付、经营成本、进项税额、应纳增值税、税金及附加、所得税以及维持运营投资。选项A属于投资各方现金流量表中现金流入的内容;选项B属于现金流入内容;选项D属于投资现金流量表中现金流出内容。

10. D。本题考核的是沉没成本的计算。沉没成本=设备账面价值-当前市场价=5-4=1万元。

11. A。本题考核的是租赁费的计算。租赁费用主要包括租赁保证金、租金、担保费。则该设备第一年的租赁费用=2+5+10=17万元。当租赁合同结束时,租赁保证金将被退还承租人或在偿还最后一期租金时加以抵消。

12. D。本题考核的是价值工程对象选择。一般说来,从设计、施工生产、市场、成本几方面考虑价值工程对象的选择。从设计方面看,对结构复杂、性能和技术指标差、体积和重量大的工程产品进行价值工程活动,可使工程产品结构、性能、技术水平得到优化,从而提高工程产品价值。

13. C。本题考核的是价值工程的特点。选项A错误,随着产品功能水平F提高,生产成本C_1提高,使用及维护成本C_2降低。选项B错误,在F'处,产品的功能较少,生产成本C_1较低、使用及维护成本C_2较高,寿命周期成本较高。选项D错误,在F''处产品功能较多,生产成本C_1较高、使用及维护成本C_2较低,寿命周期成本较高。

14. B。本题考核的是新技术应用方案的选择原则。选项A体现技术先进性;选项B体现技术适用性；选项 C 体现技术可靠性；选项 D 体现技术安全性。

15. A。本题考核的是会计要素的计量属性。在可变现净值计量下，资产按照其正常对外销售所能收到现金或者现金等价物的金额，扣减该资产至完工时估计将要发生的成本、估计的销售费用以及相关税费后的金额计量。本题中，该设备可变现净值=20-(2+1+0.5)=16.5万元。

16. D。本题考核的是成本核算的原则。配比原则是指营业收入与其相对应的成本，费用应当相互配合为取得本期收入而发生的成本和费用，应与本期实现的收入在同一时期内确认入账，不得脱节，也不得提前或延后，以便正确计算和考核项目经营成果。（注：此知识点已修改）

17. C。本题考核的是费用的核算。从会计核算的角度，费用按经济用途分为生产费用和期间费用两类，两类费用会计核算的处理过程不同。费用只包括本企业经济利益的流出，不包括为第三方或客户代付的款项及偿还债务支出，并且经济利益的流出能够可靠计量。期间费用包括管理费用、销售费用和财务费用。垫付设备运输费用 4 万元不包括在内。则该企业生产销售该设备的费用=30+5+2=37 万元。

18. D。本题考核的是对合同变更的会计处理。合同变更增加了可明确区分的商品及合同价款，且新增合同价款反映了新增商品单独售价的，应当将该合同变更部分作为一份单独的合同进行会计处理。

19. A。本题考核的是合同完工进度的计算。

合同完工进度=(累计实际发生的合同成本÷合同预计总成本)×100%

需要注意的是，累计实际发生的合同成本不包括施工中尚未安装或使用的材料成本等与合同未来活动相关的合同成本，也不包括在分包工程的工作量完成之前预付给分包单位的款项。

故第 1 年末承包人的合同完工进度=1200/3000×100%=40%。

20. D。本题考核的是不征税收入。收入总额中，下列收入为不征税收入：（1）财政拨款；（2）依法收取并纳入财政管理的行政事业性收费、政府性基金；（3）国务院规定的其他不征税收入。

21. C。本题考核的是账户式资产负债表的结构。在我国，资产负债表采用账户式结构，报表分为左右结构，左边列示资产，反映全部资产的分布及存在形态；右边列示负债和所有者权益，反映全部负债和所有者权益的内容和构成情况。资产负债表左右双方平衡。

22. A。本题考核的是作为现金等价物应具备的条件。作为现金等价物的短期投资必须同时满足 4 个条件：（1）期限短；（2）流动性强；（3）易于转换为已知金额的现金；（4）价值变动风险小。

23. C。本题考核的是速动资产的计算。速动资产=货币资金+交易性金融资产+应收票据+应收账款+其他应收款=800+300+450+200=1750 万元。速动比率=速动资产/流动负债=1750/1050=1.67。

24. C。本题考核的是财务指标综合分析——杜邦财务分析体系。在杜邦财务分析体系是以净资产收益率为核心指标，以总资产净利率和权益乘数为两个方面，重点揭示企业获利能力及权益乘数对净资产收益率的影响，以及各相关指标之间的相互作用关系。

25. C。本题考核的是资金成本的计算。方案甲的综合资金成本＝1000/15000×7.5%＋4000/15000×8%＋3000/15000×12%＋7000/15000×13%＝11.1%，在不考虑其他因素的情况下，选择综合资金成本最小的方案。

26. B。本题考核的是资金占用费的内容。资金占用费包括银行借款利息和债券利息等。选项A、C、D属于筹资费用。

27. B。本题考核的是储存成本的内容。储存成本指为保持存货而发生的成本，包括存货占用资金所应计的利息、仓库费用、保险费用、存货破损和变质损失等。选项A、C、D属于缺货成本。

28. D。本题考核的是最佳现金持有量分析。机会成本、管理成本、短缺成本之和最小的现金持有量，就是最佳现金持有量，见表5（单位：元）：

表5　最佳现金持有量表

方案	甲	乙	丙	丁
现金持有量(元)	40000	50000	70000	80000
机会成本(元)	3200	4000	5600	6400
管理成本(元)	3000	3000	3000	3000
短缺成本(元)	4500	4000	2500	0
三项成本之和(元)	10700	11000	11100	9400

29. B。本题考核的是静态投资的计算。静态投资＝建筑安装工程费＋设备工器具购置费＋工程建设其他费＋基本预备费＝1000＋2500＋700＋210＝4410万元。价差预备费及建设期利息属于动态投资内容。

30. B。本题考核的是特殊情况下支付的工资。特殊情况下支付的工资是指根据国家法律、法规和政策规定，因病、工伤、产假、计划生育假、婚丧假、事假、探亲假、定期休假、停工学习、执行国家或社会义务等原因按计时工资标准或计时工资标准的一定比例支付的工资。

31. A。本题考核的是机械台班折旧费的计算。

$$台班折旧费 = \frac{机械预算价格 \times (1-残值率)}{耐用总台班数}$$

耐用总台班数＝折旧年限×年工作台班

机械台班折旧费＝50×10000×（1－5%）/（10×225）＝211元/台班。

32. C。本题考核的是规费的内容。规费包括五险一金，五险包括：养老保险费、失业保险费、医疗保险费、生育保险费、工伤保险费。

33. D。本题考核的是最高投标限价的计算。该项目的最高投标限价计价程序见表6。

表6 最高投标限价计价程序表

序号	内容	计算方法	金额(万元)
1	分部分项工程费	(1.1+1.2+1.3)	4500
1.1	建筑工程		2400
1.2	安装工程		1200
1.3	装饰装修工程		900
2	措施项目费	分部分项工程费×5%	225
2.1	其中:安全文明施工费	分部分项工程费×4%	180
3	其他项目费		900
4	规费	分部分项工程费×15%×14%	94.5
5	税金	(1+2+3+4)×9%	514.755

最高投标限价合计 = 1+2+3+4+5 = 4500+225+900+94.5+514.755 = 6234.255 万元

34. C。本题考核的是企业定额的编制方法。人工价格也即劳动力价格，一般情况下就按地区劳务市场价格计算确定。

35. B。本题考核的是工人工作时间消耗的分类。必需消耗时间包括有效工作时间、休息时间、不可避免的中断时间。而有效工作时间包括基本工作时间、辅助工作时间和准备与结束工作时间。选项A、C、D均属于损失时间。

36. C。本题考核的是建设期利息的计算。在建设期，各年利息计算如下：

第1年利息：20000×45%×1/2×6% = 270 万元；

第2年利息：(20000×45%+270+20000×55%×1/2)×6% = 886.2 万元；

建设期利息合计：270+886.2 = 1156.2 万元。

37. C。本题考核的是拟建工程结构特征与概算指标有局部差异时的调整。结构变化修正概算指标（元/m²）= 原概算指标+换入结构的工程量×换入结构的人料机费用单价－换出结构的工程量×换出结构的人料机费用单价。则该拟建工程修正后的概算指标为 508＋41.50×0.84－8.75×0.62 = 537.44 元/m²。

38. D。本题考核的是定额单价法编制施工图预算。分项工程的主要材料品种与定额单价中规定材料不一致时，不可以直接套用定额单价，需要按实际使用材料价格换算定额单价。

39. B。本题考核的是定额单价法和实物量法编制施工图预算的主要区别。实物量法编制施工图预算的步骤与定额单价法基本相似，但在具体计算人工费、材料费和机械使用费及汇总三种费用之和方面有一定区别。

40. A。本题考核的是措施项目清单的编制。措施项目清单的编制应考虑多种因素，除了工程本身的因素外，还要考虑水文、气象、环境、安全和施工企业的实际情况。措施项目清单的设置，需要：(1) 参考拟建工程的常规施工组织设计；(2) 参考拟建工程的常规施工技术方案；（3）参阅相关的施工规范与工程验收规范；（4）确定设计文件中不足以写进施工方案，但要通过一定的技术措施才能实现的内容；（5）确定招标文件中提出的某些需要通过一定的技术措施才能实现的要求。

41. B。本题考核的是工程量清单总说明的编制。工程量清单编制总说明的内容之一是工程质量、材料、施工等的特殊要求。工程质量的要求，是指招标人要求拟建工程的质量应达到合格或优良标准；对材料的要求，是指招标人根据工程的重要性、使用功能及装饰装修标准提出，诸如对水泥的品牌、钢材的生产厂家、花岗石的出产地与品牌等的要求；对施工要求，一般是指建设项目中对单项工程的施工顺序等的要求。

42. A。本题考核的是工程量清单的作用。工程量清单是由招标人负责编制，将要求投标人完成的工程项目及其相应工程实体数量全部列出，为投标人提供拟建工程的基本内容、实体数量和质量要求等的基础信息。这样，在建设工程的招标投标中，投标人的竞争活动就有了一个共同基础，投标人机会均等，受到的待遇是公正和公平的。

43. C。本题考核的是其他项目清单的编制。选项 A 错误，暂估价包括材料暂估单价、工程设备暂估价、专业工程暂估价。选项 B 错误，暂列金额应按照招标工程量清单中列出的金额填写，不得变动。选项 D 错误，计日工应按照招标工程量清单列出的项目和估算的数量，自主确定各项综合单价并计算费用。

44. A。本题考核的是综合单价的计算步骤。综合单价的计算可以概括为以下步骤：（1）确定组合定额子目；（2）计算定额子目工程量；（3）测算人、料、机消耗量；（4）确定人、料、机单价；（5）计算清单项目的人、料、机总费用；（6）计算清单项目的管理费和利润；（7）计算清单项目的综合单价。

45. D。本题考核的是综合单价的计算。综合单价=（人、料、机总费用+管理费+利润）/清单工程量=（130000+30000+50000）×（1+15%）×（1+6%）÷4000=63.9975 元/m^3=64.00 元/m^3。

46. B。本题考核的是投标报价的编制与审核。在招标投标过程中，若出现工程量清单特征描述与设计图纸不符，投标人应以招标工程量清单的项目特征描述为准，确定投标报价的综合单价；若施工中施工图纸或设计变更与招标工程量清单项目特征描述不一致，发承包双方应按实际施工的项目特征依据合同约定重新确定综合单价。

47. D。本题考核的是合同类型的选择。成本加酬金合同通常用于以下情况：工程特别复杂，工程技术、结构方案不能预先确定，或者尽管可以确定工程技术和结构方案，但是不可能进行竞争性的招标活动并以总价合同或单价合同的形式确定承包商，如研究开发性质的工程项目；时间特别紧迫，如抢险、救灾工程，来不及进行详细的计划和商谈。

48. D。本题考核的是措施项目费的计算方法。综合单价法适用于可以计算工程量的措施项目，主要是指一些与工程实体有紧密联系的项目，如混凝土模板、脚手架、垂直运输等。选项 A、B、C 适用参数法计价。

49. C。本题考核的是投标报价的编制方法。措施项目清单中的安全文明施工费应按照国家或省级、行业建设主管部门的规定计价，不得作为竞争性费用。规费和税金应按国家或省级、行业建设主管部门的规定计算，不得作为竞争性费用。

50. D。本题考核的是单价合同的计量。选项A错在"14d"，应是"7d"。选项B错在"5d"，应是"7d"。选项C错误，超出施工图纸范围的工程量，不予计量。

51. B。本题考核的是采用价格调整公式调整合同价款。价格调整公式为：

$$\Delta P = P_0 \left[A + \left(B_1 \times \frac{F_{t1}}{F_{01}} + B_2 \times \frac{F_{t2}}{F_{02}} + B_3 \times \frac{F_{t3}}{F_{03}} + \cdots + B_n \times \frac{F_{tn}}{F_{0n}} \right) - 1 \right]$$

则调整的价款差额=1000×[20%+(25%×120/110+20%×125/108+15%×120/105+10%×115/102+10%×130/110)-1]=106.564万元。

52. B。本题考核的是提前竣工的规定。工程实施过程中，发包人要求合同工程提前竣工的，应征得承包人同意后与承包人商定采取加快工程进度的措施，并应修订合同工程进度计划，发包人应承担承包人由此增加的提前竣工（赶工补偿）费用。发承包双方应在合同中约定提前竣工每日历天应补偿额度，此项费用应作为增加合同价款列入竣工结算文件中，应与结算款一并支付。

53. A。本题考核的是变更估价原则。已标价工程量清单或预算书中无相同项目，但有类似项目的，参照类似项目的单价认定。如果变化幅度超过15%，或者无相同项目及类似单价的，按照合理的成本与利润构成原则，由当事人协商确定。

54. A。本题考核的是费用索赔的计算。增加工作内容的人工费应按照计日工费计算，而停工损失和工作效率降低的损失费按照窝工费计算。则人工费：20×100=2000元。

当工作内容增加引起设备费索赔时，设备费的标准按照机械台班费计算。因窝工引起的设备费索赔，当施工机械属于施工企业自有时，按照机械折旧费计算索赔费用；当施工机械是施工企业从外部租赁时，索赔费用的标准按照设备租赁费计算。则自有机械：10×300=3000元；租赁机械：10×500=5000元。

所以承包人可以索赔的费用=3000+5000+2000=10000元。

55. C。本题考核的是预付款的支付、担保与抵扣。选项A错误，预付款担保可采用银行保函、担保公司担保等形式。选项B错误，发包人在工程款中逐期扣回预付款后，预付款担保额度应相应减少，但剩余的预付款担保金额不得低于未被扣回的预付款金额。选项C说法正确。选项D错误，发包人逾期支付预付款超过7d的，承包人有权向发包人发出要求预付的催告通知，发包人收到通知后7d内仍未支付的，承包人有权暂停施工。

56. A。本题考核的是工程保修期和保修责任。选项B错误，具体分部分项工程的保修期由合同当事人在专用合同条款中约定，但不得低于法定最低保修年限。选项C错误，因承包人原因造成工程的缺陷、损坏，承包人应负责修复，并承担修复费用。因发包人使用不当或其他原因，可以委托承包人修复。选项D错误，发包人未经竣工验收擅自使用工程的，保修期自转移占有之日起算。

57. B。本题考核的是现场签证争议鉴定。选项A错误，应适当上浮计算。选项C错误，由当事人双方协商，协商不成的，鉴定人可根据该事项进行专业分析，作出推断性意见。选项 D 错误，应按总价款计算。

58. C。本题考核的是不可抗力后果的承担。按照发包人要求照管工程发生费用由发包人承担；承包人施工机具损坏损失由承包人承担；已经建成的永久工程损坏损失由发包人承担；发包人要求赶工增加的费用由发包人承担。则发包人承担的费用 = 5+3+10 = 18 万元。

59. A。本题考核的是工程量复核。当发现遗漏或相差较大时，投标人不能随便改动工程量，仍应按招标文件的要求填报自己的报价，但可另在投标函中适当予以说明。

60. D。本题考核的是暂定金额的使用。每个承包商在投标报价时均应将暂定金额数计入工程总报价，但承包商无权做主使用此金额，这些项目的费用将按照业主工程师的指示与决定，全部或部分使用。

二、多项选择题

61. B、C、E；	62. A、C、E；	63. B、C、D、E；
64. C、D、E；	65. A、C、E；	66. B、D、E；
67. A、C、D；	68. C、D；	69. C、E；
70. C、D、E；	71. A、B；	72. B、D、E；
73. A、C、D、E；	74. A、B、D；	75. A、B、C、D；
76. B、C、D、E；	77. A、B、C、E；	78. A、C、D；
79. A、B、E；	80. A、C、D、E。	

【解析】

61. B、C、E。本题考核的是经济效果评价的基本内容。经济效果评价的内容应根据技术方案的性质、目标、投资者、财务主体以及方案对经济与社会的影响程度等具体情况确定，一般包括方案盈利能力、偿债能力、财务生存能力等评价内容。

62. A、C、E。本题考核的是经营成本的组成。经营成本作为技术方案现金流量表中运营期现金流出的主体部分，是从技术方案本身考察的，在一定期间（通常为一年）内由于生产和销售产品及提供服务而实际发生的现金支出，按下式计算：经营成本 = 总成本费用 − 折旧费 − 摊销费 − 利息支出；经营成本 = 外购原材料、燃料及动力费 + 工资及福利费 + 修理费 + 其他费用。

63. B、C、D、E。本题考核的是设备磨损的补偿方式。选项 A 错误，不可消除的有形磨损只能进行更新。

64. C、D、E。本题考核的是价值工程的特点。选项 A 错在"最低的使用成本"，正确为"最低的寿命周期成本"。选项 B 错误，价值工程分析产品，首先不是分析它的结构，而是分析它的功能，是在分析功能的基础之上，再去研究结构、材质等问题，以达到保证用户所需功能的同时降低成本，实现价值提高的目的。

65. A、C、E。本题考核的是项目经济效果评价参数的计算。项目累计净现金流量见表 7。

表7 项目累计净现金流量表

年份	建设期		运营期				
	0	1	2	3	4	5	6
净现金流量(万元)		−5000	2000	2000	2000	2000	2000
累计净现金流量(万元)	0	−5000	−3000	−1000	1000	3000	5000
净现金流量现值(万元)			1653	1503	1366	1242	1129

由此表可判断选项B错误，选项C正确。

选项A正确：静态投资回收期=累计净现金流量出现正值的年份−1+(上一年累计净现金流量的绝对值/出现正值年份的净现金流量)，累计净现金流量在运营期第3年出现正值，则静态投资回收期=3−1+|−1000|/2000=2.5年。

选项D错误：计算期包括建设期和运营期，为6年。

选项E正确：净现值=−5000/(1+10%)+1653+1503+1366+1242+1129=2348万元。

66. B、D、E。本题考核的是动态会计等式组成要素。动态会计等式是反映企业在一定会计期间经营成果的会计等式，是由动态会计要素（收入、费用和利润）组合而成。其公式为"收入−费用=利润"。

67. A、C、D。本题考核的是工程成本的确认。企业为履行合同发生的成本，同时满足下列条件的，应当作为合同履约成本确认为一项资产：(1)该成本与一份当前或预期取得的合同直接相关，包括直接人工、直接材料、制造费用（或类似费用）、明确由客户承担的成本以及仅因该合同而发生的其他成本；(2)该成本增加了企业未来用于履行履约义务的资源；(3)该成本预期能够收回。

68. C、D。本题考核的是企业管理费的内容。企业管理费包括管理人员工资、办公费、差旅交通费、固定资产使用费、工具用具使用费、劳动保险和职工福利费、劳动保护费、检验试验费、工会经费、职工教育经费、财产保险费、财务费、税金、城市维护建设税、教育费附加、地方教育附加、其他。

69. C、E。本题考核的是收入的分类。提供劳务收入是指企业通过提供劳务作业而取得的收入。建筑业企业提供劳务一般均为非主营业务，主要包括机械作业、运输服务、设计业务、产品安装、餐饮住宿等。选项A属于建造合同收入；选项B属于销售商品收入；选项D属于让渡资产使用权收入。

70. C、D、E。本题考核的是《标准施工招标文件》（2007年版）中承包人索赔可引用的条款。选项A可索赔工期和费用；选项B可索赔工期和部分费用；选项C、D、E可以同时索赔工期、费用和利润。

71. A、B。本题考核的是短期偿债能力比率。常用的短期偿债能力比率包括流动比率、速动比率等。选项C属于发展能力比率；选项D属于长期偿债能力比率；选项E属于盈利能力比率。

72. B、D、E。本题考核的是项目融资的特点。项目融资主要根据项目的预期收益、资产以及政府扶持措施的力度来安排，所以选项A错误。项目的贷款人可以在贷款的某个特定阶段对项目借款人实行追索，或在一个规定范围内对公私合作双方进行追索，所以选项B正确。项目融资是一种在资产负债表之外的融资。根据有限追索原则，项目投资人承担的是有限责任，因而通过对项目投资结构和融资结构的设计，可以帮助投资者将贷款安排为一种非公司负债性融资，使融资不需进入项目投资者资产负债表的贷款形式，所以选项D正确。采用项目融资的项目一般具有灵活的项目结构，可以将贷款的信用支持分配到与项目有关的各个方面，提高项目的债务承受能力，减少贷款人对投资者资信和其他资产的依赖程度，所以选项C错误、选项E正确。

73. A、C、D、E。本题考核的是应收账款管理目标。选项B错误，延长信用期，会使销售额增加，产生有利影响；与此同时，应收账款、收账费用和坏账损失增加，会产生不利影响。

74. A、B、D。本题考核的是联合试运转费的内容。联合试运转费是指新建或新增生产能力的工程项目，在交付生产前按照批准的设计文件规定的工程质量标准和技术要求，对整个生产线或装置进行负荷联合试运转所发生的费用净支出。包括试运转所需材料、燃料及动力消耗、低值易耗品、其他物料消耗、机械使用费、联合试运转人员工资、施工单位参加试运转人工费、专家指导费，以及必要的工业炉烘炉费。

75. A、B、C、D。本题考核的是施工定额的编制。选项E错误，工程造价管理机构确定日工资单价应根据工程项目的技术要求，通过市场调查，参考实物工程量人工单价综合分析确定，最低日工资单价不得低于工程所在地人力资源和社会保障部门所发布的最低工资标准的：普工1.3倍；一般技工2倍；高级技工3倍。

76. B、C、D、E。本题考核的是设备及安装工程概算编制方法。概算指标形式有以下几种：

（1）按占设备价值的百分比（安装费率）的概算指标计算：

设备安装费＝设备原价×设备安装费率

（2）按每吨设备安装费的概算指标计算：

设备安装费＝设备总吨数×每吨设备安装费

（3）按座、套、组、根或功率等为单位的概算指标计算。

（4）按设备安装工程每平方米建筑面积的概算指标计算。

77. A、B、C、E。本题考核的是措施项目综合单价的组成。《建设工程工程量清单计价规范》GB 50500—2013中的工程量清单综合单价是指完成一个规定清单项目所需的人工费、材料和工程设备费、施工机具使用费和企业管理费、利润以及一定范围内的风险费用。

78. A、C、D。本题考核的是项目特征的描述。清单项目特征主要涉及项目的自身特征（材质、型号、规格、品牌）、项目的工艺特征以及对项目施工方法可能产生影响的特征。

79. A、B、E。本题考核的是最高投标限价的编制方法。选项C错误，最高投标限价应在招标文件中公布，不应上调或下浮。选项D错误，最高投标限价应由具有编制能力的招标人或受其委托具有相应资质的工程造价咨询人编制和复核。

80. A、C、D、E。本题考核的是农民工工资支付。选项B错误，至少保存3年。

2021年度全国一级建造师执业资格考试

《建设工程经济》

真题及解析

2021年度《建设工程经济》真题

一、单项选择题（共60题，每题1分。每题的备选项中，只有1个最符合题意）

1. 下列建设项目总投资中，属于动态投资部分的是（ ）。
   A. 预备费和铺底流动资金
   B. 工程建设其他费和铺底流动资金
   C. 价差预备费和建设期利息
   D. 建设期利息和铺底流动资金

2. 下列经济效果评价指标中，属于动态指标的是（ ）。
   A. 财务净现值
   B. 流动比率
   C. 资本金净利润率
   D. 投资收益率

3. 关于设备融资租赁的说法，正确的是（ ）。
   A. 租赁期的设备租金总额低于直接购置设备的费用
   B. 租赁容易导致承租人资产负债状况恶化
   C. 租赁期间承租人可以将租用设备用于抵押贷款
   D. 设备融资租赁的租期通常较长

4. 监理工程师对承包人按照合同约定购买第三者责任险支付的保险费，宜采用的计量方法是（ ）。
   A. 均摊法
   B. 估价法
   C. 图纸法
   D. 凭据法

5. 关于财务内部收益率的说法，正确的是（ ）。
   A. 其大小易受基准收益率等外部参数的影响
   B. 任一技术方案的财务内部收益率均存在唯一解
   C. 可直接用于互斥方案之间的比选
   D. 考虑了技术方案在整个计算期内的经济状况

6. 某土方工程招标文件中清单工程量为3000m³，合同约定：土方工程综合单价为80元/m³，当实际工程量增加15%以上时，增加部分的工程量综合单价为72元/m³。工程结束时实际完成并经发包人确认的土方工程量为3600m³，则该土方工程价款为（ ）元。
   A. 259200
   B. 286800
   C. 283200
   D. 288000

7. 下列施工中发生的与材料有关的费用，属于建筑安装工程费中材料费的是（ ）。

1

A. 对原材料进行一般鉴定、检查所发生的费用
B. 原材料在运输装卸过程中不可避免的损耗费
C. 施工机械场外运输所需的辅助材料费
D. 机械设备日常保养所需的材料费用

8. 施工企业单独对外提供机械作业服务取得的收入属于（　　）。

A. 施工合同收入　　　　　　　　B. 让渡资产使用权收入
C. 提供劳务收入　　　　　　　　D. 销售商品收入

9. 施工企业按规定标准发放的工作服、手套、防暑降温饮料等发生的费用，应计入建筑安装工程费中的（　　）。

A. 津贴补贴　　　　　　　　　　B. 劳动保护费
C. 特殊情况下支付的工资　　　　D. 劳动保险费

10. 筑路机在工作区末端调头所消耗的时间，属于施工机械工作时间中的（　　）。

A. 有效工作时间　　　　　　　　B. 多余工作时间
C. 低负荷下的工作时间　　　　　D. 不可避免的无负荷工作时间

11. 某企业 3 年前购买的设备原价为 20 万元，当前累计已提折旧 4 万元。现在市场上可以 18 万元价格卖出，卖出该设备需发生成本、税费共 1 万元，该设备现在的可变现净值为（　　）万元。

A. 17　　　　　　　　　　　　　B. 13
C. 16　　　　　　　　　　　　　D. 20

12. 根据《建设工程工程量清单计价规范》GB 50500—2013，关于投标人投诉招标人不按规范编制招标控制价的说法，正确的是（　　）。

A. 书面投诉书只需加盖投标单位公章
B. 投诉书中应包括投诉依据及有关证明材料
C. 投诉人应向政府投资管理部门投诉
D. 投诉人提出投诉的时间为招标控制价公布后的 10d 内

13. 根据《建设工程施工合同（示范文本）》GF—2017—0201，预付款支付至迟时间为（　　）。

A. 签订合同后的第 15 天
B. 开工通知载明的开工日期 7d 前
C. 承包人的材料、设备、人员进场 7d 前
D. 预付款担保提供后的第 7 天

14. 下列措施项目费中，宜采用参数法计价的是（　　）。

A. 垂直运输费　　　　　　　　　B. 夜间施工增加费
C. 混凝土模板及支架费　　　　　D. 室内空气污染测试费

15. 某新建住宅的建筑面积为 4000m²，按概算指标和地区材料预算价格计算出一般土建工程单位造价为 1304 元/m²（其中人、料、机费用为 900 元/m²）。按照当地造价管理部门规定，企业管理费费率为 8%；规费以人、料、机和企业管理费之和为计算基础，规费费率为 15%；利润以人、料、机、企业管理费和规费之和为计算基础，利润率为 7%；增值税税率为 9%。由于土建工程与概算指标相比结构构件有部分变更，变更后每 100m² 土建工程的人、料、机费用比概算指标对应部分的费用增加 3000 元。则修正后的土建工程单位造价

为（　　）元/m²。
A. 1070　　　　　　　　　　　　B. 1155
C. 1236　　　　　　　　　　　　D. 1347

16. 设计概算是设计单位编制和确定建设工程项目从筹建至（　　）所需全部费用的文件。
A. 竣工结算　　　　　　　　　　B. 项目报废
C. 竣工交付使用　　　　　　　　D. 施工保修期满

17. 下列财务报表中，属于按照收付实现制原则编制的是（　　）。
A. 资产负债表　　　　　　　　　B. 利润表
C. 现金流量表　　　　　　　　　D. 所有者权益变动表

18. 某技术方案建设投资1000万元，流动资金100万元，全部为自有资金（资本金）。运营期正常年份的年利润总额为140万元，年所得税为35万元，则该方案的资本金净利润率是（　　）。
A. 10.50%　　　　　　　　　　　B. 12.73%
C. 14.00%　　　　　　　　　　　D. 9.55%

19. 某公司同一笔资金有如下四种借款方案，均在年末支付利息，则优选的借款方案是（　　）。
A. 年名义利率3.6%，按月计息
B. 年名义利率4.4%，按季度计息
C. 年名义利率5.0%，半年计息一次
D. 年名义利率5.5%，一年计息一次

20. 某施工企业在经营过程中，同时发行可转换债券和认股权证从资本市场直接筹集资金，该筹资方式属于（　　）。
A. 内源筹资　　　　　　　　　　B. 权益筹资
C. 混合筹资　　　　　　　　　　D. 债务筹资

21. 根据《建设工程工程量清单计价规范》GB 50500—2013，下列投标报价计算公式中，正确的是（　　）。
A. 措施项目费=∑（措施项目工程量×措施项目综合单价）
B. 分部分项工程费=∑（分部分项工程量×分部分项工程综合单价）
C. 其他项目费=暂列金额+暂估价+计日工+总承包服务费+规费
D. 单位工程报价=分部分项工程费+措施项目费+其他项目费

22. 某企业上年初所有者权益总额为5000万元，年末所有者权益相对年初减少200万元。本年末所有者权益总额为5500万元，则该企业本年度的资本积累率为（　　）。
A. 10.00%　　　　　　　　　　　B. 10.42%
C. 14.58%　　　　　　　　　　　D. 14.00%

23. 施工定额的平均先进水平是指在正常的生产条件下（　　）的水平。
A. 个别班组可以接近　　　　　　B. 少数班组经过努力可以达到
C. 多数施工班组可以接近　　　　D. 多数班组经过努力可以达到

24. 对于建设工程，利用价值工程原理提高技术方案经济效果最佳的阶段是（　　）。
A. 生产与销售阶段　　　　　　　B. 规划与设计阶段

C. 使用与报废阶段　　　　　　　　D. 生产与使用阶段

25. 下列施工企业的费用中，在会计核算时应计入生产费用的是（　　）。
A. 企业质量管理部门办公费　　　　B. 项目部管理人员工资
C. 经营部门人员工资　　　　　　　D. 企业融资的财务费用

26. 有10项采用通用图纸施工的单位工程，上部结构和做法完全相同，但因地质条件差异其基础部分均有局部改变。审查这些工程上部结构的施工图预算时，宜采用的方法是（　　）。
A. 标准预算审查法　　　　　　　　B. 分组计算审查法
C. 对比审查法　　　　　　　　　　D. 重点审查法

27. 某单位工程由甲、乙、丙和丁4个分部工程组成，相关数据见表1，运用价值工程原理判断，应作为优先改进对象的是（　　）。

表1　甲、乙、丙、丁相关数据表

项目	甲	乙	丙	丁
现实成本（万元）	1100	2350	1220	1630
目标成本（万元）	1000	2000	1230	1500
功能价值	0.909	0.851	1.008	0.920

A. 甲　　　　　　　　　　　　　　B. 丙
C. 乙　　　　　　　　　　　　　　D. 丁

28. 根据《建设工程施工合同（示范文本）》GF—2017—0201关于单价合同计量的说法，正确的是（　　）。
A. 发包人可以在任何方便的时候计量，其计量结果有效
B. 监理人未在收到承包人提交的工程量报表后的7d内完成审核的，则该工程量视为承包人实际完成的工程量
C. 承包人收到计量的通知后不派人参加，则发包人的计量结果无效
D. 承包人为保证施工质量超出施工图纸范围实施的工程量，应该予以计量

29. 根据《建设工程工程量清单计价规范》GB 50500—2013，关于使用国有资金投资的工程项目招标控制价的说法，正确的是（　　）。
A. 招标控制价是所有投标人的最高投标限价
B. 招标控制价可以根据需要在开标时适当上调或者下浮
C. 招标控制价必须由工程造价咨询人编制，不得由招标人自行编制
D. 招标控制价性质与标底相同，必须保密

30. 下列国际工程投标报价组成中，属于现场管理费的是（　　）。
A. 工程辅助费　　　　　　　　　　B. 检验试验费
C. 临时设施工程费　　　　　　　　D. 工程保险费

31. 发包人为验证某结构构件的安全性，要求承包人对结构构件进行破坏性试验发生的费用属于（　　）。
A. 研究试验费　　　　　　　　　　B. 固定资产使用费
C. 施工机具校验费　　　　　　　　D. 检验试验费

32. 关于设备磨损补偿方式的说法，正确的是（　　）。
   A. 设备的无形磨损可以通过修理进行补偿
   B. 设备的综合磨损只能通过更新进行补偿
   C. 可消除的有形磨损只能通过现代化改装进行补偿
   D. 不可消除的有形磨损可以通过更新进行补偿

33. 根据《建设工程工程量清单计价规范》GB 50500—2013，下列费用中，必须按照国家或省级、行业建设主管部门规定的标准计算，不得作为竞争性费用的是（　　）。
   A. 安全文明施工费和企业管理费　　B. 规费和企业管理费
   C. 措施项目费和规费　　　　　　　D. 规费和税金

34. 工程量清单作为清单计价的基础，主要用于建设工程的（　　）。
   A. 决策阶段和设计阶段　　　　　　B. 设计阶段和招标投标阶段
   C. 施工阶段和运营使用阶段　　　　D. 招标投标阶段和施工阶段

35. 采用简易计税方法计算建筑业增值税应纳税额时，增值税征收率为（　　）。
   A. 6%　　　　B. 9%　　　　C. 3%　　　　D. 13%

36. 根据《保障农民工工资支付条例》，关于农民工工资的说法，正确的是（　　）。
   A. 施工总承包单位应按照规定存储工资保证金
   B. 农民工工资可以以部分实物或者有价证券的方式发放给农民工本人
   C. 开设和使用农民工工资专用账户的有关资料应当由建设单位保存备查
   D. 施工总承包单位应对分包单位所招用农民工的实名制管理和工资支付负直接责任

37. 某现浇混凝土结构施工采用的木模板，一次净用量为 200 m²，现场制作安装不可避免的损耗率为 2%，可周转使用 5 次，每次补损率为 5%。该模板的周转使用量为（　　）m²。
   A. 48.00　　　　　　　　　　　　　B. 48.96
   C. 49.44　　　　　　　　　　　　　D. 51.00

38. 根据《标准施工招标文件》，下列导致承包人成本增加的情形中，可以同时补偿承包人费用和利润的是（　　）。
   A. 发包人原因导致的工程缺陷和损失
   B. 发包人要求向承包人提前交付材料和工程设备
   C. 异常恶劣的气候条件
   D. 施工过程中发现文物

39. 某项目建设投资为 5000 万元，其中自有资金 4000 万元，借款 1000 万元，借款年利率为 5%。流动资金 1000 万元全部为借款，借款年利率为 4%，建设期计息不付息。编制资本金现金流量表时，建设期现金流出的金额是（　　）万元。
   A. 2000　　　　　　　　　　　　　B. 4090
   C. 4000　　　　　　　　　　　　　D. 6000

40. 根据《建设工程施工合同（示范文本）》GF—2017—0201，当合同履行期间出现工程变更时，该变更在已标价的工程量清单中无相同项目及类似项目单价参考的，其变更估价正确的方式是（　　）。
   A. 按照直接成本加适当利润的原则，由发包人确定变更单价

B. 按照直接成本加管理费的原则，由合同当事人协商确定变更工作的单价

C. 按照合理的成本加利润的原则，由合同当事人协商确定变更工作的单价

D. 根据合理的成本加适当利润的原则，由监理人确定新的变更单价

41. 根据《建设工程施工合同（示范文本）》GF—2017—0201，关于工程保修期内修复费用的说法，正确的是（　　）。

A. 因承包人原因造成的工程缺陷，承包人应负责修复，并承担修复费用，但不承担因工程缺陷导致的人身伤害

B. 因第三方原因造成的工程损坏，可以委托承包人修复，发包人应承担修复费用，并支付承包人合理利润

C. 因发包人不当使用造成的工程损坏，承包人应负责修复，发包人应承担合理的修复费用，但不额外支付利润

D. 因不可抗力造成的工程损坏，承包人应负责修复，并承担相应的修复费用

42. 某企业获得的周转信贷额为3000万元，承诺费率为0.5%，企业在借款年度内使用了2000万元，则企业该年度向银行支付的承诺费为（　　）万元。

A. 10　　　　　　　　　　　　B. 15
C. 5　　　　　　　　　　　　　D. 25

43. 某技术方案现金流量见表2，若基准收益率为8%，则该方案财务净现值为（　　）万元。

表2　某技术方案现金流量表

现金流量(万元)	第0年	第1年	第2年	第3年	第4年
现金流入	—	1000	6000	3000	6000
现金流出	3700	4000	2000	3000	2000

A. −1300.00　　　　　　　　　B. −100.40
C. −108.30　　　　　　　　　　D. 126.91

44. 根据《建设工程工程量清单计价规范》GB 50500—2013，关于暂列金额的说法，正确的是（　　）。

A. 暂列金额应由投标人根据招标工程量清单列出的内容和要求估算

B. 暂列金额应包括在签约合同价中，属承包人所有

C. 暂列金额不能用于施工中发生的工程变更的费用支付

D. 暂列金额可用于施工过程中索赔、现场签证确认的费用支付

45. 为了说明企业财务状况的变动趋势并预测企业未来的发展前景，财务报表分析宜采用的方法是（　　）。

A. 水平分析法　　　　　　　　B. 因素分析法
C. 比率分析法　　　　　　　　D. 权重分析法

46. 企业为提高现金使用效率，利用已经开出了支票而银行还未将该款项划出这一时间段内的资金，此现金管理的方法属于（　　）的方法。

A. 使用现金浮游量　　　　　　B. 使现金流量同步

C. 加速收款　　　　　　　　　　　　D. 推迟应付账款

47. 某公司年初借入资金1000万元，期限3年，按年复利计息，年利率10%，到期一次还本付息。则第三年末应偿还的本利和为（　　）万元。
A. 1210　　　　　　　　　　　　　B. 1300
C. 1331　　　　　　　　　　　　　D. 1464

48. 甲、乙、丙和丁四个公司投资相同项目，收益方案见表3（单位：万元），若社会平均收益率为10%，根据资金时间价值原理，其投资收益最大的是（　　）。

表3　收益方案表

公司	第1年	第2年	第3年	合计
甲公司	200	500	300	1000
乙公司	200	400	400	1000
丙公司	300	500	200	1000
丁公司	300	400	300	1000

A. 甲公司　　　　　　　　　　　　B. 乙公司
C. 丙公司　　　　　　　　　　　　D. 丁公司

49. 某施工项目有四个可选择的技术方案，其效果相同。方案一需要投资240万元，年生产成本为64万元；方案二需要投资320万元，年生产成本为52万元；方案三需要投资360万元，年生产成本为45万元；方案四需要投资400万元，年生产成本为36万元。不考虑税收因素，当基准投资收益率为12%时，运用折算费用法选择的方案应是（　　）。
A. 方案一　　　　　　　　　　　　B. 方案二
C. 方案三　　　　　　　　　　　　D. 方案四

50. 根据《建设工程工程量清单计价规范》GB 50500—2013，关于合同履行期间因招标工程量清单缺项导致新增分部分项清单项目的说法，正确的是（　　）。
A. 新增分部分项清单项目应按额外工作处理，由监理工程师提出，发包人批准
B. 新增分部分项清单项目的综合单价应由监理工程师提出，发包人批准
C. 新增分部分项清单项目的综合单价应由承包人提出，但相关措施项目费不能调整
D. 新增分部分项清单项目导致新增措施项目的，在承包人提交的新增措施项目实施方案被发包人批准后调整合同价款

51. 已知招标工程量清单中土方工程量为2000m³，某投标人根据施工方案确定的土方工程量为3800m³。根据测算，完成该土方工程的人工费为50000元，机械费为40000元，材料费为10000元，管理费按照人、料、机费用之和的10%计取，利润按人、料、机费用以及管理费之和的6%计取。其他因素均不考虑。则该土方工程的投标综合单价为（　　）元/m³。
A. 58.30　　　　　　　　　　　　B. 30.53
C. 30.68　　　　　　　　　　　　D. 58.00

52. 根据《建设工程造价鉴定规范》GB/T 51262—2017，鉴定项目的发包人对承包人

材料采购价格高于合同约定不予认可的，鉴定应遵循的原则是（　　）。

A. 材料采购前经发包人或其代表签批认可的，应按签批的材料价格进行鉴定

B. 材料采购前未报发包人或其代表认质认价的，应按材料实际采购价格进行鉴定

C. 发包人认为承包人采购的原材料不符合质量要求，不予认价的，应在质量鉴定后再进行价格鉴定

D. 材料采购前未报监理人签批的，应按当地材料市场平均价格进行鉴定

53. 企业计算某一时期应纳税所得额时，下列固定资产中，不得计算折旧扣除的是（　　）。

A. 以经营租赁方式租出的固定资产

B. 以融资租赁方式租入的固定资产

C. 已建成未投入使用的房屋、建筑物

D. 已足额提取折旧但仍继续使用的固定资产

54. 具有下列特点的国际工程项目中，投标报价适宜采用低价策略的是（　　）。

A. 工作简单且支付条件好的工程

B. 专业要求高且工期要求急的工程

C. 竞争对手少且施工条件差的工程

D. 技术复杂且投资规模大的工程

55. 已知某投资方案财务内部收益率（FIRR）为10%，现选择4个影响因素分别进行单因素敏感性分析，计算结果如下：当产品价格上涨10%时，$FIRR=11.0\%$；当原材料价格上涨10%时，$FIRR=9.5\%$；当建设投资上涨10%时，$FIRR=9.0\%$；当人民币汇率上涨10%时，$FIRR=8.8\%$。根据上述条件判断，最敏感的因素是（　　）。

A. 建设投资 B. 原材料价格

C. 人民币汇率 D. 产品价格

56. 某技术方案的净现金流量和财务净现值见表4，根据表中数据，关于该方案评价的说法，正确的是（　　）。

表4　净现金流量和财务净现值表

年份	1	2	3	4	5	6	7
净现金流量(万元)	-420	-470	200	250	250	250	250
财务净现值(折现率8%)				24.276万元			

A. 累计净现金流量小于零 B. 财务内部收益率可能小于8%

C. 静态投资回收期大于6年 D. 项目在经济上可行

57. 由于发包人设计变更原因导致承包人未按期竣工，需对原约定竣工日期后继续施工的工程进行价格调整时，宜采用的价格指数是（　　）。

A. 原约定竣工日期与实际竣工日期的两个价格指数中较低的一个

B. 原约定竣工日期与实际竣工日期的两个价格指数中较高的一个

C. 原约定竣工日期与实际竣工日期的两个价格指数的平均值

D. 承包人与发包人协商新的价格指数

58. 某施工企业签订了总造价为2000万元的固定总价合同，工期为2年。经测算，第1年完工进度为60%，实际收到工程结算款1000万元；第2年工程全部完工。则按完工百分比法确认该企业第2年的收入为（ ）万元。
   A. 800
   B. 1000
   C. 1200
   D. 2000

59. 编制其他项目清单时，关于计日工表中的材料和机械列项要求的说法，正确的是（ ）。
   A. 材料和机械仅按实际使用数量列项
   B. 材料和机械应按规格、型号详细列项
   C. 材料应按使用数量详细列项，机械应按类别粗略列项
   D. 材料应按供应厂商详细列项，机械应按型号粗略列项

60. 某施工企业的自卸汽车原价为30万元，确定的折旧年限为5年，净残值率3%，预计总行驶里程为8万km。2020年行驶里程2万km，按照行驶里程法，2020年应计提折旧额为（ ）元。
   A. 72750
   B. 58200
   C. 60000
   D. 75000

二、多项选择题（共20题，每题2分。每题的备选项中，有2个或2个以上符合题意，至少有1个错项。错选，本题不得分；少选，所选的每个选项得0.5分）

61. 下列财务计划现金流量表的构成项中，属于投资活动净现金流量的有（ ）。
   A. 建设投资借款
   B. 建设投资
   C. 维持运营投资
   D. 偿还债务本金
   E. 流动资金

62. 企业可以用于偿还贷款的资金来源有（ ）。
   A. 固定资产折旧费
   B. 应支付给股东的股利
   C. 无形资产摊销费
   D. 其他资产摊销费
   E. 企业的注册资本

63. 根据《建设工程施工合同（示范文本）》GF—2017—0201，下列因不可抗力事件导致的损失或增加的费用中，应由承包人承担的有（ ）。
   A. 停工期间承包人按照发包人要求照管工程的费用
   B. 因工程损坏造成的第三方人员伤亡和财产损失
   C. 合同工程本身的损坏
   D. 承包人施工设备的损坏
   E. 承包人的人员伤亡和财产损失

64. 建设工程采用工程量清单招标模式时，关于投标报价的说法，正确的有（ ）。
   A. 投标人应以施工方案、技术措施等作为投标报价计算的基本条件
   B. 投标报价不得低于工程成本
   C. 招标工程量清单的工程数量与施工图纸不完全一致时，应按照招标人提供的清单工程量填报投标价格
   D. 投标报价只能由投标人编制，不能委托造价咨询机构编制

E. 投标报价应以招标文件中设定的发承包责任划分，作为设定投标报价费用项目和费用计算的基础

65. 关于联合试运转费的说法，正确的有（　　）。
　　A. 不发生试运转或试运转收入大于费用支出的工程，不列联合试运转费
　　B. 当联合试运转收入小于试运转支出时，联合试运转费=联合试运转费用支出-联合试运转收入
　　C. 联合试运转费包括在试运转中暴露出来的因施工原因发生的处理费用
　　D. 联合试运转费包括单台设备的调试费用
　　E. 联合试运转支出包括施工单位参加试运转的人工费、专家指导费

66. 关于设备安装工程概算审查内容的说法，正确的有（　　）。
　　A. 审查编制依据的合法性、时效性以及适用范围
　　B. 审查采用预算单价计算安装费时的单价是否合适、工程量计算是否符合规则要求
　　C. 审查采用概算指标计算安装费时的指标是否合理、计算结果是否达到精度要求
　　D. 审查设备采购流程及运输方式是否合理合规
　　E. 审查需计算安装费的设备数量及种类是否符合设计要求

67. 采用成本分析模式确定企业现金持有量时，需考虑的成本有（　　）。
　　A. 沉没成本　　　　　　　　　　B. 外部成本
　　C. 机会成本　　　　　　　　　　D. 短缺成本
　　E. 管理成本

68. 下列会计要素中，属于静态会计要素的有（　　）。
　　A. 收入　　　　　　　　　　　　B. 资产
　　C. 费用　　　　　　　　　　　　D. 负债
　　E. 所有者权益

69. 下列财务分析指标中，属于企业长期偿债能力指标的有（　　）。
　　A. 速动比率　　　　　　　　　　B. 总资产周转率
　　C. 产权比率　　　　　　　　　　D. 资产负债率
　　E. 权益乘数

70. 编制人工定额时，工人必需消耗的工作时间包括（　　）。
　　A. 多余和偶然工作时间　　　　　B. 休息时间
　　C. 辅助工作时间　　　　　　　　D. 施工本身造成的停工时间
　　E. 准备与结束工作时间

71. 下列设备磨损情形中，属于无形磨损的有（　　）。
　　A. 设备使用过程中产生的变形　　B. 技术进步导致设备贬值
　　C. 设备闲置过程中遭受腐蚀　　　D. 制造工艺改进导致设备降价
　　E. 自然力作用时设备构件老化

72. 下列条件中，属于线性盈亏平衡分析模型假设条件的有（　　）。
　　A. 产销量和单位可变成本保持不变
　　B. 生产量等于销售量
　　C. 生产多种产品的，可以换算为单一产品计算

D. 产量超过一定规模时，固定成本线性增加
E. 产销量和销售单价不变

73. 分部分项工程项目清单中项目特征描述通常包括（   ）。
A. 项目的管理模式
B. 项目的材质、规格
C. 项目的工艺特征
D. 项目的组织方式
E. 可能对项目施工方法产生影响的特征

74. 《建设工程工程量清单计价规范》GB 50500—2013 中分部分项工程的综合单价除包括人、料、机费用外，还包括（   ）。
A. 利润
B. 一定范围内的风险费用
C. 规费
D. 管理费
E. 税金

75. 根据现行会计准则和税法，关于融资租赁的说法，正确的有（   ）。
A. 租赁期满时，租赁资产的所有权可以转移给承租人
B. 租赁期占资产可使用年限的大部分，通常等于或大于可使用年限的75%
C. 融资租赁在税法上被认定为分期付款购买
D. 承租人有购买租赁资产的选择权，所订立的购买价格远低于行使选择权时租赁资产的公允价值
E. 承租人产生的租赁费可作为当期费用扣除

76. 关于利润表作用的说法，正确的有（   ）。
A. 通过利润表可以分析判断企业损益变化的趋势
B. 通过利润表可以分析企业现金流量的发生及结余情况
C. 通过利润表可以了解企业一定期间的收入实现和费用耗费情况
D. 通过利润表可以分析企业资产负债的变动情况
E. 通过利润表可以考核企业的经营成果以及利润计划的执行情况

77. 根据《建设工程施工合同（示范文本）》GF—2017—0201，关于承包人索赔的说法，正确的有（   ）。
A. 承包人应在发出索赔意向通知书28d后，向监理人正式递交索赔报告
B. 承包人应在知道或应当知道索赔事件发生后28d内，向监理人递交索赔意向通知书
C. 监理人应在收到索赔报告后28d内完成审查并报送发包人
D. 承包人接受索赔处理结果的，索赔款项应在竣工结算时进行支付
E. 具有持续影响的索赔事件，承包人应按合理时间间隔持续递交延续索赔通知

78. 销售商品或提供劳务取得的收入，对相关会计要素产生的影响可能有（   ）。
A. 资产增加
B. 负债减少
C. 所有者权益增加
D. 所有者权益减少，负债增加
E. 资产减少，负债增加

79. 运用价值工程原理提高产品价值的途径有（   ）。
A. 通过采用新方案，既提高产品功能，又降低产品成本
B. 通过设计优化，在产品成本不变的前提下，提高产品功能
C. 在保证产品功能不变的前提下，通过组织管理措施降低产品成本

D. 适当增加产品成本，同时大幅度提高产品功能和适用性
E. 采用新材料保证产品功能不变的前提下，成本略有增加

80. 下列施工企业的各项支出中，在财务会计核算时应作为资本性支出的有（　　）。
A. 新建办公楼支出
B. 购置大型设备支出
C. 员工年终奖金支出
D. 公益性捐赠支出
E. 对外长期投资支出

2021 年度真题参考答案及解析

一、单项选择题

1. C;	2. A;	3. D;	4. D;	5. D;
6. B;	7. B;	8. C;	9. B;	10. D;
11. A;	12. B;	13. B;	14. B;	15. D;
16. C;	17. C;	18. C;	19. A;	20. C;
21. B;	22. C;	23. D;	24. B;	25. B;
26. A;	27. C;	28. B;	29. A;	30. B;
31. A;	32. D;	33. D;	34. D;	35. C;
36. A;	37. B;	38. A;	39. C;	40. C;
41. B;	42. C;	43. C;	44. D;	45. A;
46. A;	47. C;	48. C;	49. D;	50. A;
51. A;	52. A;	53. D;	54. A;	55. C;
56. D;	57. B;	58. A;	59. B;	60. A。

【解析】

1. C。本题考核的是动态投资部分的内容。动态投资部分，是指在建设期内，因建设期利息和国家新批准的税费、汇率、利率变动以及建设期价格变动引起的建设投资增加额，包括价差预备费、建设期利息等。

2. A。本题考核的是经济效果评价指标。动态分析指标包括财务内部收益率和财务净现值。选项 B 属于偿债能力分析指标。选项 C、D 属于盈利能力静态分析指标。

3. D。本题考核的是融资租赁的特点。选项 A 错误，承租人在租赁期间所交的租金总额一般比直接购置设备的费用要高。选项 B 错误，长年支付租金，形成长期负债。选项 C 错误，不能用于担保、抵押贷款。典型的融资租赁是指长期的、完全补偿的、不可撤销的、由承租人负责维护的租赁。融资租赁最主要的外部特征是租期长，所以选项 D 正确。

4. D。本题考核的是该工程计量的方法。建筑工程险保险费、第三方责任险保险费、履约保证金等项目，一般按凭据法进行计量支付。

5. D。本题考核的是财务内部收益率指标的优劣。财务内部收益率（FIRR）指标考虑了资金的时间价值以及技术方案在整个计算期内的经济状况，不仅能反映投资过程的收益程度，而且 FIRR 的大小不受外部参数影响，完全取决于技术方案投资过程净现金流量系列的情况。避免了像财务净现值之类的指标那样须事先确定基准收益率这个难题，而只需要知道基准收益率的大致范围即可。同时，财务内部收益率是一个考察技术方案盈利能力的相对指标，与人们通常以相对数表示投资收益的习惯比较相符。但不足的是财务内部收益率计算比较麻烦；对于具有非常规现金流量的技术方案来讲，其财务内部

13

收益率在某些情况下甚至不存在或存在多个解；不能直接用于互斥方案之间的比选。因此，财务内部收益率特别适用于独立的、具有常规现金流量的技术方案的经济评价和可行性判断。

6. B。本题考核的是工程量偏差引起的合同价款调整。合同约定范围内（15%以内）的工程款为：3000×(1+15%)×80＝276000元；超过15%之后部分工程量的工程款为：(3600－3000×1.15)×72＝10800元。则土方工程价款＝276000+10800＝286800元。

7. B。本题考核的是材料费的内容。材料原价：是指材料、工程设备的出厂价格或商家供应价格。运杂费：是指材料、工程设备自来源地运至工地仓库或指定堆放地点所发生的全部费用。运输损耗费：是指材料在运输装卸过程中不可避免的损耗。采购及保管费：是指为组织采购、供应和保管材料、工程设备的过程中所需要的各项费用。包括采购费、仓储费、工地保管费、仓储损耗。选项A属于企业管理费，选项C、D属于施工机具使用费。

8. C。本题考核的是收入分类。建筑业企业为设计和建造房屋、道路等建筑物签订的合同也称施工合同，按合同要求取得的收入称为施工合同收入。让渡资产使用权收入是指企业通过让渡资产使用权而取得的收入，如金融企业发放贷款取得的收入，企业让渡无形资产使用权取得的收入等。提供劳务收入是指企业通过提供劳务作业而取得的收入。建筑业企业提供劳务一般均为非主营业务，主要包括机械作业、运输服务、设计业务、产品安装、餐饮住宿等。销售商品收入是指企业通过销售产品或商品而取得的收入。

9. B。本题考核的是劳动保护费的概念。劳动保护费：是企业按规定发放的劳动保护用品的支出。如工作服、手套、防暑降温饮料以及在有碍身体健康的环境中施工的保健费用等。

10. D。本题考核的是机械工作时间消耗的分类。不可避免的无负荷工作时间，是指由施工过程的特点和机械结构的特点造成的机械无负荷工作时间。例如筑路机在工作区末端调头等，都属于此项工作时间的消耗。

11. A。本题考核的是会计要素的计量属性。在可变现净值计量下，资产按照其现在正常对外销售所能收到现金或者现金等价物的金额，扣减该资产至完工时估计将要发生的成本、估计的销售费用以及相关税费后的金额计量。故该设备现在的可变现净值为：18－1＝17万元。

12. B。本题考核的是对招标控制价的投诉与处理。投标人经复核认为招标人公布的招标控制价未按照《建设工程工程量清单计价规范》GB 50500—2013的规定进行编制的，应在招标控制价公布后5d内向招标投标监督机构和工程造价管理机构投诉，所以选项C、D错误。投诉人投诉时，应当提交由单位盖章和法定代表人或其委托人签名或盖章的书面投诉书，所以选项A错误。投诉书包括下列内容：（1）投诉人与被投诉人的名称、地址及有效联系方式；（2）投诉的招标工程名称、具体事项及理由；（3）投诉依据及有关证明材料，所以选项B正确；（4）相关的请求及主张。

13. B。本题考核的是预付款的支付。按《建设工程施工合同（示范文本）》GF—2017—0201，预付款的支付按照专用合同条款约定执行，但至迟应在开工通知载明的开工日期7d前支付。预付款应当用于材料、工程设备、施工设备的采购及修建临时工程、组织施工队伍进场等。

14. B。本题考核的是措施项目费的计算方法。参数法计价是指按一定的基数乘系数的方法或自定义公式进行计算。这种方法简单明了，但最大的难点是公式的科学性、准确性难以把握。这种方法主要适用于施工过程中必须发生，但在投标时很难具体分项预测，又无法单独列出项目内容的措施项目。如夜间施工费、二次搬运费、冬雨季施工的计价均可以采用该方法。

15. D。本题考核的是概算指标法编制设计概算。修正后的土建单位工程造价=1304+(3000/100)×(1+8%)(1+7%)×(1+15%)×(1+9%)=1347元/m²。

16. C。本题考核的是设计概算的概念。设计概算是以初步设计文件为依据，按照规定的程序、方法和依据，对建设项目总投资及其构成进行的概略计算，对建设项目从筹建至竣工交付使用所需全部费用进行的概略计算。

17. C。本题考核的是财务报表列报的基本要求。除现金流量表按照收付实现制编制外，企业应当按照权责发生制编制其他财务报表。

18. D。本题考核的是资本金净利润率的计算。净利润=利润总额-所得税=140-35=105万元；资本金净利润率=净利润/资本金=105/(1000+100)=9.55%。

19. A。本题考核的是名义利率与有效利率的计算。各选项年实际利率计算如下：

A 选项：$(1+3.6\%/12)^{12}-1=3.66\%$；

B 选项：$(1+4.4\%/4)^{4}-1=4.47\%$；

C 选项：$(1+5\%/2)^{2}-1=5.06\%$；

D 选项：5.5%。

故应选择年实际利率最低的 A 选项。

20. C。本题考核的是企业筹资。企业内源筹资资金来源，主要包括企业自有资金、应付息税以及未使用或者未分配专项基金混合筹资，主要包括可转换债券和认股权证，混合筹资是同时兼备权益筹资和债务筹资特征的特殊筹资工具。债务筹资，包括借款筹资和债券筹资，筹资后企业需按时偿付本金和利息，企业的资本结构可能产生较大的变化，企业负债率的上升会影响企业的财务风险。权益筹资，包括普通股和优先股筹资，权益筹资形成企业所有者权益，将对企业股权结构产生不同程度的影响，甚至影响原有股东对企业的控制权。

21. B。本题考核的是投标报价的计算。根据《建设工程工程量清单计价规范》GB 50500—2013，投标报价计算公式如下：

分部分项工程费=Σ分部分项工程量×分部分项工程综合单价

措施项目费=Σ措施项目工程量×措施项目综合单价+Σ单项措施费

其他项目费=暂列金额+暂估价+计日工+总承包服务费+其他

单位工程报价=分部分项工程费+措施项目费+其他项目费+规费+税金

22. C。本题考核的是资本积累率的计算。企业资本积累率=本年度所有者权益增长额/年初所有者权益×100%=[5500-(5000-200)]÷(5000-200)=14.58%。

23. D。本题考核的是施工定额的编制原则。施工定额水平必须遵循平均先进的原则。所谓平均先进水平，是指在正常的生产条件下，多数施工班组或生产者经过努力可以达到，少数班组或劳动者可以接近，个别班组或劳动者可以超过的水平。通常这种水平低于先进水平，略高于平均水平。

24. B。本题考核的是应用价值工程的重点阶段。在不同的阶段进行价值工程活动，其经济效果的提高幅度却是大不相同的。对于建设工程，应用价值工程的重点是在规划和设计阶段，因为这两个阶段是提高技术方案经济效果的关键环节。

25. B。本题考核的是生产费用的内容。费用按经济用途分为生产费用和期间费用两类。如生产车间生产工人的薪酬属于生产费用中的直接人工，生产车间管理人员薪酬属于生产费用中的制造费用；而企业管理人员薪酬属于期间费用。又如：生产车间办公费属于生产费用中的制造费用，而企业总部办公费用属于期间费用中的管理费用。

26. A。本题考核的是施工图预算的审查方法。标准预算审查法就是对利用标准图纸或通用图纸施工的工程，先集中力量编制标准预算，以此为准来审查工程预算的一种方法。按标准设计图纸施工的工程，一般上部结构和做法相同，只是根据现场施工条件或地质情况不同，仅对基础部分做局部改变。

27. C。本题考核的是价值工程对象的改进。对产品进行价值分析，就是使产品每个构配件的价值系数尽可能趋近于1。计算出来的 $V<1$ 的功能区域，基本上都应进行改进，特别是 V 值比1小得较多的功能区域，力求使 $V=1$。

28. B。本题考核的是工程计量。承包人应于每月25日向监理人报送上月20日至当月19日已完成的工程量报告，并附具进度付款申请单、已完成工程量报表和有关资料。监理人未在收到承包人提交的工程量报表后的7d内完成审核的，承包人报送的工程量报告中的工程量视为承包人实际完成的工程量，据此计算工程价款。承包人未按监理人要求参加复核或抽样复核的，监理人复核或修正的工程量视为承包人实际完成的工程量，所以选项A、C错误，选项B正确。对于不符合合同文件要求的工程，承包人超出施工图纸范围或因承包人原因造成返工的工程量，不予计量，所以选项D错误。

29. A。本题考核的是招标控制价的编制。招标控制价是招标人根据国家以及当地有关规定的计价依据和计价办法、招标文件、市场行情，并按工程项目设计施工图纸等具体条件调整编制的，对招标工程项目限定的最高工程造价，也称为最高投标限价，所以选项A正确。招标控制价应在招标文件中公布，不应上调或下浮，招标人应将招标控制价及有关资料报送工程所在地工程造价管理机构备查。招标控制价的作用决定了招标控制价不同于标底，无须保密，所以选项B、D错误。招标控制价应由具有编制能力的招标人或受其委托具有相应资质的工程造价咨询人编制和复核，所以选项C错误。

30. B。本题考核的是现场管理费的内容。现场管理费包括工作人员费、办公费、差旅交通费、文体宣传费、固定资产使用费、国外生活设施使用费、工具用具使用费、劳动保护费、检验试验费、其他费用。选项A、C、D属于其他待摊费。

31. A。本题考核的是检验试验费的概念。检验试验费是指施工企业按照有关标准规定，对建筑以及材料、构件和建筑安装物进行一般鉴定、检查所发生的费用，包括自设试验室进行试验所耗用的材料等费用。不包括新结构、新材料的试验费，对构件做破坏性试验及其他特殊要求检验试验的费用和建设单位委托检测机构进行检测的费用，对此类检测发生的费用，由建设单位在工程建设其他费用中列支。但对施工企业提供的具有合格证明的材料进行检测不合格的，该检测费用由施工企业支付。研究试验费是指为建设项目提供和验证设计参数、数据、资料等进行必要的研究和试验，以及设计规定在施工中必须进行试验、验证所需要费用。

32. D。本题考核的是设备磨损的补偿形式。设备有形磨损的局部补偿是修理，设备无形磨损的局部补偿是现代化改装。设备有形磨损和无形磨损的完全补偿是更新，如图1所示。由于设备总是同时遭受到有形磨损和无形磨损，因此对其综合磨损后的补偿形式应进行更深入的研究，以确定恰当的补偿方式。

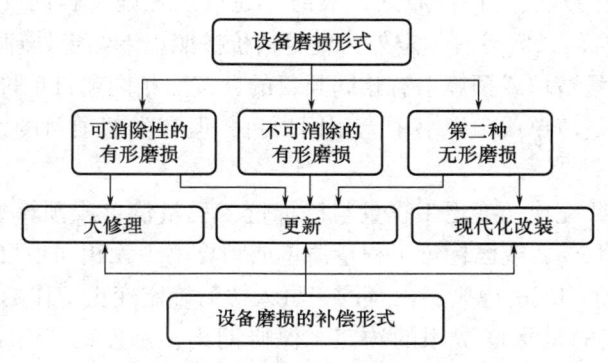

图1 设备磨损形式及补偿形式

33. D。本题考核的是规费和税金的计算。规费和税金应按国家或省级、行业建设主管部门的规定计算，不得作为竞争性费用。

34. D。本题考核的是工程量清单的作用。工程量清单是指建设工程的分部分项工程项目、措施项目、其他项目、规费项目和税金项目的名称和相应数量等的明细清单。工程量清单是工程量清单计价的基础，贯穿于建设工程的招标投标阶段和施工阶段，是编制招标控制价、投标报价、计算工程量、支付工程款、调整合同价款、办理竣工结算以及工程索赔等的依据。

35. C。本题考核的是增值税征收率。当采用简易计税方法时，建筑业增值税征收率为3%。

36. A。本题考核的是保障农民工工资支付的规定。施工总承包单位应当按照有关规定存储工资保证金，专项用于支付为所承包工程提供劳动的农民工被拖欠的工资，所以选项A正确。农民工工资应当以货币形式，通过银行转账或者现金支付给农民工本人，不得以实物或者有价证券等其他形式替代，所以选项B错误。施工总承包单位应当按照有关规定开设农民工工资专用账户，专项用于支付该工程建设项目农民工工资。开设、使用农民工工资专用账户有关资料应当由施工总承包单位妥善保存备查，所以选项C错误。分包单位对所招用农民工的实名制管理和工资支付负直接责任，所以选项D错误。

37. B。本题考核的是模板周转使用量的计算。

$$周转使用量 = \frac{一次使用量 \times [1+(周转次数-1) \times 补损率]}{周转次数}$$

一次使用量 = 净用量 × (1+操作损耗率)

一次使用量 = 200 × (1+2%) = 204 m²；

周转使用量 = [204 × (1+4×5%)] / 5 = 48.96 m²。

38. A。本题考核的是《标准施工招标文件》(2007年版)中合同条款规定的可以合理补偿承包人索赔的条款。选项A，发包人原因导致的工程缺陷和损失，可补偿费用和利润。选项B，发包人要求向承包人提前交付材料和工程设备，可补偿费用。选项C，异常恶劣的

17

气候条件，可补偿工期。选项D，施工过程发现文物、古迹以及其他遗迹化石、钱币或物品，可补偿工期和费用。

39. C。本题考核的是资本金现金流量表中现金流出项目。建设期计息不付息，所以建设期利息不能计入，则建设期的现金流出为4000万元。

40. C。本题考核的是变更估价原则。根据《建设工程施工合同（示范文本）》GF—2017—0201，除专用合同条款另有约定外，变更估价按照以下约定处理：

（1）已标价工程量清单或预算书有相同项目的，按照相同项目单价认定；

（2）已标价工程量清单或预算书中无相同项目，但有类似项目的，参照类似项目的单价认定；

（3）变更导致实际完成的变更工程量与已标价工程量清单或预算书中列明的该项目工程量的变化幅度超过15%，或已标价工程量清单或预算书中无相同项目及类似项目单价的，按照合理的成本与利润构成的原则，由合同当事人协商确定变更工作的单价。

41. B。本题考核的是保修费用的约定。保修期内，修复的费用按照以下约定处理：（1）保修期内，因承包人原因造成工程的缺陷、损坏，承包人应负责修复，并承担修复的费用以及因工程的缺陷、损坏造成的人身伤害和财产损失；（2）保修期内，因发包人使用不当造成工程的缺陷、损坏，可以委托承包人修复，但发包人应承担修复的费用，并支付承包人合理利润；（3）因其他原因造成工程的缺陷、损坏，可以委托承包人修复，发包人应承担修复的费用，并支付承包人合理的利润，因工程的缺陷、损坏造成的人身伤害和财产损失由责任方承担。

42. C。本题考核的是承诺费的计算。企业享用周转信贷协定，通常要就贷款限额的未使用部分付给银行一笔承诺费。承诺费=(3000-2000)×0.5%=5万元。

43. C。本题考核的是财务净现值的计算。技术方案净现金流量见表5：

表5 技术方案净现金流量表

现金流量（万元）	第0年	第1年	第2年	第3年	第4年
现金流入	—	1000	6000	3000	6000
现金流出	3700	4000	2000	3000	2000
净现金流量	-3700	-3000	4000	0	4000

则 $FNPV=-3700-3000\times(1+8\%)^{-1}+4000\times(1+8\%)^{-2}+4000\times(1+8\%)^{-4}=-108.30$ 万元。

44. D。本题考核的是暂列金额的内容。暂列金额是指招标人在工程量清单中暂定并包括在合同价款中的一笔款项，所以选项A错误。已签约合同价中的暂列金额由发包人掌握使用。发包人按照合同的规定作出支付后，如有剩余，则暂列金额余额归发包人所有，所以选项B错误。暂列金额，用于工程合同签订时尚未确定或者不可预见的所需材料、工程设备、服务的采购，施工中可能发生的工程变更、合同约定调整因素出现时的合同价款调整以及发生的索赔、现场签证等确认的费用，所以选项C错误，选项D正确。

45. A。本题考核的是财务分析的常用方法。趋势分析法又称水平分析法，是通过对比两期或连续数期财务报告中相同指标，确定其增减变化的方向、数额和幅度，来说明企业财务状况、经营成果和现金流量变动趋势的分析方法。采用该方法，可以分析变化的原因和性质,并预测企业未来的发展前景。因素分析法是依据分析指标与其驱动因素之间的关系,从数量上确定各因素对分析指标的影响方向及程度的分析方法。比率分析法是通过计算各种比率来确定经济活动变动程度的分析方法。权重分析法不属于财务分析的常用方法。

46. A。本题考核的是现金管理的方法。现金管理的方法包括:力争现金流量同步;使用现金浮游量;加速收款;推迟应付票据及应付账款的支付。从企业开出支票,到收票人收到支票并存入银行,至银行将款项划出企业账户,中间需要一段时间。现金在这段时间的占用称为现金浮游量。在这段时间里,企业已开出了支票,但仍可动用在活期存款账户上的这笔资金。不过,在使用浮游量时要控制好时间,以免发生银行存款的透支。

47. C。本题考核的是利息的计算。$F=P(1+i)^n=1000×(1+10\%)^3=1331$ 万元。

48. C。本题考核的是终值计算。可以通过比较各收益方案终值的大小来确定投资收益最大的收益方案。

甲公司:$F=200×(1+10\%)^2+500×(1+10\%)+300=1092$ 万元;
乙公司:$F=200×(1+10\%)^2+400×(1+10\%)+400=1082$ 万元;
丙公司:$F=300×(1+10\%)^2+500×(1+10\%)+200=1113$ 万元;
丁公司:$F=300×(1+10\%)^2+400×(1+10\%)+300=1103$ 万元。
投资收益最大的是丙公司。

49. D。本题考核的是折算费用法的运用。折算费用的公式为:$Z_j=C_j+P_j·R_e$。
方案一年折算费用:$64+240×12\%=92.8$ 万元;
方案二年折算费用:$52+320×12\%=90.4$ 万元;
方案三年折算费用:$45+360×12\%=88.2$ 万元;
方案四年折算费用:$36+400×12\%=84$ 万元。
方案四年折算费用最低,所以选项 D 正确。

50. D。本题考核的是工程量清单缺项的合同价款调整。合同履行期间,由于招标工程量清单中缺项,新增分部分项工程量清单项目的,应按照规范中工程变更相关条款确定单价,并调整合同价款,所以选项 A 错误。新增分部分项清单项目的综合单价应由承包人提出,发包人批准,所以选项 B 错误。新增分部分项工程量清单项目后,引起措施项目发生变化的,应按照规范中工程变更相关规定,在承包人提交的实施方案被发包人批准后调整合同价款,所以选项 C 错误。由于招标工程量清单中措施项目缺项,承包人应将新增措施项目实施方案提交发包人批准后,按照规范相关规定调整合同价款,所以选项 D 正确。

51. A。本题考核的是综合单价的计算。综合单价=(人、料、机+管理费+利润)/清单工程量=[(50000+40000+10000)×(1+10\%)×(1+6\%)]/2000=583 元/m³。

52. A。本题考核的是建设工程造价鉴定。鉴定项目的发包人对承包人材料采购价格高于合同约定不予认可的,应按以下规定进行鉴定:(1)材料采购前经发包人或其代表签批认可的,应按签批的材料价格进行鉴定,所以选项 A 正确、选项 D 错误。(2)材料采购前未报发包人或其代表认质认价的,应按合同约定的价格进行鉴定,所以选项 B 错误。(3)发包人认为承包人采购的原材料、零配件不符合质量要求,不予认可的,应按双方约定的价格进行鉴定,质量方面的争议应告知发包人另行申请质量鉴定,所以选项

19

C 错误。

53. D。本题考核的是所得税的计算基础。在计算应纳税所得额时，企业按照规定计算的固定资产折旧，准予扣除。但下列固定资产不得计算折旧扣除：（1）房屋、建筑物以外未投入使用的固定资产；（2）以经营租赁方式租入的固定资产；（3）以融资租赁方式租出的固定资产；（4）已足额提取折旧仍继续使用的固定资产；（5）与经营活动无关的固定资产；（6）单独估价作为固定资产入账的土地；（7）其他不得计算折旧扣除的固定资产。

54. A。本题考核的是报价可低一些的工程。报价可低一些的工程：（1）施工条件好的工程；（2）工作简单、工程量大而一般公司都可以做的工程；（3）本公司目前急于打入某一市场、某一地区，或在该地区面临工程结束，机械设备等无工地转移时；（4）本公司在附近有工程，而本项目又可利用该工地的设备、劳务，或有条件短期内突击完成的工程；（5）竞争对手多，竞争激烈的工程；（6）非急需工程；（7）支付条件好的工程。选项 B、C、D 属于高价策略的情形。

55. C。本题考核的是敏感性分析。本题的计算过程为：

$S_{产品价格} = [(11\%-10\%)/10\%]/10\% = 1$

$S_{原材料价格} = [(9.5\%-10\%)/10\%]/10\% = -0.5$

$S_{建设投资} = [(9\%-10\%)/10\%]/10\% = -1$

$S_{人民币汇率} = [(8.8\%-10\%)/10\%]/10\% = -1.2$

$|S_{AF}|$ 越大，表明评价指标 A 对于不确定因素 F 越敏感；反之，则不敏感。据此最敏感的因素是人民币汇率。

56. D。本题考核的是经济效果评价。

累计净现金流量 = -420-470+200+250×4 = 310 万元，所以选项 A 错误。

当折现率为 8% 时，财务净现值为 24.276 万元，则财务内部收益率肯定大于 8%，所以选项 B 错误。

静态投资回收期 = (6-1)+(190/250) = 5.76 年，所以选项 C 错误。

当 FNPV>0 时，说明该技术方案除了满足基准收益率要求的盈利之外，还能得到超额收益的现值，换句话说，技术方案现金流入的现值和大于现金流出的现值和，该技术方案有超额收益的现值，故该技术方案财务上可行。本题财务净现值为 24.276 万元，大于 0，故项目在经济上可行，所以选项 D 正确。

57. B。本题考核的是合同价款调整。因承包人原因未按期竣工的，对合同约定的竣工日期后继续施工的工程，在使用价格调整公式时，应采用计划竣工日期与实际竣工日期的两个价格指数中较低的一个作为现行价格指数，题干明确了是发包人原因造成未能按期竣工。因发包人设计变更导致承包人未按期竣工，需对原约定竣工日期后继续施工的工程进行价格调整时，宜采用的价格指数是原约定竣工日期与实际竣工日期的两个价格指数中较高的一个。

58. A。本题考核的是收入的确认。当期不能完成的建造合同，在资产负债表日，应当按照合同总收入乘以完工进度扣除以前会计期间累计已确认收入后的金额，确认为当期合同收入。即当期确认的合同收入 =（合同总收入×完工进度）-以前会计期间累计已确认的收入。

第 1 年确认的合同收入＝2000×60%＝1200 万元；

第 2 年全部完工，则第 2 年的收入为：2000－1200＝800 万元。

59. B。本题考核的是其他项目清单的编制。编制工程量清单时，计日工表中的人工应按工种，材料和机械应按规格、型号详细列项，所以选项 B 正确。

60. A。本题考核的是折旧额的计算。行驶里程法是按照行驶里程平均计算折旧的方法。其计算公式为：单位里程折旧额＝应计折旧额/总行驶里程，则 2020 年应计提折旧额＝[30×(1－3%)/8]×2＝7.275 万元＝72750 元。

二、多项选择题

61. B、C、E；	62. A、C、D；	63. D、E；
64. A、B、C、E；	65. A、B、E；	66. A、B、C、E；
67. C、D、E；	68. B、D、E；	69. C、D、E；
70. B、C、E；	71. B、D；	72. B、C；
73. B、C、E；	74. A、D；	75. A、B、C、D；
76. A、C、E；	77. B、C；	78. A、B、C；
79. A、B、C、D；	80. A、B、E。	

【解析】

61. B、C、E。本题考核的是投资活动净现金流量的内容。投资活动净现金流量包括：现金流入、现金流出、建设投资、维持运营投资、流动资金、其他流出。

62. A、C、D。本题考核的是企业可以用于偿还贷款的资金来源。根据国家现行财税制度的规定，偿还贷款的资金来源主要包括可用于归还借款的利润、固定资产折旧、无形资产及其他资产摊销费和其他还款资金来源。

63. D、E。本题考核的是不可抗力后果的承担。不可抗力导致的人员伤亡、财产损失、费用增加和（或）工期延误等后果，由合同当事人按以下原则承担：（1）永久工程、已运至施工现场的材料和工程设备的损坏，以及因工程损坏造成的第三方人员伤亡和财产损失由发包人承担；（2）承包人施工设备的损坏由承包人承担；（3）发包人和承包人承担各自人员伤亡和财产的损失；（4）因不可抗力影响承包人履行合同约定的义务，已经引起或将引起工期延误的，应当顺延工期，由此导致承包人停工的费用损失由发包人和承包人合理分担，停工期间必须支付的工人工资由发包人承担；（5）因不可抗力引起或将引起工期延误，发包人要求赶工的，由此增加的赶工费用由发包人承担；（6）承包人在停工期间按照发包人要求照管、清理和修复工程的费用由发包人承担。选项 A、B、C 属于发包人承担的内容，选项 D、E 属于承包人承担的内容。

64. A、B、C、E。本题考核的是投标报价的编制。投标报价应该以施工方案、技术措施等作为投标报价计算的基本条件。所以选项 A 正确。投标人的投标报价不得低于工程成本，所以选项 B 正确。为避免出现差错，要求投标人必须按招标人提供的招标工程量清单填报投标价格，填写的项目编码、项目名称、项目特征、计量单位、工程量必须与招标工程量清单一致，所以选项 C 正确。投标报价应由投标人或受其委托具有相应资质的工程造价咨询人编制，所以选项 D 错误。投标报价要以招标文件中设定的承发包双方责任划分，作为设定投标报价费用项目和费用计算的基础，所以选项 E 正确。

65. A、B、E。本题考核的是联合试运转费的内容。联合试运转费是指新建或新增生产能力的工程项目，在交付生产前按照批准的设计文件规定的工程质量标准和技术要求，对整个生产线或装置进行负荷联合试运转所发生的费用净支出。包括试运转所需材料、燃料及动力消耗、低值易耗品、其他物料消耗、机械使用费、联合试运转人员工资、施工单位参加试运转人工费、专家指导费，以及必要的工业炉烘炉费，所以选项 D 错误，选项 E 正确。联合试运转费不包括应由设备安装工程费用开支的调试及试车费用，以及在试运转中暴露出来的因施工原因或设备缺陷等发生的处理费用，所以选项 C 错误。不发生试运转或试运转收入大于（或等于）费用支出的工程，不列此项费用，所以选项 A 正确。当联合试运转收入小于试运转支出时：联合试运转费＝联合试运转费用支出－联合试运转收入，所以选项 B 正确。

66. A、B、C、E。本题考核的是设计概算审查的内容。审查设计概算的编制依据：合法性审查、时效性审查、适用范围审查。设备安装工程概算的审查，除编制方法、编制依据外，还应注意审查：（1）采用预算单价或扩大综合单价计算安装时的各种单价是否合适、工程量计算是否符合规则要求、是否准确无误；（2）当采用概算指标计算安装费时采用的概算指标是否合理、计算结果是否达到精度要求；（3）审查所需计算安装费的设备数量及种类是否符合设计要求，避免某些不需安装的设备安装费计入在内。

67. C、D、E。本题考核的是最佳现金持有量分析。成本分析模式是通过分析持有现金的成本，寻找持有成本最低的现金持有量。企业持有的现金，将会有 3 种成本：机会成本、管理成本、短缺成本。

68. B、D、E。本题考核的是静态会计要素的内容。资产、负债和所有者权益是反映企业某一时点财务状况的会计要素，称为静态会计要素，构成资产负债表要素。收入、费用和利润是反映某一时期经营成果的会计要素，称为动态会计要素，构成利润表要素。

69. C、D、E。本题考核的是长期偿债能力比率。常用的长期偿债能力比率包括资产负债率、产权比率、权益乘数等。选项 A 属于短期偿债能力比率；选项 B 属于营运能力比率。

70. B、C、E。本题考核的是必需消耗的工作时间。必需消耗的工作时间包括有效工作时间、休息时间和不可避免的中断时间。有效工作时间是从生产效果来看与产品生产直接有关的时间消耗。包括基本工作时间、辅助工作时间、准备与结束工作时间。选项 A、D 属于损失时间。

71. B、D。本题考核的是无形磨损的情形。设备在使用过程中，在外力的作用下实体产生的磨损、变形和损坏，称为第一种有形磨损，选项 A 属于这种有形磨损。选项 B 属于第二种无形磨损，是由于科学技术的进步，不断创新出结构更先进、性能更完善、效率更高、耗费原材料和能源更少的新型设备，使原有设备相对陈旧落后，其经济效益相对降低而发生贬值。设备在闲置过程中受自然力的作用而产生的实体磨损，如金属件生锈、腐蚀、橡胶件老化等，称为第二种有形磨损，选项 C、E 属于这种磨损。D 选项属于第一种无形磨损，是指设备的技术结构和性能并没有变化，但由于技术进步，设备制造工艺不断改进，社会劳动生产率水平的提高，同类设备的再生产价值降低，因而设备的市场价格也降低了，致使原设备相对贬值。

72. B、C。本题考核的是线性盈亏平衡分析假设。为简化数学模型，对线性盈亏平衡分析做了如下假设：（1）生产量等于销售量，即当年生产的产品（或提供的服务，下同）扣除自用量，当年完全销售出去，所以选项 B 正确。（2）产销量变化，单位可变成本不变，总成本费用是产销量的线性函数，所以选项 A 错误。（3）产销量变化，销售单价不变，销售收入是产销量的线性函数。所以选项 E 错误。（4）只生产单一产品；或者生产多种产品，但可以换算为单一产品计算，不同产品的生产负荷率的变化应保持一致，所以选项 C 正确。固定成本不随产量的变化而变化，所以选项 D 错误。

73. B、C、E。本题考核的是项目特征的描述。清单项目特征主要涉及项目的自身特征（材质、型号、规格、品牌）、项目的工艺特征以及对项目施工方法可能产生影响的特征。

74. A、B、D。本题考核的是综合单价的编制。《建设工程工程量清单计价规范》GB 50500—2013 中的工程量清单综合单价是指完成一个规定清单项目所需的人工费、材料和工程设备费、施工机具使用费和企业管理费、利润以及一定范围内的风险费用。

75. A、B、C、D。本题考核的是融资租赁的规定。在租赁期届满时，租赁资产的所有权转移给承租人，所以选项 A 正确。租赁期占租赁资产可使用年限的大部分（通常解释为等于或大于 75%），所以选项 B 正确。税法上所有融资租赁被认定为分期付款购买，所以选项 C 正确。承租人有购买租赁资产的选择权，所订立的购买价格将远低于行使选择权时租赁资产的公允价值，因而在租赁开始日就可以合理确定承租人将会行使这种选择权，所以选项 D 正确。按照我国现行税法的规定，融资租赁的租赁费不能作为费用扣除，只能作为取得成本构成租入固定资产的计税基础，所以选项 E 错误。

76. A、C、E。本题考核的是利润表的作用。利润表的作用主要表现在以下几个方面：（1）利润表能反映企业在一定期间的收入实现和费用耗费情况以及获得利润或发生亏损的数额，表明企业投入与产出之间的关系；（2）通过利润表提供的不同时期的比较数字，可以分析判断企业损益发展变化的趋势，预测企业未来的盈利能力；（3）通过利润表可以考核企业的经营成果以及利润计划的执行情况，分析企业利润增减变化原因。

77. B、E。本题考核的是承包人索赔。承包人应在发出索赔意向通知书后 28d 内，向监理人正式递交索赔报告，所以选项 A 错误。承包人应在知道或应当知道索赔事件发生后 28d 内，向监理人递交索赔意向通知书，并说明发生索赔事件的事由，所以选项 B 正确。监理人应在收到索赔报告后 14d 内完成审查并报送发包人，所以选项 C 错误。承包人接受索赔处理结果的，索赔款项在当期进度款中进行支付，所以选项 D 错误。索赔事件具有持续影响的，承包人应按合理时间间隔继续递交延续索赔通知，说明持续影响的实际情况和记录，列出累计的追加付款金额和（或）工期延长天数，所以选项 E 正确。

78. A、B、C。本题考核的是收入的影响。收入是指企业在销售商品、提供劳务及他人使用本企业资产等日常经营活动中所形成的，会导致所有者权益增加的与所有者投入资本无关的经济利益的总流入。包括主营业务收入和其他业务收入。收入增加，会使资产增加、所有者权益增加、负债减少。

79. A、B、C、D。本题考核的是提高产品价值的途径。提高产品价值的途径有：（1）在提高产品功能的同时，又降低产品成本，这是提高价值最为理想的途径；（2）在产品成本不变的条件下，通过改进设计，提高产品的功能，提高利用资源的成果或效用，增加某些用户希望的功能等，达到提高产品价值的目的；（3）在保持产品功能不变的前提下，通过降低成本达到提高价值的目的；（4）产品功能有较大幅度提高，产品成本有

23

较少提高；（5）在产品功能略有下降、产品成本大幅度降低的情况下，也可达到提高产品价值的目的。

80. A、B、E。本题考核的是支出的类别。资本性支出是指通过它所取得的效益及于几个会计年度（或几个营业周期）的支出，如企业购置和建造固定资产、无形资产及其他资产的支出、长期投资支出等，对于这类支出在会计核算中应予以资本化，形成相应的资产。选项 C 属于收益性支出；选项 D 属于营业外支出。

2020年度全国一级建造师执业资格考试

《建设工程经济》

真题及解析

学习遇到问题？
扫码在线答疑

2020年度《建设工程经济》真题

一、单项选择题（共60题，每题1分。每题的备选项中，只有1个最符合题意）

1. 某企业拟存款200万元。下列存款利率和计息方式中，在第5年末存款本息和最多的是（　　）。
   A. 年利率6%，按单利计算　　　　　B. 年利率5.5%，每年复利一次
   C. 年利率4%，每季度复利一次　　　D. 年利率5%，每半年复利一次

2. 某企业年初从银行借款1000万元，期限3年，年利率为5%，银行要求每年末支付当年利息，则第3年末需偿还的本息和是（　　）万元。
   A. 1050.00
   B. 1100.00
   C. 1150.00
   D. 1157.63

3. 下列经济效果评价指标中，属于偿债能力分析指标的是（　　）。
   A. 盈亏平衡点
   B. 速动比率
   C. 总投资收益率
   D. 财务净现值

4. 某技术方案的静态投资回收期为5.5年，行业基准值为6年。关于该方案经济效果评价的说法，正确的是（　　）。
   A. 该方案静态投资回收期短于行业基准值，表明资本周转的速度慢
   B. 从静态投资回收期可以判断该方案前5年各年均不盈利
   C. 静态投资回收期短于行业基准值，不代表该方案内部收益率大于行业基准收益率
   D. 静态投资回收期短，表明该方案净现值一定大于零

5. 某技术方案的现金流量见表1。若基准收益率为10%，则该方案的财务净现值是（　　）万元。

表1　某技术方案现金流量表

计算期(年)	1	2	3	4	5
现金流入(万元)	—	—	1500	2000	2000
现金流出(万元)	500	1000	600	1000	1000

1

A. 699.12 B. 769.03
C. 956.22 D. 1400.00

6. 关于基准收益率测定的说法，正确的是（   ）。

   A. 基准收益率最低限度不应小于资金成本

   B. 政府投资项目基准收益率的测定可以不考虑投资的机会成本

   C. 当资金供应充足时，基准收益率的测定可不考虑投资风险因素

   D. 基准收益率的测定不应考虑通货膨胀因素

7. 某技术方案年设计生产能力为10万台，年固定成本为1200万元，满负荷生产时，产品年销售收入为9000万元，单台产品可变成本为560元，以上均为不含税价格，单台产品税金及附加为12元，则该方案以生产能力利用率表示的盈亏平衡点是（   ）。

   A. 13.33% B. 14.24%
   C. 35.29% D. 36.59%

8. 关于技术方案不确定因素临界点的说法，正确的是（   ）。

   A. 若基准收益率固定，某不确定性因素的临界点百分比越小，说明方案对该因素就越敏感

   B. 对同一个技术方案，随着基准收益率的提高，临界点也会变高

   C. 不确定因素临界点的高低，不能作为判定风险的依据

   D. 临界点是客观存在的，与设定的指标判断标准无关

9. 施工企业支付给银行的短期借款利息应计入企业的（   ）。

   A. 管理费用 B. 财务费用
   C. 生产费用 D. 销售费用

10. 某设备目前实际价值为30000元，有关资料见表2，则该设备的经济寿命为（   ）年。

表2　某设备相关资料表

继续使用年限(年)	1	2	3	4	5	6	7
年末净残值(元)	15000	7500	3750	3000	2000	900	600
年运行成本(元)	5000	6000	7000	9000	11500	14000	18200
年平均使用成本(元)	20000	16750	14750	13500	13300	13600	14300

A. 3 B. 4
C. 5 D. 6

11. 某设备10年前的原始成本是100000元，目前的账面价值是30000元，现在的市场价值为20000元。关于该设备沉没成本和更新决策时价值的说法，正确的是（   ）。

    A. 沉没成本为10000元，更新决策时价值应为40000元

    B. 沉没成本为80000元，更新决策时价值应为30000元

    C. 沉没成本为70000元，更新决策时价值应为70000元

    D. 沉没成本为10000元，更新决策时价值应为20000元

12. 某工程施工方案的计划工期为350d，对方案运用价值工程原理优化后工期缩短了10d，可实现同样的功能，并降低了工程费用。根据价值工程原理，该价值提升的途径属于（   ）。

   A. 功能提高，成本降低　　　　　　　B. 功能不变，成本降低

   C. 功能提高，成本不变　　　　　　　D. 功能不变，成本不变

13. 某施工企业计划租赁一台设备，设备价格为240万元，寿命期10年，租期8年，每年年末支付租金，折现率为8%，附加率为3%。采用附加率法计算，每年需支付的租金为（   ）万元。

   A. 33.0　　　　　　　　　　　　　　B. 50.4

   C. 56.4　　　　　　　　　　　　　　D. 61.2

14. 下列新技术特性中，属于技术可靠性的是（   ）。

   A. 自动化程度高　　　　　　　　　　B. 有工业化应用业绩

   C. 三废排放少　　　　　　　　　　　D. 有利用当地资源的优势

15. 某企业2年前用20万元购买的一台设备，累计已提取折旧4万元，现在市场上购买同样的设备需要15万元，则在会计计量时该设备的历史成本和重置成本分别为（   ）。

   A. 16万元和11万元　　　　　　　　　B. 16万元和15万元

   C. 20万元和15万元　　　　　　　　　D. 20万元和16万元

16. 根据《企业会计准则》，企业对应收账款提取坏账准备，体现了会计核算的（   ）原则。

   A. 配比　　　　　　　　　　　　　　B. 谨慎

   C. 权责发生制　　　　　　　　　　　D. 重要性

17. 下列费用项目中，属于施工企业管理费的是（   ）。

   A. 生产工人津贴　　　　　　　　　　B. 短期借款利息支出

   C. 劳动保护费　　　　　　　　　　　D. 已完工程保护费

18. 下列施工企业取得的收入中，属于让渡资产使用权收入的是（   ）。

   A. 完成施工任务取得的收入

   B. 出租自有设备取得的收入

   C. 提供机械作业取得的收入

   D. 销售建筑材料取得的收入

19. 某施工企业与业主订立了一项总造价为5000万元的施工合同，合同工期为3年。第1年实际发生合同成本1600万元，年末预计为完成合同尚需发生成本3000万元，则第1年合同完工进度为（   ）。

   A. 32.0%　　　　　　　　　　　　　　B. 34.8%

   C. 53.3%　　　　　　　　　　　　　　D. 92.0%

20. 下列事项中，会导致企业营业利润减少的是（   ）。

   A. 固定资产盘亏　　　　　　　　　　B. 所得税费用增加

   C. 发生债务重组损失　　　　　　　　D. 管理费用增加

21. 某企业有一笔无法收回的应收账款，在会计核算上作为坏账被注销，而债务不变，

则反映在资产负债表上的结果是（　　）。

A. 所有者权益减少　　　　　　B. 所有者权益增加

C. 长期待摊费用减少　　　　　D. 流动资产增加

22. 某企业本月产品产量和材料消耗情况见表3。用因素分析法（三个因素的重要性按表中顺序）计算，本月单位产品材料消耗量变化对材料费用总额的影响是（　　）。

表3　企业本月产品产量和材料消耗情况表

项目	单位	计划值	实际值
产品产量	（件）	1000	1200
单位产品材料消耗量	（kg/件）	8	7
材料单价	（元/kg）	50	55

A. 节约5万元　　　　　　　　B. 增加5万元

C. 节约6万元　　　　　　　　D. 增加6万元

23. 某企业资产负债表日的流动资产总额为300万元（其中货币资金60万元，存货160万元，应收账款等80万元），流动负债总额为80万元，则该企业的速动比率为（　　）。

A. 0.75　　　　　　　　　　　B. 1.25

C. 1.75　　　　　　　　　　　D. 3.75

24. 企业应收账款周转率与上一年度相比有明显提高，说明该企业的经营状况是（　　）。

A. 企业管理效率降低　　　　　B. 应收账款收回速度变快

C. 更容易发生坏账损失　　　　D. 收回赊销账款能力减弱

25. 某施工企业按2/10、1/20、n/30的条件购入材料40万元。关于该项业务付款的说法，正确的是（　　）。

A. 若银行借款年利率为6%，该企业应放弃现金折扣

B. 若该企业在第9d付款，需支付39.2万元

C. 若该企业在第21d付款，需支付39.6万元

D. 若该企业在第29d付款，则放弃现金折扣的成本为2%

26. 某企业从银行取得5年期的长期借款1000万元，该笔借款的担保费费率为0.5%，年利率为6%，每年结息一次，到期一次还本，企业所得税税率为25%，则该笔借款年资金成本率为（　　）。

A. 4.50%　　　　　　　　　　B. 4.52%

C. 6.00%　　　　　　　　　　D. 6.03%

27. 用成本分析模式确定企业最佳现金持有量时，随着现金持有量增加而降低的现金持有成本是（　　）。

A. 管理成本　　　　　　　　　B. 机会成本

C. 交易成本　　　　　　　　　D. 短缺成本

28. 从事建筑安装工程施工生产的工人,工伤期间的工资属于人工费中的( )。
   A. 计时工资
   B. 津贴补贴
   C. 特殊情况支付的工资
   D. 加班加点工资

29. 建设单位对设计方案进行评审所发生的费用应计入工程建设其他费用中的( )。
   A. 建设管理费
   B. 专项评价费
   C. 勘察设计费
   D. 工程监理费

30. 将塔式起重机自停放地点运至施工现场的运输、拆卸、安装的费用属于( )。
   A. 施工机械使用费
   B. 二次搬运费
   C. 大型机械进出场及安拆费
   D. 固定资产使用费

31. 建筑工人实名制管理费应计入( )。
   A. 措施项目费
   B. 规费
   C. 其他项目费
   D. 分部分项工程费

32. 某新建项目,建设期为3年,共向银行借款1300万元,其中第一年借款700万元,第二年借款600万元,借款在各年内均衡使用,年利率为6%,建设期每年计息,但不还本付息,则第3年应计的借款利息为( )万元。
   A. 0
   B. 82.94
   C. 85.35
   D. 104.52

33. 下列定额中,属于施工企业内部使用的、以工序为对象编制的定额是( )。
   A. 施工定额
   B. 预算定额
   C. 概算定额
   D. 费用定额

34. 下列施工机械工作时间中,属于必需消耗的时间是( )。
   A. 不可避免的无负荷工作时间
   B. 低负荷下工作时间
   C. 多余工作和停工的时间
   D. 施工本身造成的停工时间

35. 关于编制企业定额时人、料、机消耗量和价格的说法,正确的是( )。
   A. 确定人工消耗量时,首先根据企业环境,拟定非正常状况下的施工作业条件
   B. 确定材料消耗量时,应根据特定项目的数据计算主要材料净用量和损耗量
   C. 人工价格一般情况下依据企业自身的经济状况和不同的技术等级分别计算
   D. 施工机械使用价格通常根据市场询价、企业和项目的具体情况确定

36. 利用概算定额编制单位工程概算的工作有:①计算单位工程的人、料、机费用;②列出分项工程并计算工程量;③计算企业管理费、利润、规费和税金;④确定分部分项工程的概算定额单价;⑤计算单位工程概算造价。编制步骤正确的是( )。
   A. ④②①⑤③
   B. ①②③④⑤
   C. ②④①③⑤
   D. ④①②③⑤

37. 非经营性建设工程项目总概算的完整组成是( )。

A. 建筑单位工程概算、设备及安装单位工程概算和工程建设其他费用概算

B. 建筑单位工程概算、设备及安装单位工程概算、工程建设其他费用概算和预备费概算

C. 单项工程综合概算、工程建设其他费用概算、预备费概算、资金筹措费概算

D. 单项工程综合概算、工程建设其他费用概算、预备费概算、资金筹措费概算和铺底流动资金概算

38. 施工图预算审查中，若工程条件相同，用已完工程的预算审查拟建工程的同类工程预算的方法属于（　　）。

　　A. 标准预算审查法　　　　　　　　B. 对比审查法
　　C. 筛选审查法　　　　　　　　　　D. 分组计算审查法

39. 某建设项目只有一个单项工程。关于该项目施工图预算编制要求的说法，正确的是（　　）。

　　A. 应采用三级预算编制形式
　　B. 应采用二级预算编制形式
　　C. 不需编制施工图预算
　　D. 编制建设项目总预算和单项工程综合预算

40. 关于采用定额单价法编制施工图预算时套用定额单价的说法，错误的是（　　）。

　　A. 当分项工程的名称、规格、计量单位与定额单价中所列内容完全一致时，可直接套用定额单价
　　B. 当分项工程的主要材料品种与定额单价中规定材料不一致时，应按实际使用材料价格换算定额单价
　　C. 当分项工程施工工艺条件与定额单价不一致而造成人工、机械的数量增减时，应调价不换量
　　D. 当分项工程不能直接套用定额、不能换算和调整时，应编制补充定额单价

41. 根据《建设工程工程量清单计价规范》GB 50500—2013，关于暂列金额的说法，正确的是（　　）。

　　A. 暂列金额应根据招标工程量清单列出的内容和要求估算
　　B. 暂列金额包括在签约合同价内，属承包人所有
　　C. 已签约合同价中的暂列金额由发包人掌握使用
　　D. 用于必然发生但暂时不能确定价格的材料、工程设备及专业工程的费用

42. 施工现场设立的安全警示标志、现场围挡等所需的费用属于（　　）费用。

　　A. 分部分项工程　　　　　　　　　B. 零星项目
　　C. 其他项目　　　　　　　　　　　D. 措施项目

43. 根据《建设工程工程量清单计价规范》GB 50500—2013，施工企业为建筑安装施工人员支付的失业保险费属于建筑安装工程费中的（　　）。

　　A. 人工费　　　　　　　　　　　　B. 措施费
　　C. 规费　　　　　　　　　　　　　D. 企业管理费

44. 关于分部分项工程清单工程量和定额子目工程量的说法，正确的是（   ）。
   A. 一个清单项目只对应一个定额子目时，清单工程量和定额工程量完全相同
   B. 定额子目工程量应严格按照与所采用的定额相对应的工程量计算规则计算
   C. 清单工程量计算的是主项工程量，应与定额子目的工程量一致
   D. 清单工程量通常可以用于直接计价

45. 根据《建设工程工程量清单计价规范》GB 50500—2013，投标人认为招标控制价没有按照规范编制的，应在招标控制价公布后（   ）d内提交书面投诉书。
   A. 5   B. 7
   C. 10   D. 14

46. 投标过程中，投标人发现招标工程量清单项目特征描述与设计图纸的描述不符时，报价时应以（   ）为准。
   A. 投标人按规范修正后的项目特征
   B. 招标工程量清单的项目特征
   C. 实际施工项目的具体特征
   D. 招标文件中的设计图纸及其说明

47. 根据《建设工程工程量清单计价规范》GB 50500—2013，投标人可以根据需要自行增加列项的清单是（   ）。
   A. 分部分项工程量清单   B. 措施项目清单
   C. 其他项目清单   D. 规费、税金清单

48. 根据《建设工程工程量清单计价规范》GB 50500—2013，工程实施过程中，发包人要求合同工程提前竣工的，应采取的做法是（   ）。
   A. 征得承包人同意后，与承包人商定采取加快工程进度的措施，并承担由此增加的提前竣工费用
   B. 下达变更指令要求承包人必须提前竣工，并支付由此增加的赶工费用
   C. 增加合同补充条款要求承包人采取加快工程进度措施，不承担赶工费用
   D. 自行将工期压缩到合同工期的80%并要求承包人按期完工

49. 单价合同在执行过程中，发现招标工程量清单中出现工程量偏差引起工程量增加，则该合同工程量应按（   ）计量。
   A. 原招标工程量清单中的工程量
   B. 承包人在履行合同义务中完成的工程量
   C. 招标文件中所附的施工图纸的工程量
   D. 承包人提交的已完工程量报告中的数量

50. 根据《建设工程工程量清单计价规范》GB 50500—2013，关于单价合同计量的说法，正确的是（   ）。
   A. 发包人可以在任何方便的时候计量，计量结果有效
   B. 承包人收到计量的通知后不派人参加，则发包人的计量结果无效
   C. 承包人为保证施工质量超出施工图纸范围实施的工程量，应该予以计量

7

D. 发包人应在计量前24h通知到承包人，无论承包人是否参加，计量结果有效

51. 某工程施工时处于当地正常的雨季，导致工期延误，在工期延误期间又出现政策变化。根据《建设工程工程量清单计价规范》GB 50500—2013，对由此增加的费用和延误的工期，正确的处理方式是（ ）。

A. 费用、工期均由承包人承担

B. 费用、工期均由发包人承担

C. 费用由发包人承担，工期由承包人承担

D. 费用由承包人承担，工期由发包人承担

52. 某施工项目因80年一遇的特大暴雨停工10d，承包人在停工期间按照发包人要求照管工程发生费用2万元，承包人施工机具损坏损失10万元，已经建成的永久工程损坏损失20万元，之后应发包人要求修复被暴雨冲毁的道路花费2.5万元，修复道路时因施工质量问题发生返工费用1万元。根据《建设工程施工合同（示范文本）》GF—2017—0201，以上事件产生的费用和损失中，承包人应承担（ ）万元。

A. 10.0 B. 11.0
C. 13.5 D. 21.0

53. 根据《建设工程施工合同（示范文本）》GF—2017—0201，因设计单位提出设计变更，变更后已标价工程量清单中没有相同及类似变更项目单价的，变更估价申请应由（ ）提出。

A. 监理人 B. 承包人
C. 发包人 D. 设计人

54. 某建设工程施工过程中，由于发包人提供的材料没有及时到货，导致承包人自有的一台机械窝工4个台班，每台班折旧费500元，工作时每台班燃油动力费100元。另外，承包人租赁的一台机械窝工3个台班，台班租赁费为300元，工作时每台班燃油动力费80元。不考虑其他因素，则承包人可以索赔的费用为（ ）元。

A. 2900 B. 3140
C. 3300 D. 3540

55. 根据《建设工程施工合同（示范文本）》GF—2017—0201，关于安全文明施工费的说法，正确的是（ ）。

A. 基准日期后合同所适用的法律发生变化，由此增加的安全文明施工费由承包人承担

B. 经发包人同意，承包人采取合同约定以外的安全措施所产生的费用，由承包人承担

C. 承包人对安全文明施工费应专款专用，并在财务账目中单独列项备查

D. 发包人应在开工后42d内预付安全文明施工费总额的60%

56. 根据《建设工程施工合同（示范文本）》GF—2017—0201，质量保证金扣留的方式原则上采用（ ）。

A. 工程竣工结算时一次性扣留

B. 按照里程碑扣留

C. 签订合同后一次性扣留

D. 在支付工程进度款时逐次扣留

57. 根据《建设工程施工合同（示范文本）》GF—2017—0201，关于工程保修期的说法，正确的是（   ）。

A. 各分部工程的保修期应该是相同的

B. 工程保修期从工程完工之日起计算

C. 工程保修期可以根据具体情况适当低于法定最低保修年限

D. 发包人未经竣工验收擅自使用工程的，保修期自转移占有之日起算

58. 根据《建设工程造价鉴定规范》GB/T 51262—2017，下列现场签证争议鉴定的做法，正确的是（   ）。

A. 现场签证只有总价而无明细表述的，按总价款计算

B. 现场签证明确了人工、材料、机械台班数量及其价格的，按签证的数量和计日工的价格计算

C. 现场签证只有用工数量没有人工单价的，其人工单价比照鉴定项目相应工程人工单价计算

D. 现场签证只有材料和机械台班用量没有价格的，其材料和台班价格按照鉴定项目相应工程的材料和台班单价适当上浮计算

59. 国际工程投标报价时，下列施工现场办公费的处理方式，正确的是（   ）。

A. 按照其费用性质分别计入相应分项工程的人工费、材料费或机具费

B. 作为待摊费分摊到工程量清单的各个报价分项中

C. 作为待摊费用单列并计入投标总报价

D. 作为开办费单列并计入投标总报价

60. 下列投标人在国际工程标前会议上的做法，正确的是（   ）。

A. 对招标文件中图纸与技术说明矛盾之处，提出己方的修改建议

B. 对工程内容范围不清的问题请业主作出说明

C. 提出对业主有利的设计方案修改建议

D. 详细阐述己方施工方案的优势和竞争力

二、多项选择题（共20题，每题2分。每题的备选项中，有2个或2个以上符合题意，至少有1个错项。错选，本题不得分；少选，所选的每个选项得0.5分）

61. 关于资金时间价值的说法，正确的有（   ）。

A. 单位时间资金增值率一定的条件下，资金的时间价值与使用时间成正比

B. 其他条件不变的情况下，资金的时间价值与资金数量成正比

C. 资金随时间的推移而贬值的部分就是原有资金的时间价值

D. 投入资金总额一定的情况下，前期投入的资金越多，资金的正效益越大

E. 一定时间内等量资金的周转次数越多，资金的时间价值越多

62. 某方案单因素敏感性分析示意图如图1所示。根据该图，可以得出的结论有（   ）。

A. 销售价格的临界点小于10%

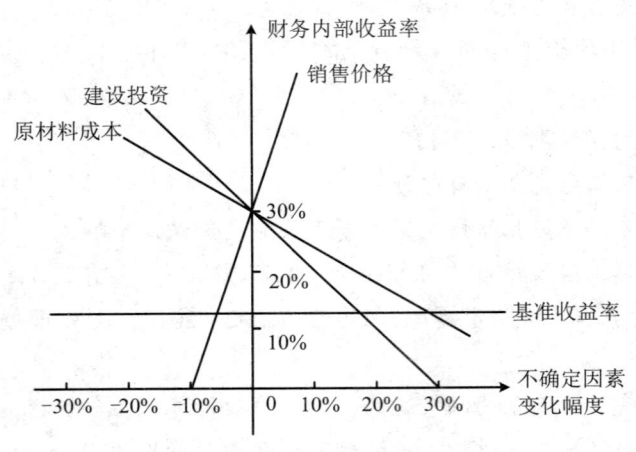

图1 单因素敏感性分析示意图

B. 建设投资的临界点大于10%
C. 销售价格是最敏感的因素
D. 原材料成本比建设投资更敏感
E. 建设投资比销售价格更敏感

63. 下列财务计划现金流量表的项目中，属于筹资活动现金流量的有（　　）。
A. 补贴收入
B. 维持运营投资
C. 建设投资借款
D. 流动资金借款
E. 支付股利

64. 下列各种情形中，会导致原有设备产生无形磨损的有（　　）。
A. 由于科技进步出现效率更高的新型设备
B. 设备部件在使用过程中自然老化
C. 设备在使用过程中的损坏
D. 设备在闲置过程中，被腐蚀造成精度降低
E. 同类型设备市场价格明显降低

65. 价值工程活动中功能评价前应完成的工作有（　　）。
A. 设计方案优化
B. 方案创造
C. 功能整理
D. 功能定义
E. 方案评价

66. 某工程施工现有两个对比的技术方案，方案1需投资200万元，年生产成本120万元；方案2与方案1应用环境相同的情形下，需投资300万元，年生产成本100万元。设基准投资收益率为10%，采用增量投资收益率法选择方案，正确的有（　　）。
A. 方案2与方案1相比，增量投资收益率为10%
B. 方案2与方案1相比，在经济上可行
C. 当基准投资收益提高为15%时，方案2优于方案1
D. 方案2比方案1投资高出50%，超过基准收益率，经济上不可行

E. 当基准投资收益率降低为8%时，方案1优于方案2

67. 下列固定资产相关费用中，构成固定资产原值（原价）的有（   ）。

A. 固定资产购买价款

B. 固定资产大修理费用

C. 购置固定资产发生的装卸费

D. 固定资产达到预定可使用状态前的安装费

E. 固定资产的预计净残值

68. 根据《企业会计准则》，合同执行过程中，合同变更形成的收入确认为合同收入时，应同时满足的条件有（   ）。

A. 合同变更增加了企业履约的义务

B. 合同变更部分双方的义务已经开始履行

C. 客户能够认可因变更而增加的收入

D. 客户已支付变更部分的相应款项

E. 该收入能够可靠地计量

69. 关于企业财务报表列报要求的说法，正确的有（   ）。

A. 企业应依据实际发生的交易和事项依规定进行确认和计量

B. 项目的列报在各个会计期间保持一致，不得随意变更

C. 相关的收入和费用项目应事先相互抵消，以净额列报

D. 当期所有列报项目至少提供与上一个可比会计期间的比较数据

E. 年度报表涵盖期间少于一年的应说明原因

70. 下列财务指标中，属于企业营运能力指标的有（   ）。

A. 应收账款周转率   B. 总资产周转率

C. 流动资产周转率   D. 权益乘数

E. 存货周转天数

71. 下列筹资方式中，属于商业信用形式的有（   ）。

A. 应付票据   B. 抵押贷款

C. 融资租赁   D. 应付账款

E. 预收账款

72. 关于国产设备原价的说法，正确的有（   ）。

A. 国产标准设备的原价一般是指出厂价

B. 由设备成套公司供应的国产标准设备，原价为订货合同价

C. 国产标准设备在计算原价时，一般按带有备件的出厂价计算

D. 非标准国产设备原价的计算方法应简便，并使估算价接近实际出厂价

E. 非标准国产设备原价中应包含运杂费

73. 编制人工定额时，下列时间属于工人在工作班内必需消耗的时间有（   ）。

A. 辅助工作时间

B. 准备与结束工作时间

11

C. 材料供应不及时引起的停工时间

D. 施工组织不善造成的停工时间

E. 工人在工作过程中恢复体力所必需的休息时间

74. 当设备清单不完备时，编制设备安装工程概算宜采用的方法有（　　）。

　　A. 生产能力指数法　　　　　　　B. 扩大单价法
　　C. 预算单价法　　　　　　　　　D. 类似工程预算法
　　E. 概算指标法

75. 施工图预算对于工程造价管理部门的作用主要有（　　）。

　　A. 是监督检查执行定额标准的依据

　　B. 是项目立项审批的依据

　　C. 是合理确定工程造价的依据

　　D. 是审定招标控制价的依据

　　E. 是测算造价指数的依据

76. 根据《建设工程工程量清单计价规范》GB 50500—2013，关于措施项目清单编制的说法，正确的有（　　）。

　　A. 编制单价措施项目清单时应列出项目编码、项目名称、项目特征和计量单位，并按现行计量规范的规定计算其工程量

　　B. 编制总价措施项目清单时应列出项目编码、项目名称，并按照现行计量规范的规定计算其工程量，不需要列出计量单位和项目特征

　　C. 不同承包人对于同一工程可能采用的施工措施不完全一致，因此措施项目清单应允许承包人根据拟建工程的实际情况列项

　　D. 环境保护、安全文明施工和材料的二次搬运等措施项目清单应根据工程本身的因素列项，不需考虑不同施工企业的实际情况

　　E. 参考拟建工程的常规施工技术方案以确定大型机械设备进出场及安拆、混凝土模板和脚手架等措施项目

77. 根据《建设工程工程量清单计价规范》GB 50500—2013，关于项目特征的说法，正确的有（　　）。

　　A. 分部分项工程量清单的项目特征是确定综合单价的重要依据

　　B. 项目特征主要涉及项目的自身特征、工艺特征及对项目施工方法可能产生影响的特征

　　C. 项目特征应根据《计量规范》的项目特征进行统一描述，招标人不应根据拟建项目实际情况更改项目特征的描述

　　D. 项目名称相同、项目特征不同的清单项目应分别列项

　　E. 项目特征是指构成分部分项工程量清单项目、措施项目自身价值的本质特征

78. 与全费用综合单价相比，现行《建设工程工程量清单计价规范》GB 50500—2013中分部分项工程的综合单价中没有涵盖的项目有（　　）。

　　A. 管理费　　　　　　　　　　　B. 利润

C. 税金	D. 规费

E. 风险费用

79. 根据《建设工程工程量清单计价规范》GB 50500—2013，因工程变更引起措施项目发生变化导致措施项目费调整，在措施项目拟实施方案得到发承包双方确认后，措施项目费调整的正确做法有（　　）。

A. 对采用总价计算的措施项目费，按实际发生变化的措施项目并考虑承包人报价浮动因素进行调整

B. 除非措施项目费变动超过一定幅度，一般采用总价计算的措施项目费不能进行调整

C. 采用单价计算的措施项目费，应按实际发生变化的措施项目和已标价工程量清单项目确定单价

D. 安全文明施工费应按实际发生的措施项目计算，并考虑承包人报价浮动因素进行调整

E. 安全文明施工费应按实际发生变化的措施项目调整，不得浮动

80. 根据《建设工程施工合同（示范文本）》GF—2017—0201，对已缴纳履约保证金的承包人，其提交的竣工结算申请单的内容应包括（　　）。

A. 已经处理完的索赔资料

B. 竣工结算合同价格

C. 发包人已支付承包人的款项

D. 应扣留的质量保证金

E. 发包人应支付承包人的合同价款

2020年度真题参考答案及解析

一、单项选择题

1. B;	2. A;	3. B;	4. C;	5. A;
6. A;	7. D;	8. A;	9. B;	10. C;
11. D;	12. B;	13. C;	14. B;	15. C;
16. B;	17. C;	18. B;	19. B;	20. D;
21. A;	22. C;	23. C;	24. B;	25. B;
26. B;	27. D;	28. C;	29. A;	30. C;
31. A;	32. B;	33. A;	34. A;	35. D;
36. C;	37. C;	38. B;	39. B;	40. C;
41. C;	42. D;	43. C;	44. B;	45. A;
46. B;	47. B;	48. A;	49. B;	50. D;
51. A;	52. B;	53. B;	54. A;	55. C;
56. D;	57. D;	58. A;	59. B;	60. B。

【解析】

1. B。本题考核的是名义利率和有效利率的计算。本题的计算过程如下：选项A：5年末存款本息和 $=200\times6\%\times5+200=260$ 万元；选项B：5年末存款本息和 $=200\times(1+5.5\%)^5=261.39$ 万元；选项C：5年末存款本息和 $=200\times(1+4\%/4)^{4\times5}=244.04$ 万元；选项D：5年末存款本息和 $=200\times(1+5\%/2)^{2\times5}=256.02$ 万元。

2. A。本题考核的是利息的计算。注意题目考核的是第3年还的本息和，所以第3年末还的本息和 $=1000\times5\%+1000=1050$ 万元。

3. B。本题考核的是偿债能力分析指标。偿债能力分析指标包括利息备付率、偿债备付率、借款还款期、资产负债率、流动比率、速动比率。选项A属于盈亏平衡分析指标。选项C、D属于盈利能力分析指标。

4. C。本题考核的是静态投资回收期分析。选项A错误，静态投资回收期指标容易理解，计算也比较简便，在一定程度上显示了资本的周转速度。显然，资本周转速度越快，静态投资回收期越短，风险越小，技术方案抗风险能力强。选项B错误，5年内有盈利，否则无法弥补投资，也无法计算静态投资回收期。选项D错误，静态投资回收期与财务净现值和财务内部收益率并无直接关系。

5. A。本题考核的是财务净现值的计算。该方案的净现金流量见表4：

表4　技术方案的净现金流量表

计算期(年)	1	2	3	4	5
现金流入(万元)	—	—	1500	2000	2000
现金流出(万元)	500	1000	600	1000	1000
净现金流量(万元)	−500	−1000	900	1000	1000

该方案的财务净现值 = $-500\times(1+10\%)^{-1}-1000\times(1+10\%)^{-2}+900\times(1+10\%)^{-3}+1000\times(1+10\%)^{-4}+1000\times(1+10\%)^{-5}=699.12$ 万元。

6. A。本题考核的是基准收益率的测定。基准收益率最低限度不应小于资金成本。在政府投资项目以及按政府要求进行财务评价的建设项目中采用的行业财务基准收益率，应根据政府的政策导向进行确定。确定基准收益率的基础是资金成本和机会成本，而投资风险和通货膨胀则是必须考虑的影响因素。

7. D。本题考核的是生产能力利用率盈亏平衡分析的方法。（1）求产品单价：9000/10＝900元/台；（2）假设产量盈亏平衡点是Q万元，则：$900Q-1200-(560+12)Q=0$，求得$Q=3.659$万台；（3）生产能力利用率＝$3.659/10\times100\%=36.59\%$。

8. A。本题考核的是敏感性分析。选项B错误，对于同一个技术方案，随着设定基准收益率的提高，临界点就会变低（即临界点表示的不确定因素的极限变化变小）。选项C错误，把临界点与未来实际可能发生的变化幅度相比较，就可大致分析该技术方案的风险情况。选项D错误，临界点的高低与设定的指标判断标准有关。

9. B。本题考核的是财务费用。财务费用是指企业为施工生产筹集资金或提供预付款担保、履约担保、职工工资支付担保等所发生的费用，包括应当作为期间费用的利息支出（减利息收入）、汇兑损失（减汇兑收益）、相关的手续费以及企业发生的现金折扣或收到的现金折扣等内容。

10. C。本题考核的是设备经济寿命的计算。设备经济寿命为年平均消耗成本+年平均运行成本最小值，也就是年平均使用成本最小值。通过表可知，年平均使用成本最小的是第5年。

11. D。本题考核的是设备更新方案的比选。沉没成本＝设备账面价值−当前市场价值＝30000−20000＝10000元，沉没成本是投资决策发生的而与现在更新决策无关；更新决策价值就是当前市场价值20000元。

12. B。本题考核的是价值提升的途径。价值提升的途径：（1）双向型：在提高产品功能的同时，又降低产品成本，这是提高价值最为理想的途径，也是对资源最有效的利用；（2）改进型：在产品成本不变的条件下，通过改进设计，提高产品的功能，提高利用资源的成果或效用，增加某些用户希望的功能等，达到提高产品价值的目的；（3）节约型：在保持产品功能不变的前提下，通过降低成本达到提高价值的目的；（4）投资型：产品功能有较大幅度提高，产品成本有较少提高；（5）牺牲型：在产品功能略有下降、产品成本大幅度降低的情况下，也可达到提高产品价值的目的。

13. C。本题考核的是附加率法计算租金。附加率法的计算公式为：$R = P\dfrac{(1+N\times i)}{N} + P\times r$，则每年需支付的租金 $= 240\times\dfrac{(1+8\times 8\%)}{8} + 240\times 3\% = 56.4$ 万元。要注意 N 为租赁期数，不是寿命期。

14. B。本题考核的是新技术、新工艺和新材料应用方案的选择原则。技术可靠性指备选的新技术应用方案必须是成熟的、稳定的，有可借鉴的企业或项目；对尚在试验阶段的新技术应采取积极慎重的态度；采用转让取得的技术，要考虑技术来源的可靠性，主要表现在技术持有者信誉好，愿意转让技术，且转让条件合理，知识产权经过确认。同时，备选方案的技术能够实现方案设定的目标，对产品的质量性能和方案的生产能力有足够的保证程度，能防范和积极避免因方案技术可靠性不足而产生的资源浪费。选项 A 属于技术先进性；选项 C 属于技术安全性；选项 D 属于技术适用性。

15. C。本题考核的是会计要素的计量属性。在历史成本计量下，资产按照购置时支付的现金或者现金等价物的金额，或者按照购置资产时所付出的代价的公允价值计量。在重置成本计量下，资产按照现在购买相同或者相似资产所需支付的现金或者现金等价物的金额计量。

16. B。本题考核的是工程成本核算的原则。在市场经济条件下，在成本、会计核算中应当对可能发生的损失和费用，做出合理预计，以增强抵御风险的能力。提取坏账准备、采用加速折旧法等，都体现了谨慎原则。

17. C。本题考核的是建筑安装工程费用项目组成。施工企业管理费包括管理人员工资、办公费、差旅交通费、固定资产使用费、工具用具使用费、劳动保险和职工福利费、劳动保护费、检验试验费、工会经费、职工教育经费、财产保险费、财务费、税金、城市维护建设税、教育费附加、地方教育附加、其他。选项 A 属于人工费；选项 B 属于财务费用；选项 D 属于措施项目费。

18. B。本题考核的是让渡资产使用权收入的内容。让渡资产使用权收入是指企业通过让渡资产使用权而取得的收入，如金融企业发放贷款取得的收入，企业让渡无形资产使用权取得的收入等。选项 A 属于建造合同收入；选项 C 属于提供劳务收入；选项 D 属于销售商品收入。

19. B。本题考核的是建造合同收入的确认。合同完工进度 = 累计实际发生的合同成本 ÷ 合同预计总成本×100%，则第 1 年合同完成进度 = 1600/(1600+3000) = 34.8%。

20. D。本题考核的是营业利润的计算。营业利润=营业收入-营业成本(或营业费用)-税金及附加-销售费用-管理费用-财务费用-资产减值损失+公允价值变动收益(损失为负)+投资收益(损失为负)。管理费用的增加会导致营业利润减少。

21. A。本题考核的是资产负债表的内容。资产＝负债+所有者权益，所有者权益受企业资产影响，如果企业资产出现损失，例如应收账款没有收回，作为坏账被注销，而债务不变，则股东权益将减少。

22. C。本题考核的是因素分析法的运用。本题的计算过程为：①计划指标：1000×8×

50=400000元；②第一次替代：1200×8×50=480000元；③第二次替代：1200×7×50=420000元；④第三次替代：1200×7×55=462000元。因素分析，产量增加对材料费用总额的影响：②-①=480000-400000=80000元=8万元；材料节约对材料费用总额的影响：③-②=420000-480000=-60000元=-6万元；价格提高对材料费用总额的影响：④-③=462000-420000=42000元=4.2万元；全部因素的影响：8-6+4.2=6.2万元。

23. C。本题考核的是速动比率的计算。速动比率=速动资产/流动负债；速动资产=流动资产-存货；则该企业的速动比率=（300-160）÷80=1.75。

24. B。本题考核的是盈利能力比率。应收账款周转率明显提高，证明应收账款的回收速度变快。

25. B。本题考核的是放弃现金折扣成本。放弃现金折扣的成本与折扣百分比的大小、折扣期的长短同方向变化，与信用期的长短反方向变化。与银行借款年利率没有关系，所以选项A错误。如果该企业在10d内付款，便享受了10d的免费信用期，并获得了折扣是：40×2%=0.8万元，免费信用额度为：40-0.8=39.2万元，所以选项B正确。若企业在第21d付款，则需按40万元全额支付，所以选项C错误。若企业在第29d付款，则放弃现金折扣成本 = $\frac{折扣百分比}{1-折扣百分比} \times \frac{360}{信用期-折扣期}$ =2%/（1-2%）×360/（30-10）=36.73%，所以选项D错误。

26. B。本题考核的是资金成本的计算。该笔借款年资金成本率=[1000×6%×（1-25%）]/[1000×（1-0.5%）]=4.52%。

27. D。本题考核的是最佳现金持有量分析。企业持有的现金，将会有三种成本：机会成本、管理成本、短缺成本。其中现金的短缺成本，是因缺乏必要的现金，不能应付业务开支所需，而使企业蒙受损失或为此付出的代价，现金的短缺成本随现金持有量的增加而下降，随现金持有量的减少而上升。

28. C。本题考核的是人工费的内容。特殊情况下支付的工资：是指根据国家法律、法规和政策规定，因病、工伤、产假、计划生育假、婚丧假、事假、探亲假、定期休假、停工学习、执行国家或社会义务等原因按计时工资标准或计时工资标准的一定比例支付的工资。

29. A。本题考核的是建设管理费的内容。建设管理费是指为组织完成工程项目建设在建设期内发生的各类管理性质费用。包括建设单位管理费、代建管理费、工程监理费、监造费、招标投标费、设计评审费、特殊项目定额研究及测定费、其他咨询费、印花税等。

30. C。本题考核的是按造价形成划分的建筑安装工程费用项目组成。大型机械设备进出场及安拆费是指机械整体或分体自停放场地运至施工现场或由一个施工地点运至另一个施工地点，所发生的机械进出场运输及转移费用及机械在施工现场进行安装、拆卸所需的人工费、材料费、机械费、试运转费和安装所需的辅助设施的费用。施工机械使用费是指施工机械作业发生的使用费或租赁费。二次搬运费是指因施工场地条件限制而发生的材料、构配件、半成品等一次运输不能达到堆放地点，必须进行二次或多次搬运所发生的费用。

17

固定资产使用费是指管理和试验部门及附属生产单位使用的属于固定资产的房屋、设备、仪器等的折旧、大修、维修或租赁费。

31. A。本题考核的是措施项目费的内容。安全文明施工费：（1）环境保护费；（2）文明施工费；（3）安全施工费；（4）临时设施费；（5）建筑工人实名制管理费。安全文明施工费属于措施项目费的内容之一。

32. B。本题考核的是建设期利息的计算。建设期利息的计算公式为：$Q = \sum_{j=1}^{n}(P_{j-1} + A_j/2)i$。计算过程为，第1年：700/2×6% = 21万元；第2年：（700+21+600/2）×6% = 61.26万元；第3年：（700+600+21+61.26）×6% = 82.94万元。

33. A。本题考核的是建设工程定额的分类。施工定额是施工企业（建筑安装企业）为组织生产和加强管理在企业内部使用的一种定额，属于企业定额的性质。

34. A。本题考核的是机械工作时间消耗的分类。必需消耗的工作时间里，包括有效工作、不可避免的无负荷工作和不可避免的中断三项时间消耗。而在有效工作的时间消耗中又包括正常负荷下、有根据地降低负荷下的工时消耗。选项B、C、D均属于损失时间。

35. D。本题考核的是企业定额的编制方法。选项A错误，拟定正常的施工作业条件。选项B错误，确定材料消耗量，是通过企业历史数据的统计分析、理论计算、实验试验、实地考察等方法计算确定材料包括周转材料的净用量和损耗量，从而拟定材料消耗的定额指标。选项C错误，人工价格也即劳动力价格，一般情况下就按地区劳务市场价格计算确定。

36. C。本题考核的是概算定额法编制设计概算的具体步骤。利用概算定额法编制设计概算的具体步骤如下：（1）按照概算定额分部分项顺序，列出各分项工程的名称。（2）确定各分部分项工程项目的概算定额单价（基价）。（3）计算单位工程的人、料、机费用。（4）根据人、料、机费用，结合其他各项取费标准，分别计算企业管理费、利润、规费和税金。（5）计算单位工程概算造价。

37. C。本题考核的是建设工程项目总概算的组成。建设工程项目总概算是确定整个建设工程项目从筹建开始到竣工验收、交付使用所需的全部费用的文件，它由各单项工程综合概算、工程建设其他费用概算、预备费、资金筹措费概算和经营性项目铺底流动资金概算等汇总编制而成。非经营性建设工程项目不包含经营性项目铺底流动资金概算。

38. B。本题考核的是施工图预算审查的方法。对比审查法是当工程条件相同时，用已完工程的预算或未完但已经过审查修正的工程预算对比审查拟建工程的同类工程预算的一种方法。

39. B。本题考核的是施工图预算文件的组成。当建设项目只有一个单项工程时，应采用二级预算编制形式，二级预算编制形式由建设项目总预算和单位工程预算组成。

40. C。本题考核的是定额单价法编制施工图预算。分项工程施工工艺条件与定额单价不一致而造成人工、机械的数量增减时，一般调量不换价。

41. C。本题考核的是暂列金额的规定。暂列金额是指招标人在工程量清单中暂定并包括在合同价款中的一笔款项。用于工程合同签订时尚未确定或者不可预见的所需材料、工程设备、服务的采购，施工中可能发生的工程变更、合同约定调整因素出现时的合同价款调整以及发生的索赔、现场签证等确认的费用。已签约合同价中的暂列金额由发包人掌握使用。发包人按照合同的规定作出支付后，如有剩余，则暂列金额余额归发包人所有。

42. D。本题考核的是措施项目费的内容。现场围挡费用属于安全文明施工费，安全文明施工费属于措施项目费。

43. C。本题考核的是规费的内容。规费包括五险一金：养老保险费、失业保险费、医疗保险费、生育保险费、工伤保险费、住房公积金。

44. B。本题考核的是工程量清单计价的方法。选项A错误，即便一个清单项目对应一个定额子目，也可能由于清单工程量计算规则与所采用的定额工程量计算规则之间的差异，而导致二者的计价单位和计算出来的工程量不一致。选项C错误，由于一个清单项目可能对应几个定额子目，而清单工程量计算的是主项工程量，与各定额子目的工程量可能并不一致。选项D错误，清单工程量不能直接用于计价，在计价时必须考虑施工方案等各种影响因素，根据所采用的计价定额及相应的工程量计算规则重新计算各定额子目的施工工程量。

45. A。本题考核的是招标控制价的投诉与处理。投标人经复核认为招标人公布的招标控制价未按照《建设工程工程量清单计价规范》GB 50500—2013 的规定进行编制的，应在招标控制价公布后5d内向招标投标监督机构和工程造价管理机构投诉。

46. B。本题考核的是投标报价的编制与审核。在招标投标过程中，若出现工程量清单特征描述与设计图纸不符，投标人应以招标工程量清单的项目特征描述为准。

47. B。本题考核的是措施项目清单的编制。《建设工程工程量清单计价规范》GB 50500—2013 规定：措施项目清单应根据拟建工程的实际情况列项。

48. A。本题考核的是提前竣工（赶工补偿）。工程发包时，招标人应当依据相关工程的工期定额合理计算工期，压缩的工期天数不得超过定额工期的20%，将其量化。超过者，应在招标文件中明示增加赶工费用。工程实施过程中，发包人要求合同工程提前竣工的，应征得承包人同意后与承包人商定采取加快工程进度的措施，并应修订合同工程进度计划。发包人应承担承包人由此增加的提前竣工（赶工补偿）费用。发承包双方应在合同中约定提前竣工每日历天应补偿额度，此项费用应作为增加合同价款列入竣工结算文件中，应与结算款一并支付。

49. B。本题考核的是单价合同的计量。施工中进行工程量计量时，当发现招标工程量清单中出现缺项、工程量偏差，或因工程变更引起工程量增减时，应按承包人在履行合同义务中完成的工程量计量。

50. D。本题考核的是单价合同计量。选项A错误，发包人不按照约定时间通知承包人，致使承包人未能派人参加计量，计量结果无效。选项B错误，承包人收到通知后不派人参加计量，视为认可发包人的计量结果。选项C错误，承包人超出设计图纸要求增加的工程量和自身原因造成返工的工程量不应计量。现行考试用书中对单价合同计量的规定有调整，请读者注意。

51. A。本题考核的是法律法规变化引起的合同价款调整。正常的雨季是承包人可以预见的因素，所以工期延误是承包方的责任。在工期延误期间出现法律变化的，由此增加的费用和（或）延误的工期由承包人承担。

52. B。本题考核的是不可抗力后果的承担。永久工程、已运至施工现场的材料和工程设备的损坏，以及因工程损坏造成的第三人人员伤亡和财产损失由发包人承担。承包人在停工期间按照发包人要求照管、清理和修复工程的费用由发包人承担。发包人和承包人承担各自人员伤亡和财产的损失。修复道路时因施工质量问题发生返工费用1万元应由承包人承担。故承包人应承担10+1＝11万元。

53. B。本题考核的是变更估价。承包人应在收到变更指示后14d内，向监理人提交变更估价申请。

54. A。本题考核的是索赔费用的计算。因窝工引起的设备费索赔，当施工机械属于施工企业自有时，按照机械折旧费计算索赔费用；属于外部租赁时，按照应分摊的租赁费计算。故承包人可以索赔的费用＝4×500+3×300＝2900元。

55. C。本题考核的是安全文明施工费的支付。承包人对安全文明施工费应专款专用，在财务账目中单独列项备查，不得挪作他用，所以选项C正确。基准日期后合同所适用的法律发生变化，由发包人承担，所以选项A错误。承包人经发包人同意采取合同约定以外的安全措施所产生的费用，由发包人承担，所以选项B错误。发包人应在开工后28d内预付安全文明施工费总额的50%，所以选项D错误。

56. D。本题考核的是质量保证金的扣留。质量保证金的扣留有以下三种方式：（1）在支付工程进度款时逐次扣留（原则上采用这种方式）；（2）工程竣工结算时一次性扣留质量保证金；（3）双方约定的其他扣留方式。

57. D。本题考核的是工程保修期的规定。工程保修期从工程竣工验收合格之日起算。具体分部分项工程的保修期由合同当事人约定，但不得低于法定最低保修年限。发包人未经竣工验收擅自使用工程的，保修期自转移占有之日起算。

58. A。本题考核的是现场签证争议的鉴定。当事人因现场签证费用发生争议，鉴定人应按以下规定进行鉴定：现场签证明确了人工、材料、机械台班数量及其价格的，按签证的数量和价格计算；现场签证只有用工数量没有人工单价的，其人工单价按照工作技术要求比照鉴定项目相应工程人工单价适当上浮计算；现场签证只有材料和机械台班用量没有价格的，其材料和台班价格按照鉴定项目相应工程材料和台班价格计算；现场签证只有总价款而无明细表述的，按总价款计算。

59. B。本题考核的是国际工程投标总价组成。现场管理费、临时工程设施费、保险费、税金等是在工程量清单中没有单独列项的费用项目，需将其作为待摊费用分摊到工程量清单的各个报价分项中去。办公费属于现场管理费。

60. B。本题考核的是参加标前会议应注意的事项。参加标前会议应注意以下几点：（1）对工程内容范围不清的问题应当提请说明，但不要表示或提出任何修改设计方案的要求；（2）对招标文件中图纸与技术说明互相矛盾之处，可请求说明应以何者为准，但不要轻易提出修改技术要求；（3）对含糊不清、容易产生歧义理解的合同条件，可以请求给予澄清、解释，但不要提出任何改变合同条件的要求；（4）投标人应注意提问的技巧，不要批评或否定业主在招标文件中的有关规定，提问的问题应是招标文件中比较明显的错误或疏漏，不要将对己方有利的错误或疏漏提出来，也不要将己方机密的设计方案或施工方案透露给竞争对手，同时要仔细倾听业主和竞争对手的谈话，从中探察他们的态度、经验和管理水平。

二、多项选择题

61. A、B、E；　　　　　62. A、B、C；　　　　　63. C、D、E；
64. A、E；　　　　　　65. C、D；　　　　　　　66. B、C；
67. A、C、D；　　　　 68. C、E；　　　　　　　69. A、C、E；
70. A、B、C、E；　　　71. A、D、E；　　　　　 72. A、B、C、D；
73. A、C、E；　　　　 74. B、E；　　　　　　　75. A、C、D、E；
76. A、C、E；　　　　 77. A、B、D、E；　　　　78. C、D；
79. A、C、E；　　　　 80. B、C、E。

【解析】

61. A、B、E。本题考核的是影响资金时间价值的因素。选项 A 正确，在单位时间的资金增值率一定的条件下，资金使用时间越长，则资金的时间价值越大；使用时间越短，则资金的时间价值越小。选项 C、D 错误，在总资金一定的情况下，前期投入的资金越多，资金的负效益越大；反之，后期投入的资金越多，资金的负效益越小。而在资金回收额一定的情况下，离现在越近的时间回收的资金越多，资金的时间价值就越多；反之，离现在越远的时间回收的资金越多，资金的时间价值就越小。选项 B 正确，在其他条件不变的情况下，资金数量越多，资金的时间价值就越多；反之，资金的时间价值则越少。选项 E 正确，资金周转越快，在一定的时间内等量资金的周转次数越多，资金的时间价值越多；反之，资金的时间价值越小。

62. A、B、C。本题考核的是敏感性分析。敏感性分析图中，每一条直线的斜率反映技术方案经济效果评价指标对该不确定因素的敏感程度，斜率越大敏感度越高，所以选项 D、E 错误，选项 C 正确。采用图解法时，每条直线与判断基准线的相交点所对应的横坐标上不确定因素变化率即为该因素的临界点，所以选项 A、B 正确。

63. C、D、E。本题考核的是筹资活动产生的现金流量。筹资活动产生的现金流量包括：（1）吸收投资收到的现金；（2）取得借款收到的现金；（3）收到其他与筹资活动有关的现金；（4）偿还债务支付的现金；（5）分配股利、利润或偿付利息支付的现金；（6）支付其他与筹资活动有关的现金。选项 A 属于经营活动现金流量；选项 B 属于投资活动现金流量。

64. A、E。本题考核的是设备磨损的类型。设备无形磨损分为第一种无形磨损和第二种无形磨损。设备的技术结构和性能并没有变化，但由于技术进步，设备制造工艺不断改进，社会劳动生产率水平的提高，同类设备的再生产价值降低，因而设备的市场价格也降低了，致使原设备相对贬值。这种磨损称为第一种无形磨损。第二种无形磨损是由于科学技术的进步，不断创新出结构更先进、性能更完善、效率更高、耗费原材料和能源更少的

21

新型设备,使原有设备相对陈旧落后,其经济效益相对降低而发生贬值。

65. C、D。本题考核的是价值工程的工作程序。功能评价包括功能分析和功能评价。功能评价前应完成的工作是工作对象选择、信息资料搜集、功能定义和功能整理。

66. B、C。本题考核的是增量投资收益率法。现设 I_1、I_2 分别为旧、新方案的投资额,C_1、C_2 为旧、新方案的经营成本(或生产成本)。如 $I_2>I_1$,$C_2<C_1$,则增量投资收益率 $R_{(2-1)}$ 为:$R_{(2-1)} = \dfrac{C_1 - C_2}{I_2 - I_1} \times 100\%$。本题中增量投资收益率 $R_{(2-1)}$ = (120-100)/(300-200)× 100% = 20%>基准投资收益率10%,表明新方案(方案2)是可行的,所以选项A错误,选项B正确。基准投资收益提高为15%时,增量投资收益率>基准投资收益率,方案2优于方案1,所以选项C正确、选项E错误。如果方案2比方案1投资高出50%,增量投资收益率 $R_{(2-1)}$ = (120-100)/[300×(1+50%)-200]×100% = 8%<基准收益率10%,表明新方案(方案2)是不可行的,所以选项D错误。

67. A、C、D。本题考核的是固定资产原价的内容。固定资产应当按照成本进行初始计量。外购固定资产的成本,包括购买价款、相关税费、使固定资产达到预定可使用状态前所发生的可归属于该项资产的运输费、装卸费、安装费和专业人员服务费等。

68. C、E。本题考核的是建造合同收入的核算。合同变更款应当在同时满足下列条件时才能构成合同收入:(1)客户能够认可因变更而增加的收入;(2)该收入能够可靠地计量。如果不同时具备上述两个条件,则不能确认变更收入。

69. A、B、D、E。本题考核的是编制财务报表列报的基本要求。编制财务报表列报的基本要求:(1)按实际发生的交易和事项确认计量;(2)企业应当以持续经营为基础;(3)按照权责发生制编制其他财务报表(现金流量表除外);(4)财务报表项目的列报应当在各个会计期间保持一致,不得随意变更;(5)重要项目单独列报;(6)财务报表项目应当以总额列报,资产和负债、收入和费用、直接计入当期利润的利得和损失项目的金额不能相互抵消,即不得以净额列报,除非会计准则另有规定;(7)当期报表列报项目与上期报表列报项目应当具有可比性;(8)财务报表一般分表首和正表两部分;(9)企业至少应当编制年度财务报表。年度财务报表涵盖的期间短于一年的,应当披露年度财务报表的涵盖期间,以及短于一年的原因。

70. A、B、C、E。本题考核的是企业营运能力指标。营运能力比率是用于衡量公司资产管理效率的指标。常用的指标有总资产周转率、流动资产周转率、存货周转率、应收票据及应收账款周转率等。存货周转率指标有存货周转次数和存货周转天数两种形式。

71. A、D、E。本题考核的是商业信用的形式。商业信用的具体形式有应付账款、应付票据、预收账款等。

72. A、B、C、D。本题考核的是设备购置费的组成。选项E错误,设备购置费=设备原价或进口设备抵岸价+设备运杂费。国产标准设备原价一般指的是设备制造厂的交货价,即出厂价。如设备由设备成套公司供应,则以订货合同价为设备原价。有的设备有两种出厂价,即带有备件的出厂价和不带有备件的出厂价。在计算设备原价时,一般按带有备件的出厂价计算,所以选项A、B、C正确。非标准设备原价都应该使非标准设备计价的准确度接近实际出厂价，并且计算方法要简便，所以选项 D 正确。

73. A、B、E。本题考核的是工人工作时间的分类。工人在工作班内必需消耗的时间包括有效工作时间、休息时间和不可避免的中断时间。有效工作时间包括基本工作时间、辅助工作时间、准备与结束工作时间。

74. B、E。本题考核的是设备安装工程概算的编制方法。设备安装工程概算的编制方法包括预算单价法、扩大单价法、概算指标法。当初步设计的设备清单不完备，或仅有成套设备的重量时，可采用主体设备、成套设备或工艺线的综合扩大安装单价编制概算。当初步设计的设备清单不完备，或安装预算单价及扩大综合单价不全，无法采用预算单价法和扩大单价法时，可采用概算指标编制概算。

75. A、C、D、E。本题考核的是施工图预算的作用。对于工程造价管理部门而言，施工图预算是监督检查执行定额标准、合理确定工程造价测算造价指数及审定招标控制价的重要依据。

76. A、C、E。本题考核的是措施项目清单编制。对不能计量的措施项目（即总价措施项目），措施项目清单中仅列出了项目编码、项目名称，但未列出项目特征、计量单位的项目，编制措施项目清单时，应按现行计量规范附录（措施项目）的规定执行。对能计量的措施项目（即单价措施项目），同分部分项工程量一样，编制措施项目清单时应列出项目编码、项目名称、项目特征、计量单位，并按现行计量规范规定，采用对应的工程量计算规则计算其工程量，所以选项 B 错误、选项 A 正确。由于工程建设施工特点和承包人组织施工生产的施工装备水平、施工方案及其管理水平的差异，同一工程、不同承包人组织施工采用的施工措施有时并不完全一致，因此，《建设工程工程量清单计价规范》GB 50500—2013 规定：措施项目清单应根据拟建工程的实际情况列项。措施项目清单的编制应考虑多种因素，除了工程本身的因素外，还要考虑水文、气象、环境、安全和施工企业的实际情况，所以选项 D 错误、选项 C 正确。措施项目清单的设置，需要：（1）参考拟建工程的常规施工组织设计，以确定环境保护、安全文明施工、临时设施、材料的二次搬运等项目；（2）参考拟建工程的常规施工技术方案，以确定大型机械设备进出场及安拆、混凝土模板及支架、脚手架、施工排水、施工降水、垂直运输机械、组装平台等项目；（3）参阅相关的施工规范与工程验收规范，以确定施工方案没有表述的但为实现施工规范与工程验收规范要求而必须发生的技术措施；（4）确定设计文件中不足以写进施工方案，但要通过一定的技术措施才能实现的内容；（5）确定招标文件中提出的某些需要通过一定的技术措施才能实现的要求，所以选项 E 正确。

77. A、B、D、E。本题考核的是项目特征的描述。项目特征是指构成分部分项工程量清单项目、措施项目自身价值的本质特征。分部分项工程量清单项目特征应按《计量规范》的项目特征，结合拟建工程项目的实际予以描述。分部分项工程量清单的项目特征是确定一个清单项目综合单价的重要依据，在编制的工程量清单中必须对其项目特征进行准确和全面的描述，所以选项 A、E 正确，选项 C 错误。清单项目特征主要涉及项目的自身特征（材质、型号、规格、品牌）、项目的工艺特征以及对项目施工方法可能产生影响的特征。对清单项目特征不同的项目应分别列项，所以选项 B、D 正确。

78. C、D。本题考核的是工程量清单计价方法。《建设工程工程量清单计价规范》GB 50500—2013 中的工程量清单综合单价是指完成一个规定清单项目所需的人工费、材料和工程设备费、施工机具使用费和企业管理费、利润以及一定范围内的风险费用。

79. A、C、E。本题考核的是措施项目费的调整。措施项目费调整应符合下列规定：(1) 安全文明施工费应按照实际发生变化的措施项目调整，不得浮动；(2) 采用单价计算的措施项目费，应按照实际发生变化的措施项目按照前述已标价工程量清单项目的规定确定单价；(3) 按总价（或系数）计算的措施项目费，按照实际发生变化的措施项目调整，但应考虑承包人报价浮动因素。如果承包人未事先将拟实施的方案提交给发包人确认，则视为工程变更不引起措施项目费的调整或承包人放弃调整措施项目费的权利。

80. B、C、E。本题考核的是竣工结算申请单的内容。除专用合同条款另有约定外，竣工结算申请单应包括以下内容：(1) 竣工结算合同价格；(2) 发包人已支付承包人的款项；(3) 应扣留的质量保证金，已缴纳履约保证金的或提供其他工程质量担保方式的除外；(4) 发包人应支付承包人的合同价款。

《建设工程经济》

考前冲刺试卷（一）及解析

《建设工程经济》考前冲刺试卷（一）

一、**单项选择题**（共60题，每题1分。每题的备选项中，只有1个最符合题意）

1. 年名义利率8%，按季计息，则计息期有效利率和年有效利率分别是（　　）。
   A. 2.00%，8.00%　　　　　　　　B. 2.00%，8.24%
   C. 2.06%，8.00%　　　　　　　　D. 2.06%，8.24%

2. 某建设单位从银行获得一笔建设贷款，建设单位和银行分别绘制现金流量图时，该笔贷款表示为（　　）。
   A. 建设单位现金流量图时间轴的上方箭线，银行现金流量图时间轴的上方箭线
   B. 建设单位现金流量图时间轴的下方箭线，银行现金流量图时间轴的下方箭线
   C. 建设单位现金流量图时间轴的上方箭线，银行现金流量图时间轴的下方箭线
   D. 建设单位现金流量图时间轴的下方箭线，银行现金流量图时间轴的上方箭线

3. 关于融资前分析与融资后分析的说法，错误的是（　　）。
   A. 一般宜先进行融资前分析
   B. 融资前分析应以静态分析为主、动态分析为辅
   C. 融资前动态分析应以营业收入、建设投资、经营成本和流动资金的估算为基础，考察整个计算期内现金流入和现金流出
   D. 融资后分析考察方案在拟定融资条件下的盈利能力、偿债能力和财务可持续能力，判断方案在融资条件下的可行性

4. 某生产性建设项目，折算到第1年年末的投资额为4800万元，第2年年末的净现金流量为1200万元，第3年年末为1500万元，自第4年年末开始皆为1600万元，直至第10年寿命期结束，则该建设项目的静态投资回收期为（　　）年。
   A. 4.24　　　　　　　　　　　　B. 4.31
   C. 4.45　　　　　　　　　　　　D. 5.24

5. 关于财务净现值指标的说法，正确的是（　　）。
   A. 该指标能够直观地反映方案在运营期内各年的经营成果
   B. 该指标可直接用于不同寿命期互斥方案的比选

1

C. 该指标小于零时，方案在财务上可行
D. 该指标大于等于零时，方案在财务上可行

6. 在项目盈亏平衡分析中，可视为可变成本的是（　　）。

A. 计件工资 B. 无形资产摊销费
C. 管理费用 D. 固定资产折旧费用

7. 某生产性建设项目，其设计的生产能力为66万件，年固定成本为5600万元，每件产品的销售价格为3600元，每件产品的可变成本为1600元，每件产品的销售税金及附加之和为180元，则该生产性建设项目的盈亏平衡产销量为（　　）万件。

A. 1.56 B. 1.64
C. 3.08 D. 3.20

8. 关于设备寿命的说法，正确的是（　　）。

A. 科学技术进步越快，设备的技术寿命越短
B. 设备的技术寿命主要由设备的有形磨损决定
C. 设备的经济寿命是运行经济效益开始下降到被更新所经历的时间
D. 设备的自然寿命主要由设备的无形磨损决定

9. 对承租人而言，租赁设备的租赁费用主要包括租赁保证金、租金和（　　）。

A. 贷款利息 B. 折旧费用
C. 运转成本 D. 担保费

10. 某施工企业拟租赁一施工设备，租金按年金法计算，每年年末支付。已知设备的价格为95万元，租期为6年，折现率为8%，利率为10%，则该施工企业每年年末应付租金为（　　）万元。

A. 19.83 B. 20.58
C. 21.81 D. 27.57

11. 下列价值工程对象选择方法中，以功能重要程度作为选择标准的是（　　）。

A. 因素分析法 B. 强制确定法
C. 重点选择法 D. 百分比分析法

12. 某项目有甲、乙、丙、丁四个设计方案，均能满足建设目标要求，经综合评估，各方案功能综合得分及造价见表1。根据价值系数，应选择（　　）为实施方案。

表1　各方案功能综合得分及造价

方案	甲	乙	丙	丁
综合得分	33	33	35	32
造价(元/m^2)	3050	3000	3300	2950

A. 甲 B. 乙
C. 丙 D. 丁

13. 根据会计核算原则，资产按照其现在正常对外销售所能收到的现金，扣减该资产至

完工时估计将要发生的成本、估计的销售费用以及相关税费后的金额计量。该资产计量属于按（　　）计量。

A. 历史成本　　　　　　　　　B. 重置成本
C. 可变现净值　　　　　　　　D. 现值

14. 企业本月购入小汽车一辆，按照现行企业财务制度及相关规定，该汽车的购置费用属于企业的（　　）支出。

A. 投资性　　　　　　　　　　B. 资本性
C. 期间费用　　　　　　　　　D. 营业外

15. 施工企业以一笔款项购入三项没有单独标价的固定资产后，在确定各项固定资产的成本时，应按照各项固定资产的（　　）对总成本进行分配。

A. 重要性评分比例　　　　　　B. 寿命期比例
C. 制造成本比例　　　　　　　D. 公允价值比例

16. 按作业成本法进行产品成本核算时，以"持续动因"为基础进行作业量计量和分配依据的假设是（　　）。

A. 不同产品耗费的作业次数相等
B. 执行每次作业的成本相等
C. 执行作业的人员相同
D. 执行每次作业耗用的资源相等

17. 企业会计核算中，企业在筹建期间发生的开办费或者应由企业负担的物料消耗、低值易耗品摊销应计入（　　）。

A. 资本性支出　　　　　　　　B. 财务费用
C. 管理费用　　　　　　　　　D. 营业外支出

18. 经合同各方批准对原合同范围或价格作出变更，但合同变更未增加可明确区分的商品及合同价款。在合同变更日已转让的商品或已提供的服务与未转让的商品或未提供的服务之间可明确区分的，对该合同变更进行会计处理，正确的是（　　）。

A. 将该合同变更部分作为一份单独的合同进行会计处理
B. 将该合同变更部分作为原合同的组成部分进行会计处理
C. 将该合同变更作为企业损失进行会计处理
D. 应当视为原合同终止，同时，将原合同未履约部分与合同变更部分合并为新合同进行会计处理

19. 某施工企业当期实现的主营业务收入为10000万元，主营业务成本为8000万元，主营业务税金及附加为960万元，其他业务利润为2000万元，管理费用和财务费用总计为1200万元，则该企业当期营业利润为（　　）万元。

A. 1840　　　　　　　　　　　B. 2800
C. 3040　　　　　　　　　　　D. 4000

20. 企业所得税应实行25%的比例税率。但对于符合条件的小型微利企业，减按（　　）的税率征收企业所得税。

A. 5% B. 10%
C. 15% D. 20%

21. 根据《企业会计准则》，企业财务报表附注应当披露的信息不包括（　　）。
A. 企业的基本情况 B. 企业所得税费用的数额
C. 会计政策变更说明 D. 或有和承诺事项

22. 下列财务分析指标中，属于企业长期偿债能力指标的是（　　）。
A. 速动比率 B. 总资产周转率
C. 流动比率 D. 资产负债率

23. 某企业资产负债表日的流动资产构成为：货币资金 100 万元，存货 220 万元，应收账款等 80 万元，流动负债总额为 110 万元，则该企业的速动比率为（　　）。
A. 2.73 B. 2.91
C. 1.64 D. 3.64

24. 项目融资的特点是（　　）。
A. 是以项目本身为主体安排的融资
B. 可实现项目发起人公司负债型融资的要求
C. 融资成本相对较低
D. 以项目发起人自身的资信作为贷款的首要条件

25. 某施工企业从银行取得一笔长期借款 1500 万元，借款年利率为 6%，借款期限为 2 年，每年计算并支付利息，到期一次还本，企业所得税率为 25%，则该企业借款每年的资金成本率为（　　）。
A. 4.5% B. 6.0%
C. 7.5% D. 9.0%

26. 某施工企业制定了 4 种现金持有方案见表 2。从成本分析的角度来看，该企业最佳的现金持有量为（　　）元。

表 2　某企业现金管理方案

方案	甲	乙	丙	丁
现金持有量(元)	70000	90000	100000	120000
机会成本(元)	7000	8000	9500	10500
管理成本(元)	4000	4000	4000	4000
短缺成本(元)	5000	4500	4000	3500

A. 70000 B. 90000
C. 100000 D. 120000

27. 企业短期筹资时，贷款的实际利率高于名义利率的利息支付方法是（　　）。
A. 收款法 B. 贴现法
C. 固定利率法 D. 浮动利率法

28. 编制工程概算定额的基础是（　　）。
   A. 估算指标 B. 概算指标
   C. 预算指标 D. 预算定额

29. 按人民币计算，某进口设备离岸价为 1000 万元，到岸价 1050 万元，银行财务费 5 万元，外贸手续费 15 万元，进口关税 70 万元，增值税税率 13%，不考虑消费税，则该设备的抵岸价为（　　）万元。
   A. 1229.1 B. 1270.0
   C. 1279.1 D. 1285.6

30. 下列费用中，不应列入建筑安装工程材料费的是（　　）。
   A. 施工中耗费的辅助材料费用
   B. 施工企业自设试验室进行试验所耗用的材料费用
   C. 在运输装卸过程中发生的材料损耗费用
   D. 在施工现场发生的材料保管费用

31. 按造价形成划分，脚手架工程费属于建筑安装工程费用构成中的（　　）。
   A. 规费 B. 其他项目费
   C. 措施项目费 D. 分部分项工程费

32. 关于工程建设其他费用中场地准备费和临时设施费的说法，正确的是（　　）。
   A. 场地准备费是由施工单位组织进行场地平整等准备工作而发生的费用
   B. 临时设施费是施工单位为满足工程建设需要搭建临时建筑物的费用
   C. 新建项目的场地准备费和临时设施费应根据实际工程量估算或按工程费用比例计算
   D. 场地准备费和临时设施费应与永久性工程分开考虑

33. 某建设项目投资估算中的建安工程费、设备及工器具购置费、工程建设其他费用分别为 30000 万元、20000 万元、10000 万元。若基本预备费费率为 5%，则该项目的基本预备费为（　　）万元。
   A. 1500 B. 2000
   C. 2500 D. 3000

34. 某项目建设期 3 年，第 1 年贷款 600 万元，第 2 年贷款 400 万元，第 3 年贷款 200 万元，年利率 6%，贷款均在每年年中发放。该项目建设期利息为（　　）万元。
   A. 72.00 B. 132.00
   C. 137.10 D. 176.05

35. 下列工作时间中，虽属于损失时间但在拟定定额时需适当考虑的是（　　）。
   A. 抹灰工偶然补墙洞的时间
   B. 工人熟悉图纸的时间
   C. 工人完工后清理的时间
   D. 工人喝水的时间

36. 编制施工定额时，汽车运输重量轻而体积大的货物，使汽车在低于载重吨位的状况下运行，所消耗的工作时间属于（　　）。

A. 有效工作时间 B. 低负荷下工作时间
C. 不可避免中断时间 D. 多余工作时间

37. 某建筑施工材料采购原价为 150 元/t，运杂费为 30 元/t，运输损耗率为 0.5%，采购保管费率为 2%，则该材料的单价为（　　）元/t。
A. 184.52 B. 183.75
C. 153.77 D. 123.01

38. 下列费用项目中，属于施工仪器仪表台班单价构成内容的是（　　）。
A. 人工费 B. 燃料费
C. 检测软件费 D. 校验费

39. 按照工程范围、类别、用途分类，工程造价指数分为（　　）。
A. 定基指数和环比指数
B. 建设投资指标和单项、单位工程造价指标
C. 人工指标、材料指标、机械台班指标
D. 建设工程造价综合指数和建设工程要素价格指数

40. 下列工程概算，属于设备及安装工程概算的是（　　）。
A. 照明线路敷设工程概算
B. 风机盘管安装工程概算
C. 电气设备及安装工程概算
D. 特殊构筑物工程概算

41. 当初步设计深度不够，设备清单不完善，只有主体设备或仅有成套设备重量时，编制设备安装工程概算应选用的方法是（　　）。
A. 预算单价法 B. 扩大单价法
C. 设备价值百分比法 D. 综合吨位指标法

42. 关于定额单价法编制施工图预算的说法，错误的是（　　）。
A. 当分项工程的名称、规格、计量单位与定额单价中所列内容完全一致时，可直接套用定额单价
B. 当分项工程施工工艺条件与定额单价表不一致造成人工、机械数量增减时，应调价不换量
C. 当分项工程的主要材料的品种与定额单价中规定材料不一致时，应该按实际使用材料价格换算定额单价
D. 当分项工程不能直接套用定额、不能换算和调整时，应编制补充定额单价

43. 能较快发现问题，审查速度快，但问题出现的原因还需继续审查的施工图预算审查方法是（　　）。
A. 对比审查法 B. 逐项审查法
C. 标准预算审查法 D. "筛选"审查法

44. 工程量清单包括（　　）。
A. 施工机械使用费清单 B. 零星工作价格清单

C. 主要材料价格清单　　　　　　　　D. 措施项目清单

45. 关于分部分项工程项目清单中项目编码的编制，下列说法正确的是（　　）。

A. 3、4 位为分部工程顺序码

B. 10~12 位为分项工程项目名称顺序码

C. 同一招标工程可采用相同编码

D. 补充项目编码由对应计算规范的 x 与字母 B 和三位阿拉伯数字组成

46. 投标人进行投标报价时，发现某招标工程量清单项目特征描述与设计图纸不符，则投标人在确定综合单价时，应（　　）。

A. 以招标工程量清单项目的特征描述为报价依据

B. 以设计图纸作为报价依据

C. 综合两者对项目特征共同描述作为报价依据

D. 暂不报价，待施工时依据设计变更后的项目特征报价

47. 下列工程，一般应采用成本加酬金合同的有（　　）。

A. 建设规模较大、技术较复杂的工程

B. 工期较长，实际施工与预计施工可能有较大差异的工程

C. 技术难度较低、工期较短的工程

D. 紧急抢险、救灾工程

48. 关于工程变更引起的工程量计算和价格调整的说法，错误的是（　　）。

A. 无论采用单价合同还是总价合同，工程量增减均只需与合同图纸进行比较即可确定

B. 采用单价合同的工程，需按变更指令及实际施工图纸重新计量所有清单项目及其工程量

C. 总价合同下，工程变更项目只需根据合同图纸与实际施工图纸的差异部分来确定

D. 工程变更引致合同工期变化的，应依据发包人批准的工期调整来计算变更工程价格

49. 某分部分项工程采用清单计价，最高投标限价的综合单价为 350 元，投标报价的综合单价为 280 元，该工程投标报价下浮率为 5%，该分部分项工程合同未确定综合单价调整方法，则综合单价的处理方式是（　　）。

A. 调整为 282.63 元　　　　　　　　B. 不予调整

C. 下调 20%　　　　　　　　　　　D. 上浮 5%

50. 某工程约定采用价格指数法调整合同价款，承包人根据约定提供的数据见表 3。本期完成合同价款为 45 万元，其中已按现行价格计算的计日工价款为 5 万元。本期应调整的合同价款差额为（　　）万元。

表 3　承包人根据约定提供的数据

序号	名称	变值权重	基本价格指数	现行价格指数
1	人工费	0.30	110%	120%
2	钢材	0.25	112%	123%

续表

序号	名称	变值权重	基本价格指数	现行价格指数
3	混凝土	0.20	115%	125%
4	定值权重		0.25	
	合计	1		

A. -2.85　　　　　　　　　　B. -2.54
C. 2.77　　　　　　　　　　　D. 3.12

51. 在工程变更过程中，若发承包双方中的不利一方在约定时间内未提出调整措施项目费用，下列说法正确的是（　　）。

A. 工程变更必然导致措施项目费用增加，无需再提出调整

B. 应视为工程变更不引起措施项目费用的变化或该方放弃调整措施项目费用的权利

C. 发包方将自动承担所有额外的措施项目费用

D. 承包方有权单方面决定措施项目费用的调整额度

52. 因承包人原因导致工期延长，在工期延长期间出现修改原有的法律法规及政策性规定，则合同价格的调整方法是（　　）。

A. 合同价格调增的不予调整，合同价格调减的予以调整

B. 合同价格调减的不予调整，合同价格调增的予以调整

C. 调增、调减的均予以调整

D. 调增、调减的均不予调整

53. 当发生索赔事件时，对于承包商自有的施工机械，其费用索赔通常按照（　　）进行计算。

A. 台班折旧费　　　　　　　　B. 台班费
C. 设备使用费　　　　　　　　D. 进出场费用

54. 根据《建设工程价款结算暂行办法》，关于现场签证的说法，正确的是（　　）。

A. 承包人应在发生现场签证时间的 14d 内向发包人提出签证

B. 发包人未签证同意，承包人自行施工后发生争议的，责任由双方共同承担

C. 发包人应在收到承包人的签证报告 7d 内给予确认或提出修改意见

D. 发承包双方确认的现场签证费用与工程进度款同期支付

55. 关于办理有质量争议工程的竣工结算，下列说法中错误的是（　　）。

A. 已实际投入使用工程的质量争议按工程保修合同执行，竣工结算按合同约定办理

B. 已竣工未投入使用工程的质量争议按工程保修合同执行，竣工结算按合同约定办理

C. 停工、停建工程的质量争议可在执行工程质量监督机构处理决定后办理竣工结算

D. 已竣工未验收并且未实际投入使用，其无质量争议部分的工程，竣工结算按合同约定办理

56. 缺陷责任期结束后，承包人应向发包人提交（　　）以及相关证明材料。

A. 工程进度报告 B. 最终结清申请书
C. 质量保修书 D. 竣工验收报告

57. 关于工程总承包投标报价编制的说法，错误的是（　　）。

A. 投标人自主确定工程费用和工程总承包其他费用的投标报价

B. 投标报价不得低于成本

C. 当工程总承包项目为初步设计后发包时，发包人提供的工程费用项目清单应仅作为投标报价的参考

D. 采用固定总价合同的，预备费应按招标文件中列出的金额填写，不得变动，并应计入投标总价中

58. 国际工程投标报价时，对于当地采购的材料，其预算价格应为（　　）。

A. 市场价格+运输费

B. 市场价格+运输费+运输保管耗损

C. 市场价格+运输费+采购保管费

D. 市场价格+运输费+采购保管损耗

59. 国际工程投标中，投标人做出最终报价前应对估算人员算出的暂时标价进行对比分析，其目的是（　　）。

A. 探讨投标报价的经济合理性

B. 分析报价的竞争力

C. 预测报价的利润水平

D. 检查标价计算是否存在错误

60. 根据《信息技术 大数据 术语》GB/T 35295—2017，大数据生存周期模型描述了大数据的"数据—信息—知识—价值"生存周期并指导大数据相关活动。这些活动主要分布在收集、准备、分析、行动四个阶段。"利用有组织的信息产生合成的知识"属于（　　）阶段的活动。

A. 收集 B. 准备
C. 分析 D. 行动

二、多项选择题（共20题，每题2分。每题的备选项中，有2个或2个以上符合题意，至少有1个错项。错选，本题不得分；少选，所选的每个选项得0.5分）

61. 下列方案经济效果评价指标中，可用于偿债能力分析的有（　　）。

A. 投资收益率 B. 利息备付率
C. 静态投资回收期 D. 流动比率
E. 资产负债率

62. 计算期相同的互斥方案的比选常用的评价指标有（　　）。

A. 综合总费用 B. 财务净现值
C. 费用现值 D. 净年值
E. 年折算费用

63. 造成设备无形磨损的原因有（　　）。

A. 通货膨胀导致货币贬值

B. 自然力的作用使设备产生磨损

C. 技术进步创造出效率更高、能耗更低的新设备

D. 设备使用过程中的磨损、变形

E. 社会劳动生产率水平提高使同类设备的再生产价值降低

64. 下列价值工程活动中，属于价值工程工作程序中准备阶段工作内容的有（　　）。

A. 功能定义　　　　　　　　　　B. 功能整理

C. 对象选择　　　　　　　　　　D. 制订工作计划

E. 提案编写

65. 所有者权益是指企业投资者对企业净资产的所有权，是企业资产扣除负债后由所有者享有的剩余权益，包括（　　）。

A. 实收资本　　　　　　　　　　B. 长期投资

C. 资本公积　　　　　　　　　　D. 盈余公积

E. 未分配利润

66. 企业会计事项的发生，导致企业资产总额与权益总额的增减变动的类型包括（　　）。

A. 资产项目与权益项目同时增加，双方增加的金额相等

B. 资产项目与权益项目同时减少，双方减少的金额相等

C. 资产项目之间此增彼减，增减的金额相等

D. 权益项目之间此增彼减，增减的金额相等

E. 一项负债项目增加，一项所有者权益增加

67. 企业发生的期间费用中，属于销售费用的有（　　）。

A. 固定资产使用费　　　　　　　B. 运输费

C. 保险费　　　　　　　　　　　D. 商品维修费

E. 包装费

68. 计算企业应纳税所得额时，可以作为免税收入从企业收入总额中扣除的有（　　）。

A. 特许权使用费收入　　　　　　B. 国债利息收入

C. 财政拨款　　　　　　　　　　D. 接受捐赠收入

E. 符合条件的居民企业之间的股息

69. 企业现金流量表中，属于投资活动产生的现金流量有（　　）。

A. 取得投资收益收到的现金

B. 吸收投资收到的现金

C. 投资支付的现金

D. 购建固定资产、无形资产和其他长期资产支付的现金

E. 支付的各项税费

70. 下列费用中，属于资金筹集费用的有（　　）。

A. 股票发行手续费　　　　　　　　B. 建设投资贷款利息

C. 债券发行公证费　　　　　　　　D. 股东所得红利

E. 债券发行广告费

71. 下列施工费用中，属于施工机具使用费的有（　　）。

A. 塔式起重机进入施工现场的费用

B. 挖掘机施工作业消耗的燃料费用

C. 压路机司机的工资

D. 通勤车辆的过路过桥费

E. 土方运输汽车的年检费

72. 下列费用中，属于建筑安装工程措施项目费的有（　　）。

A. 建筑工人实名制管理费

B. 大型机械进出场及安拆费

C. 建筑材料鉴定、检查费

D. 工程定位复测费

E. 施工单位临时设施费

73. 关于预算定额的说法，正确的有（　　）。

A. 预算定额是编制施工定额的依据

B. 预算定额是编制概算定额的基础

C. 预算定额的综合程度小于施工定额

D. 预算定额是编制施工图预算的主要依据

E. 预算定额可以直接用于施工企业作业计划的编制

74. 下列人工、材料、机械台班的消耗，应计入定额消耗量的有（　　）。

A. 准备与结束工作时间

B. 施工本身原因造成的工人停工时间

C. 措施性材料的合理消耗量

D. 不可避免的施工废料

E. 低负荷下的机械工作时间

75. 单位建筑工程概算的编制方法主要有（　　）。

A. 设备价值百分比法　　　　　　　B. 概算定额法

C. 综合吨位指标法　　　　　　　　D. 概算指标法

E. 类似工程预算法

76. 关于投标人投标报价编制的说法，正确的有（　　）。

A. 投标人可随意确定投标报价，无需考虑合理性

B. 投标人的投标报价不应低于成本价，也不应高于最高投标限价

C. 投标人无需对招标文件中的计划工期进行复查

D. 投标人可以在已标价工程量清单中增加措施项目并报价

E. 采用总价合同的工程，投标人无需对招标工程量清单进行复核

77. 因非承包人原因发生暂停施工事件导致的工程索赔，承包人可向发包人提出延长工期，并根据工期延长和损失情况索赔（　　）。

A. 已进场无法进行施工的人员窝工费用

B. 已进场无法投入使用的材料损失费用

C. 已进场无法进行施工的机械设备停滞费用

D. 已采购但未进入现场的材料损失费用

E. 由于材料保管不善造成的损坏费用

78. 在下列材料费用中，承包商可以获得业主补偿的包括（　　）。

A. 由于索赔事项材料实际用量超过计划用量而增加的材料费用

B. 由于客观原因材料价格大幅度上涨而增加的材料费用

C. 由于非承包商责任工程延误导致的材料价格上涨而增加的材料费用

D. 由于现场承包商仓库被盗而损失的材料费用

E. 承包商为保证混凝土质量选用高强度等级水泥而增加的材料费用

79. 根据《标准施工招标文件》（2007年版），发包人应给予承包人工期和费用补偿，但不包括利润的情形有（　　）。

A. 施工过程中发现文物

B. 发包人提供的材料不符合合同要求

C. 异常恶劣的气候条件

D. 承包人遇到难以合理预见的不利物质条件

E. 监理人对隐蔽工程重新检查证明工程质量符合合同要求

80. 国际工程投标报价的组成中，没有在工程量清单中单独列项的费用项目有（　　）。

A. 施工机具使用费　　　　　　B. 税金

C. 保险费　　　　　　　　　　D. 现场管理费

E. 临时工程设施费

考前冲刺试卷（一）参考答案及解析

一、单项选择题

1. B；	2. C；	3. B；	4. B；	5. D；
6. A；	7. C；	8. A；	9. D；	10. C；
11. B；	12. B；	13. C；	14. B；	15. D；
16. D；	17. C；	18. D；	19. A；	20. D；
21. B；	22. D；	23. C；	24. A；	25. A；
26. A；	27. B；	28. D；	29. D；	30. B；
31. C；	32. C；	33. D；	34. C；	35. A；
36. A；	37. A；	38. D；	39. D；	40. C；
41. B；	42. B；	43. D；	44. D；	45. D；
46. A；	47. D；	48. A；	49. A；	50. C；
51. B；	52. A；	53. A；	54. C；	55. B；
56. B；	57. D；	58. D；	59. A；	60. C。

【解析】

1. B。本题考核的是计息期有效利率和年有效利率的计算。

计息期有效利率 $i = r/m = 8\%/4 = 2\%$；

年有效利率 $i = \left(1 + \dfrac{r}{m}\right)^m - 1 = (1+8\%/4)^4 - 1 = 8.24\%$。

2. C。本题考核的是现金流量图。绘制现金流量图时，箭线方向表示现金流量的方向，即资金是流入还是流出，时间轴上方的箭线表示现金流入，下方的箭线表示现金流出。一项资金收付是现金流入还是流出，取决于分析的视角，例如，企业从银行借入一笔资金并入账，从企业视角，是现金流入，从银行视角，是现金流出；企业归还借款时，情况刚好相反。

3. B。本题考核的是融资前分析和融资后分析。选项 B 错误，融资前分析应以动态分析（折现现金流量分析）为主、静态分析（非折现现金流量分析）为辅。

4. B。本题考核的是静态投资回收期的计算。累计现金流量见表 4。

表 4　累计现金流量表

计算期(年)	1	2	3	4	5	……
净现金流量(万元)	-4800	1200	1500	1600	1600	—
累计净现金流量(万元)	-4800	-3600	-2100	-500	1100	—

13

$$P_t = (累计净现金流量出现正值或零的年份数 - 1) + \frac{上一年累计净现金流量的绝对值}{出现正值年份的净现金流量}$$

$$= (5-1) + \frac{|-500|}{1600} = 4.31 \text{ 年}。$$

5. D。本题考核的是财务净现值分析。财务净现值指标的优点是：考虑了资金的时间价值，并全面考虑了方案在整个计算期内现金流量的时间分布的状况；经济意义明确直观，能够直接以货币额表示方案的盈利水平。缺点是：必须先确定一个符合经济现实的折现率或财务基准收益率，而在方案的决策过程中，由于环境因素变化和决策者的心理预期波动，该折现率的设定往往是比较困难的；该指标并不能直接反映方案单位投资的收益水平，也不能反映方案投资回收的速度。当 $FNPV \geq 0$ 时，该方案财务上可行；当 $FNPV < 0$ 时，该方案财务上不可行。

6. A。本题考核的是可变成本的内容。通常可变成本是随方案产品产量的增减而成正比例变化的成本，如原材料、燃料、动力费、包装费、计件工资、单位产品税金及附加（不包含增值税）等。

7. C。本题考核的是产销量（工程量）盈亏平衡点的计算。生产性建设项目的盈亏平衡产销量 $BEP(Q) = \dfrac{C_f}{p - C_u - T_u} = 5600/(3600-1600-180) = 3.08$ 万件。

8. A。本题考核的是设备寿命。技术寿命主要是由设备的无形磨损所决定的，它一般比自然寿命要短，而且科学技术进步越快，技术寿命越短，所以选项 A 正确，选项 B 错误。设备的经济寿命是指设备从全新状态投入使用开始，到继续使用在经济上不合理而被更新所经历的时间，即设备从投入使用开始，到年平均使用成本最低的使用年限，所以选项 C 错误。设备的自然寿命主要是由设备的有形磨损决定的，所以选项 D 错误。

9. D。本题考核的是租赁费的主要内容。租赁费用主要包括租赁保证金、租金和担保费。

10. C。本题考核的是租金的计算。若按年末支付方式：该施工企业每年年末支付租金 $= 95 \times \dfrac{10\% \times (1+10\%)^6}{(1+10\%)^6 - 1} = 21.81$ 万元。

11. B。本题考核的是价值工程对象选择的方法。价值工程对象选择的方法有因素分析法、ABC 分析法、强制确定法、百分比分析法、价值指数法。因素分析法是根据价值工程对象选择应遵守的原则，凭借分析人员的经验集体研究确定价值工程对象的一种方法。强制确定法是以功能重要程度作为选择价值工程对象的一种分析方法。百分比分析法是通过分析某种费用或资源对企业或产品的某个技术经济指标的影响程度的大小（百分比），据以选择价值工程对象的方法。

12. B。本题考核的是价值工程原理的运用。本题的计算过程如下：

综合得分总和 = 33+33+35+32 = 133

总造价 = 3050+3000+3300+2950 = 12300 元/m²

价值系数 = 功能系数/成本系数，则：

甲的价值系数=（33/133）÷（3050/12300）=1.001
乙的价值系数=（33/133）÷（3000/12300）=1.017
丙的价值系数=（35/133）÷（3300/12300）=0.981
丁的价值系数=（32/133）÷（2950/12300）=1.003
乙的价值系数最大，应选择方案乙。

13. C。本题考核的是会计要素的计量属性。在可变现净值计量下，资产按照其正常对外销售所能收到现金或者现金等价物的金额，扣减该资产至完工时估计将要发生的成本、估计的销售费用以及相关税费后的金额计量。

14. B。本题考核的是企业支出分类。资本性支出是指通过它所取得的财产或劳务的效益，可以及于多个会计期间所发生的支出。如企业购置和建造固定资产、无形资产支出及发生的长期待摊费用支出等，资本性支出既有用于建造厂房、购买机械设备、修建道路等生产用设施的支出，也有用于建造办公楼、购买小汽车等非生产用设施的支出。

15. D。本题考核的是固定资产计量。固定资产应当按照成本进行初始计量。外购固定资产的成本，包括购买价款、相关税费、使固定资产达到预定可使用状态前所发生的可归属于该项资产的运输费、装卸费、安装费和专业人员服务费等。以一笔款项购入多项没有单独标价的固定资产，应当按照各项固定资产公允价值比例对总成本进行分配，分别确定各项固定资产的成本。

16. D。本题考核的是成本核算方法。业务动因以执行作业的次数作为作业量分配依据，并假定执行每次作业的成本（包括耗用的时间和单位时间耗用的资源）相等。持续动因是指执行一项作业所需的时间标准，在不同产品所需作业量差异较大的情况下，采用持续动因作为分配的基础。持续动因的假设前提是，执行作业的单位时间内耗用的资源是相等的。强度动因是在某些特殊情况下，将作业执行中实际耗用的全部资源单独归集，并将该项单独归集的作业成本直接计入某一特定的产品。

17. C。本题考核的是管理费用内容。管理费用，指企业为组织和管理生产经营所发生的管理费用，包括企业在筹建期间发生的开办费、董事会和行政管理部门在企业的经营管理中发生的或者应由企业统一负担的公司经费（包括行政管理部门职工工资、修理费、物料消耗、低值易耗品摊销、办公费用、差旅费等）、工会经费、董事会费（包括董事会成员津贴、会议费和差旅费等）、聘请中介机构费、咨询费（含顾问费）、诉讼费、业务招待费、技术转让费、矿产资源补偿费、研究费用、排污费、行政管理部门等发生的固定资产修理费用等后续支出等。

18. D。本题考核的是合同变更的会计处理。合同变更不属于"合同变更增加了可明确区分的商品及合同价款，且新增合同价款反映了新增商品单独售价的"情形，且在合同变更日已转让的商品或已提供的服务与未转让的商品或未提供的服务之间可明确区分的，应当视为原合同终止，同时，将原合同未履约部分与合同变更部分合并为新合同进行会计处理。

19. A。本题考核的是营业利润的计算。营业利润=营业收入−营业成本（或营业费用）−税金及附加−销售费用−管理费用−财务费用−资产减值损失+公允价值变动收益（损失为负）+投资收益（损失为负）=10000-8000-960+2000-1200=1840万元。

20. D。本题考核的是企业所得税税率。企业所得税实行25%的比例税率。符合条件的小型微利企业，减按20%的税率征收企业所得税。

21. B。本题考核的是财务报表附注的内容。附注应当按照下列顺序至少披露：（1）企业的基本情况，如企业注册地、组织形式、总部地址、业务性质、主要经营活动、母公司的名称等。（2）财务报表的编制基础。（3）遵循企业会计准则的声明。（4）重要会计政策和会计估计，包括财务报表项目的计量基础和在运用会计政策过程中所做的重要判断等，以及可能导致下一个会计期间内资产、负债账面价值重大调整的会计估计的确定依据等。（5）会计政策和会计估计变更以及差错更正的说明。（6）报表重要项目的说明，如企业终止经营，应当在附注中披露终止经营的收入、费用、利润总额、所得税费用和净利润，以及归属于母公司所有者的终止经营利润。（7）或有和承诺事项、资产负债表日后非调整事项、关联方关系及其交易等需要说明的事项。（8）有助于财务报表使用者评价企业管理资本的目标、政策及程序的信息。（9）关于其他综合收益各项目的信息等。

22. D。本题考核的是偿债能力比率指标。偿债能力比率指标包括资产负债率、流动比率、速动比率、利息备付率、偿债备付率。选项A、C属于短期偿债能力指标。选项B属于营运能力比率指标。

23. C。本题考核的是速动比率的计算。速动比率=速动资产/流动负债；速动资产=流动资产-存货；流动资产包括货币资金、交易性金融资产、衍生金融资产、应收票据、应收账款、应收款项融资、预付款项、其他应收款、存货、合同资产、持有待售资产、一年内到期的非流动资产、其他流动资产。则该企业的速动比率=（100+220+80-220）/110=1.64。

24. A。本题考核的是项目融资的特点。项目融资具有以下特点：（1）以项目为主体，项目融资是以项目为主体的融资活动。（2）有限追索贷款。项目的贷款人可以在贷款的某个特定阶段对项目借款人实行追索，或在一个规定范围内对公私合作双方进行追索。除此之外，项目出现任何问题，贷款人均不能追索到项目借款人除该项目资产、现金流量以及政府承诺义务之外的任何形式的资产。（3）合理分配投资风险。（4）项目资产负债表之外的融资。（5）灵活的信用结构。

25. A。本题考核的是资金成本率的计算。本题的计算过程为：企业借款每年的资金成本率=$\frac{1500 \times 6\% \times (1-25\%)}{1500}$=4.5%。

26. A。本题考核的是最佳现金持有量的计算。本题中四种方案的总成本计算结果见表5。

表5 现金持有总成本

方案	甲	乙	丙	丁
机会成本(元)	7000	8000	9500	10500
管理成本(元)	4000	4000	4000	4000

续表

方案	甲	乙	丙	丁
短缺成本(元)	5000	4500	4000	3500
总成本(元)	16000	16500	17500	18000

经过以上比较可知，现金持有量为70000元的方案的总成本最低，故该企业的最佳现金持有量是70000元。

27. B。本题考核的是短期借款利息的支付方法。短期借款利息的支付方法有收款法、贴现法、加息法。采用贴现法，企业可利用的贷款额只有本金减去利息部分后的差额，因此贷款的实际利率高于名义利率。加息法是银行发放分期等额偿还贷款时采用的利息收取方法。由于贷款分期均衡偿还，借款企业实际上只平均使用了贷款本金的半数，却支付全额利息。这样，企业所负担的实际利率便高于名义利率大约1倍。

28. D。本题考核的是建设项目计价特点。预算定额是概算定额（指标）编制的基础，概算定额（指标）又是估算指标编制的基础。

29. D。本题考核的是进口设备抵岸价的计算。进口设备抵岸价=货价+国外运费+国外运输保险费+银行财务费+外贸手续费+进口关税+增值税+消费税=1050+5+15+70+（1050+70）×13%=1285.6万元。

30. B。本题考核的是工程材料费的构成。选项A、C属于运输损耗费，选项D属于采购及保管费。选项B属于检验试验费。

31. C。本题考核的是措施项目费的内容。脚手架工程费是指施工需要的各种脚手架搭、拆、运输费用以及脚手架购置费的摊销（或租赁）费用。属于措施项目费。

32. C。本题考核的是场地准备费和临时设施费。选项A、B错误，该费用是建设单位支出；选项D错误，应尽量与永久性工程统一考虑。

33. D。本题考核的是基本预备费的计算。基本预备费=（工程费用+工程建设其他费用）×基本预备费费率=（30000+20000+10000）×5%=3000万元。

34. C。本题考核的是建设期利息的计算。本题的计算过程如下：

第1年应计利息=（1/2×600）×6%=18万元。

第2年应计利息=（600+1/2×400+18）×6%=49.08万元。

第3年应计利息=（600+400+18+49.08+1/2×200）×6%=70.02万元。

该项目建设期利息=18+49.08+70.02=137.10万元。

35. A。本题考核的是工人工作时间消耗分类。偶然工作也是工人在任务外进行的工作，但能够获得一定产品。如抹灰工不得不补上偶然遗留的墙洞等。由于偶然工作能获得一定产品，拟定定额时要适当考虑它的影响。

36. A。本题考核的是机械工作时间消耗的分类。有效工作时间包括正常负荷下的工时消耗和有根据地降低负荷下的工时消耗。正常负荷下的工时消耗是指机械在与机械说明书规定的计算负荷相符的情况下进行工作的时间；有根据地降低负荷下的工作时间是指在个别情况下由于技术上的原因，机械在低于其计算负荷下工作的时间。例如，汽车运输重量轻而体积大的货物时，不能充分利用汽车的载重吨位，因而不得不降低其计算负荷。

37. A。本题考核的是材料单价的计算。材料单价＝[(材料原价+运杂费)×(1+运输损耗率(%))]×[1+采购保管费率(%)]＝(150+30)×(1+0.5%)×(1+2%)＝184.52万元。

38. D。本题考核的是施工仪器仪表台班单价的构成。施工仪器仪表台班单价由4项费用组成：折旧费、维护费、校验费、动力费等。

39. D。本题考核的是工程造价指数的分类。按照工程范围、类别、用途分类，工程造价指数分为建设工程造价综合指数和建设工程要素价格指数。

40. C。本题考核的是设备及安装工程概算的内容。对于一般工业与民用建筑工程而言，单位工程概算按其工程性质分为建筑工程概算和设备及安装工程概算两大类。建筑工程概算包括土建工程概算、给水排水采暖工程概算、通风空调工程概算、电气照明工程概算、弱电工程概算、特殊构筑物工程概算等；设备及安装工程概算包括机械设备及安装工程概算、电气设备及安装工程概算、热力设备及安装工程概算以及工器具及生产家具购置费概算等。

41. B。本题考核的是设备安装工程概算的编制方法。当初步设计有详细设备清单时，可直接按预算单价（预算定额单价）编制设备安装工程概算。当初步设计的设备清单不完备，或仅有成套设备的重量时，可采用主体设备、成套设备或工艺线的综合扩大安装单价编制概算。当初步设计的设备清单不完备，或安装预算单价及扩大综合单价不全，无法采用预算单价法和扩大单价法时，可采用概算指标法编制概算。概算指标形式较多，概括起来主要可按以下几种指标进行计算。

（1）按占设备价值的百分比（安装费率）的概算指标计算。

设备安装费＝设备原价×设备安装费率

（2）按每吨设备安装费的概算指标计算。

设备安装费＝设备总吨数×每吨设备安装费（元/t）

（3）按座、台、套、组、根或功率等为计量单位的概算指标计算。如工业炉，按每台安装费指标计算；冷水箱，按每组安装费指标计算安装费等。

（4）按设备安装工程每平方米建筑面积的概算指标计算。

42. B。本题考核的是定额单价法编制施工图预算的相关内容。计算人、材、机费用时需注意以下几项内容：(1) 分项工程的名称、规格、计量单位与定额单价中所列内容完全一致时，可以直接套用定额单价。(2) 分项工程的主要材料品种与定额单价中规定材料不一致时，不可以直接套用定额单价；需要按实际使用材料价格换算定额单价。(3) 分项工程施工工艺条件与定额单价不一致而造成人工、机械的数量增减时，一般调量不换价。(4) 分项工程不能直接套用定额、不能换算和调整时，应编制补充定额单价。

43. D。本题考核的是施工图预算审查方法的特点。施工图预算审查方法的特点如下：

（1）全面审查法（逐项审查法），其优点是全面、细致，审查质量高、效果好。缺点是工作量大，时间较长。

（2）标准预算审查法，其优点是时间短、效果好、易定案。其缺点是适用范围小。

（3）分组计算审查法，其特点是审查速度快、工作量小。

（4）对比审查法是当工程条件相同时，用已完工程的预算或未完但已经过审查修正的工程预算对比审查拟建工程的同类工程预算。

（5）"筛选"审查法的优点是简单易懂，便于掌握，审查速度快，便于发现问题。

（6）重点审查法的优点是突出重点，审查时间短、效果好。

44．D。本题考核的是工程量清单的组成。工程量清单是指建设工程的分部分项工程项目、措施项目、其他项目、规费项目、税金项目的名称和相应数量等的明细清单。

45．D。本题考核的是分部分项工程量清单中项目编码的编制。选项A错误，3、4位为专业工程顺序码。选项B错误，10~12位为清单项目名称顺序码。选项C错误，同一招标工程编码不得有重码。10~12位的设置由招标人针对工程项目具体编制，并应自001起顺序编制。

46．A。本题考核的是投标报价的编制。在招标投标过程中，当招标工程量清单特征描述与设计图纸不符时，投标人应以招标工程量清单项目的特征描述为准，确定投标报价的综合单价。当施工中施工图纸或设计变更与招标工程量清单项目特征描述不一致时，发承包双方应按实际施工的项目特征，依据合同约定重新确定综合单价。

47．D。本题考核的是计价合同的选择。建设规模较大，技术较复杂，工期较长，实际施工与预计施工可能有较大差异，计量计价不可控因素较多，容易导致合同价格产生较大波动的工程，可采用单价合同。建设规模较小，技术难度较低，工期较短，实际施工与预计施工差异较小，计量计价稳定因素较多，合同价格波动较小的工程，可采用总价合同。紧急抢险、救灾以及施工技术先进或特别复杂的工程，可采用成本加酬金合同。

48．A。本题考核的是工程变更计量。采用单价合同的工程，按变更指令及发承包双方确认的实际施工图纸重新计量分部分项工程项目清单的所有清单项目及其工程量，并与合同图纸工程量清单项目及其工程量相比较，计量清单差异的增减变更项目及其变更工程量。采用总价合同的工程，按变更指令和发包人颁发或确认的实际施工图纸与合同图纸相比较，差异部分的分部分项工程项目清单即为工程变更项目，应按合同约定的工程量计算规则及适用的国家及行业工程量计算规范的清单项目分类和工程量计算规则计算变更项目及其变更工程量，所以选项A错误，选项B、C正确。由于工程变更引致的措施项目变化，应按发包人批准的承包人专为工程变更拟定的实施方案或实际发生内容，计算其因工程变更需要增加投入的施工管理人员、增加搭设的临时设施及其他增加的施工措施工程（工作）量；工程变更引致合同工期变化的，应依据发包人批准的工期延长或缩短的时间计算调整，作为计算变更工程价格的依据，所以选项D正确。

49．A。本题考核的是工程量偏差的合同价格调整。本题的计算过程如下：

280÷350＝80%，偏差为20%；

$P_2 \times (1-L) \times (1-15\%) = 350 \times (1-5\%) \times (1-15\%) = 282.63$ 元。

由于280元小于282.63元，所以该项目变更后的综合单价按282.63元调整。

50．C。本题考核的是价格调整。价格调整公式为：

$$\Delta P = P_0 \left[A + \left(B_1 \times \frac{F_{t1}}{F_{01}} + B_2 \times \frac{F_{t2}}{F_{02}} + B_3 \times \frac{F_{t3}}{F_{03}} + \cdots + B_n \times \frac{F_{tn}}{F_{0n}} \right) - 1 \right]$$

本期应调整的合同价款差额

$$= (45 - 5) \times \left[0.25 + \left(0.3 \times \frac{120}{110} + 0.25 \times \frac{123}{112} + 0.2 \times \frac{125}{115} \right) - 1 \right] = 2.77 \text{ 万元}。$$

51. B。本题考核的是工程变更的规定。如果发承包双方的不利一方在约定时间内未提出调整措施项目费用的，应视为工程变更不引起措施项目费用的变化或不利一方放弃调整措施项目费用的权利。如果另一方未在约定时间内对不利一方提出的调整措施项目费用进行确认或提出审核意见的，应视为认可不利一方提出的调整措施项目费用。

52. A。本题考核的是因法律法规与政策变化事件导致的合同价格调整规定。合同工程实施期间，在合同基准日后发生以下法律法规及政策性变化引致合同价款增减变化和（或）工期延误的，发承包双方应按合同约定和国家、省级或行业建设主管部门及其授权的工程造价管理机构据此发布的规定调整合同价格及（或）工期：

（1）新增的法律法规及政策性规定；

（2）修改原有的法律法规及政策性规定；

（3）废止原有的法律法规及政策性规定；

（4）政府对相关法律法规的解释发生了变化。

因承包人原因导致工期延长，在工期延长期间出现上述规定的法律法规及政策性变化的，合同价格调增的不予调整，合同价格调减的予以调整。

53. A。本题考核的是施工机械使用费的索赔。当工作内容增加引起设备费索赔时，设备费的标准按照机械台班费计算。因窝工引起的设备费索赔，当施工机械属于施工企业自有时，按照台班折旧费计算索赔费用；当施工机械是施工企业从外部租赁时，索赔费用的标准按照设备租赁费计算。

54. D。本题考核的是现场签证的程序。现场签证的程序：（1）承包人应在接受发包人要求的 7d 内向发包人提出签证，发包人签证后施工。若没有相应的计日工单价，签证中还应包括用工数量和单价、机械台班数量和单价、使用材料品种及数量和单价等。若发包人未签证同意，承包人施工后发生争议的，责任由承包人自负。（2）发包人应在收到承包人的签证报告 48h 内给予确认或提出修改意见，否则视为该签证报告已经认可。（3）发承包双方确认的现场签证费用与工程进度款同期支付。

55. B。本题考核的是有质量争议工程的竣工结算。发包人对工程质量有异议，拒绝办理工程竣工结算的，已竣工验收或已竣工未验收但发包人擅自使用的工程，其质量争议应按该工程保修合同或合同中有关保修条款执行，竣工结算应按合同约定办理；已竣工未验收且未实际投入使用的工程以及停工、停建工程的质量争议，双方应就有争议的部分委托有资质的检测鉴定机构进行检测，并应根据检测结果确定解决方案，或按工程质量监督机构的处理决定执行后办理竣工结算，无争议部分的竣工结算应按合同约定办理。

56. B。本题考核的是最终结清。缺陷责任期终止后，承包人应在约定时间内向发包人提交最终结清申请书和相关证明材料。最终结清申请书应列明预留的质量保证金或担保函、缺陷责任期内发生的修复费用、最终结清款。发包人应将质量担保函或剩余的质量保证金返还给承包人，不应计算利息。

57. D。本题考核的是工程总承包投标报价编制。工程总承包采用可调总价合同的，预备费应按招标文件中列出的金额填写，不得变动，并应计入投标总价中；采用固定总价合同的，预备费由投标人自主报价，合同价款不予调整，所以选项 D 错误。

58. D。本题考核的是材料、设备单价的计算。在工程所在国当地采购的材料设备，其预算价格应为施工现场交货价格，即预算价格=市场价+运输费+采购保管损耗。

59. A。本题考核的是投标分析。在计算出分项工程综合单价，编出单价汇总表后，在工程估价人员算出的暂时标价的基础上，应对其进行全面的评估与分析，探讨投标报价的经济合理性，从而做出最终报价决策。

60. C。本题考核的是大数据生存周期管理活动。根据《信息技术 大数据 术语》GB/T 35295—2017，大数据生存周期模型描述了大数据的"数据—信息—知识—价值"生存周期并指导大数据相关活动。这些活动主要分布在四个阶段：

（1）收集阶段：采集原始数据并按原始数据形式存储。

（2）准备阶段：将原始数据转化为干净的、有组织的信息。

（3）分析阶段：利用有组织的信息产生合成的知识。

（4）行动阶段：运用合成的知识为组织生成价值。

二、多项选择题

61. B、D、E；　　　62. B、C、D、E；　　　63. C、E；
64. C、D；　　　　65. A、D、E；　　　　66. A、B、C、D；
67. B、C、D、E；　68. B、E；　　　　　　69. A、C、D；
70. A、C、E；　　　71. B、C、E；　　　　72. A、D、E；
73. B、D；　　　　74. A、C、D；　　　　75. B、D、E；
76. B、D；　　　　77. A、B、C；　　　　78. A、B、C；
79. A、D；　　　　80. B、C、D、E。

【解析】

61. B、D、E。本题考核的是偿债能力分析指标。偿债能力指标主要有：利息备付率、偿债备付率、资产负债率、流动比率和速动比率。选项 A、C 属于盈利能力分析指标。

62. B、C、D、E。本题考核的是计算期相同的互斥方案的比选，常用的评价指标有财务净现值、净年值、费用现值、年折算费用等。

63. C、E。本题考核的是无形磨损的情形。由于科学技术进步的影响，设备制造工艺不断改进，劳动生产效率不断提高，使生产同样结构或性能的设备所需的社会必要劳动时间相应减少，设备制造成本和价格不断降低，致使原设备相对贬值。这类磨损称为第Ⅰ类无形磨损。由于科学技术的进步，市场上出现了结构更先进、性能更完善、生产效率更高、耗费原材料和能源更少的新型设备，使原有设备在技术上显得陈旧落后，其经济效益相对降低而发生贬值。这类磨损称为第Ⅱ类无形磨损。第Ⅱ类无形磨损的后果不仅是使原有设备价值降低，而且会使原有设备生产精度和能耗达不到新的标准和要求，致使其局部或全部失去使用价值。

64. C、D。本题考核的是工作程序。准备阶段工作内容：对象选择；组成价值工程工作组；制订工作计划。

65. A、C、D、E。本题考核的是所有者权益的内容。所有者权益的构成包括：实收资本（或股本）；其他权益工具；资本公积；其他综合收益；专项储备；盈余公积；未分配利润。

66. A、B、C、D。本题考核的是会计等式的应用。企业经济业务（仅指会计事项）的发生，导致企业资产总额与权益总额（负债又称债权人权益，与所有者权益统称权益）的增减变动，只有四种类型：（1）资产项目与权益项目同时增加，双方增加的金额相等；（2）资产项目与权益项目同时减少，双方减少的金额相等；（3）资产项目之间此增彼减，增减的金额相等；（4）权益项目之间此增彼减，增减的金额相等。（3）和（4）两种类型不影响静态会计等式左右两侧的总额。

67. B、C、D、E。本题考核的是销售费用的内容。企业销售商品和材料、提供劳务的过程中发生的各种费用，包括保险费、包装费、展览费和广告费、商品维修费、运输费、装卸费等以及为销售本企业商品而专设的销售机构（含销售网点、售后服务网点等）的职工薪酬、业务费、折旧费等经营费用，以及企业发生的与专设销售机构相关的固定资产修理费用等后续支出。施工企业工程施工采用承包方式，销售和管理活动交错进行，密不可分，可以不进行单独的销售费用核算，纳入管理费用核算；施工企业同时兼营其他业务时，可以单独设置销售费用。

68. B、E。本题考核的是免税收入。企业的下列收入为免税收入：（1）国债利息收入；（2）符合条件的居民企业之间的股息、红利等权益性投资收益；（3）在中国境内设立机构、场所的非居民企业从居民企业取得与该机构、场所有实际联系的股息、红利等权益性投资收益；（4）符合条件的非营利组织的收入。

69. A、C、D。本题考核的是投资活动产生的现金流量。投资活动是指企业长期资产的购建和不包括在现金等价物范围的投资及其处置活动。其产生的现金流量至少应当单独列示反映下列信息的项目：（1）收回投资收到的现金；（2）取得投资收益收到的现金；（3）处置固定资产、无形资产和其他长期资产收回的现金净额；（4）处置子公司及其他营业单位收到的现金净额；（5）收到其他与投资活动有关的现金；（6）购建固定资产、无形资产和其他长期资产支付的现金；（7）投资支付的现金；（8）取得子公司及其他营业单位支付的现金净额；（9）支付其他与投资活动有关的现金。

70. A、C、E。本题考核的是资金筹集费用的组成。资金筹集费用是指在资金筹集过程中支付的各项费用，如发行债券支付的印刷费、代理发行费、律师费、公证费、广告费等，它通常是在筹集资金时一次性支付，在使用资金的过程中不再发生。

71. B、C、E。本题考核的是施工机械台班单价的内容。施工机械台班单价包括：折旧费、检修费、维护费、安拆费及场外运费、人工费、燃料动力费、税费（车船使用税、保险费及检测费）。

72. A、B、D、E。本题考核的是措施项目费的内容。措施项目费包括：安全文明施工费（环境保护费、文明施工费、安全施工费、临时设施费、建筑工人实名制管理费）；夜间施工增加费；二次搬运费；冬雨季施工增加费；已完工程及设备保护费；工程定位复测费；

特殊地区施工增加费；大型机械设备进出场及安拆费；脚手架工程费。选项 C 属于企业管理费中的检验试验费。

73. B、D。本题考核的是预算定额。预算定额是以合格分项工程和结构构件为对象。指在正常的施工条件下，完成一定计量单位的合格分项工程和结构构件所需消耗的人工、材料、施工机械台班数量及其费用标准。预算定额是以施工定额为基础综合扩大编制的，其中的人工、材料和机械台班的消耗水平根据施工定额综合取定，定额项目的综合程度大于施工定额，同时也是编制概算定额的基础，所以选项 A、C 错误，选项 B 正确。预算定额是编制施工图预算的主要依据，是编制定额基价、确定工程造价、控制建设工程投资的基础和依据，所以选项 D 正确。施工定额是施工企业编制施工组织设计和施工工作计划的依据，所以选项 E 错误。

74. A、C、D。本题考核的是人工、材料、机械台班的消耗量的确定。必需消耗的工作时间是工人在正常施工条件下，为完成一定合格产品（工作任务）所消耗的时间，是制定定额的主要依据，包括有效工作时间、休息时间和不可避免中断时间的消耗。有效工作时间包括基本工作时间、辅助工作时间、准备与结束工作时间的消耗。所以选项 A 正确。选项 B 属于损失时间，所以选项 B 错误。必需消耗的材料，是指在合理用料的条件下生产合格产品需要消耗的材料，包括直接用于建筑和安装工程的材料、不可避免的施工废料、不可避免的材料损耗。选项 C 属于材料消耗量。所以选项 C、选项 D 正确。低负荷下的机械工作时间属于机器的损失工作时间，所以选项 E 错误。

75. B、D、E。本题考核的是单位建筑工程概算编制方法。单位建筑工程概算的编制方法有概算定额法、概算指标法、类似工程预算法三种。

76. B、D。本题考核的是投标报价编制的一般规定。投标人可依据计价规范的规定自主确定投标报价，并应对已标价工程量清单填报价格的一致性及合理性负责，承担不合理报价及总价合同工程量清单缺陷等风险，所以选项 A 错误。投标人应在接收招标文件后，在约定时间内根据招标文件说明的招标工程特点及合同要求复查招标文件中计划工期的可行性及其风险与影响，对计划工期存有疑问或异议的，应按招标文件的规定及时以书面形式提请招标人澄清或修正，所以选项 C 错误。采用总价合同的招标工程，投标人应在接收招标文件后，在约定时间内对招标工程量清单的分部分项工程项目清单进行复核，所以选项 E 错误。

77. A、B、C。本题考核的是因非承包人原因发生暂停施工事件导致的工程索赔。因非承包人原因发生暂停施工事件导致的工程索赔，承包人可向发包人提出延长工期，并根据工期延长和损失情况索赔以下费用：（1）已进场无法进行施工的人员窝工费用；（2）已进场无法投入使用的材料损失费用；（3）已进场无法进行施工的机械设备停滞费用；（4）其他费用损失。

78. A、B、C。本题考核的是材料费的索赔。索赔费中材料费的索赔包括索赔事件引起的材料用量增加、材料价格大幅度上涨、非承包商原因造成的工期延误而引起的材料价格上涨和材料超期存储费用。

79. A、D。本题考核的是《标准施工招标文件》（2007 年版）中承包人索赔可引用的条款。选项 A，可以索赔工期和费用；选项 B，可以索赔工期、费用和利润；选项 C，只可索赔工期；选项 D，可索赔工期和费用；选项 E，可以索赔工期、费用和利润。

80．B、C、D、E。本题考核的是国际工程投标报价的构成。国际工程投标报价分人工费、材料费、施工机具使用费、待摊费、开办费、分包工程费和暂列金额（招标人备用金）。其中，现场管理费、临时工程设施费、保险费、税金等是在工程量清单中没有单独列项的费用项目，需将其作为待摊费用分摊到工程量清单的各个报价分项中去。

《建设工程经济》

考前冲刺试卷（二）及解析

《建设工程经济》考前冲刺试卷

一、单项选择题（共60题，每题1分。每题的备选项中，只有1个最符合题意）

1. 决定利率水平的首要因素是（ ）。
   A. 社会平均利润率　　　　　　　B. 资金市场供求对比状况
   C. 借出资金期限的长短　　　　　D. 政府宏观调控政策

2. 某施工企业希望从银行借款 1000 万元，借款期限 2 年，期满一次还本。经咨询，有甲、乙、丙、丁 4 家银行愿意提供贷款，年利率均为 5%。其中，甲要求按季度计算并支付利息，乙要求按月计算并支付利息，丙要求按年计算并支付利息，丁要求按半年计算并支付利息。则对该企业来说，借款有效利率最低的银行是（ ）。
   A. 甲　　　　　　　　　　　　　B. 乙
   C. 丙　　　　　　　　　　　　　D. 丁

3. 施工单位从银行贷款 2000 万元，月利率为 0.8%，按月复利计息，2 个月后应一次性归还银行本息共计（ ）万元。
   A. 2008.00　　　　　　　　　　B. 2016.00
   C. 2016.09　　　　　　　　　　D. 2032.13

4. 下列方案经济效果评价指标中，属于盈利能力动态分析指标的是（ ）。
   A. 投资收益率　　　　　　　　　B. 财务内部收益率
   C. 资产负债率　　　　　　　　　D. 静态投资回收期

5. 已知方案的净现金流量见表 1。若 $i_c = 10\%$，则该方案的净现值为（ ）万元。

表1　方案净现金流量表

计算期(年)	1	2	3	4	5	6
净现金流量(万元)	-300	-200	300	700	700	700

　　A. 1399.56　　　　　　　　　　B. 1426.83
　　C. 1034.27　　　　　　　　　　D. 1095.25

6. 下列方案之间的关系，任一方案的采用与否与其自己的可行性相关，而与其他方案采用与否没有关系是指（　　）。

A. 独立关系　　　　　　　　B. 互斥关系
C. 相关关系　　　　　　　　D. 包含关系

7. 工程项目方案经济效果评价中，采用盈亏平衡分析进行不确定性分析的不足是（　　）。

A. 不能反映方案对市场变化的适应能力
B. 不能反映方案的抗风险能力
C. 不能揭示产生方案风险的根源
D. 不能提示方案风险因素发生的概率

8. 设备在使用过程中，因受到外力作用导致实体产生的磨损、变形或损坏，称为（　　）。

A. 第Ⅰ类有形磨损　　　　　B. 第Ⅰ类无形磨损
C. 第Ⅱ类有形磨损　　　　　D. 第Ⅱ类无形磨损

9. 某设备自然寿命为 8 年，各年的动态年平均成本见表 2，则其经济寿命为（　　）年。

表2　设备各年的动态年平均成本

年	1	2	3	4	5	6	7	8
年平均成本(元)	22800	19301	17547	15890	13143	14239	15562	16747

A. 5　　　　　　　　　　　　B. 6
C. 7　　　　　　　　　　　　D. 8

10. 某企业急需更新某种设备，其购置费为 500000 元，使用寿命为 5 年，期末残值为 50000 元。如果租赁该种设备，每年租赁费为 150000 元，所得税税率为 25%，年末纳税。折旧采用直线法，基准收益率为 10%。若购买设备，资金全部为借款，借款利率为 8%，每年支付利息到期还本，借款期和设备使用寿命均为 5 年。根据上述条件，该种设备应（　　）。[P/A，10%，5) = 3.7908]

A. 无法判断　　　　　　　　B. 选择购买新设备的方案
C. 两方案均可选择　　　　　D. 选择租赁设备的方案

11. 根据价值工程的原理，属于提高产品价值"双向型"途径的是（　　）。

A. 产品功能有较大幅度提高，产品费用有较少提高
B. 在产品费用不变的条件下，提高产品功能
C. 在提高产品功能的同时，降低产品费用
D. 在保持产品功能不变的前提下，降低费用

12. 下列资产中，属于流动资产的是（　　）。

A. 长期应收款　　　　　　　B. 预付款项

C. 债权投资　　　　　　　　　D. 长期股权投资

13. 根据会计核算原则，在现值计量下，资产按照（　　）计量。
   A. 购置时支付的现金或者现金等价物的金额
   B. 购置时所付出的代价的公允价值
   C. 相似资产所需支付的现金或者现金等价物
   D. 持续使用和最终处置中所产生的未来净现金流入量的折现金额

14. 根据我国现行《企业会计准则》，某施工企业2023年3月收到建设单位支付的2022年完工工程的结算款300万元，则该笔款项在会计核算上正确的处理方式是计入（　　）。
   A. 2023年的收入　　　　　　B. 2023年的负债
   C. 2022年的负债　　　　　　D. 2022年的收入

15. 施工企业发生了自然灾害导致机器报废，发生的净损失50000元，该笔费用应计入（　　）。
   A. 补提折旧　　　　　　　　B. 财务费用
   C. 管理费用　　　　　　　　D. 营业外支出

16. 某固定资产原价为10000元，预计净残值为1000元，预计使用年限为4年，采用年数总和法进行折旧，则第4年的折旧额为（　　）元。
   A. 2250　　　　　　　　　　B. 1800
   C. 1500　　　　　　　　　　D. 900

17. 当履约进度不能合理确定时，企业已经发生的成本预计能够得到补偿的，应当（　　），直到履约进度能够合理确定为止。
   A. 按实际投入的成本确认收入
   B. 不确认收入
   C. 按照已经发生的成本金额确认收入
   D. 按工期比例法确认收入

18. 下列款项中，不应作为企业广义上的收入的是（　　）。
   A. 材料销售收入
   B. 产品销售收入
   C. 企业对外投资的收益
   D. 企业代客户收取的运杂费

19. 某工程合同总收入8000万元，本期末止累计完成工程进度80%，上年完成工程进度30%，本期实际收到工程款3000万元，按完工百分比法计算当期的合同收入是（　　）万元。
   A. 2400　　　　　　　　　　B. 3000
   C. 4000　　　　　　　　　　D. 8000

20. 按照《公司法》，公司税后利润的分配工作包括：①提取法定公积金；②弥补公司以前年度亏损；③向投资者分配利润或股利；④经股东会或者股东大会决议提取任意公积

3

金；⑤未分配利润。正确的分配顺序是（　　）。

 A. ③④②①⑤   B. ②①④③⑤

 C. ①③④⑤②   D. ②①④⑤③

21. 利润表是反映企业在一定会计期间的（　　）的会计报表。

 A. 财务状况   B. 所有者权益增减变动情况

 C. 经营成果   D. 现金和现金等价物流入和流出

22. 财务报表列报时，编制利润表时应遵循（　　）。

 A. 权责发生制原则   B. 实际成本原则

 C. 及时性原则   D. 收付实现制原则

23. 关于流动比率指标的说法，正确的是（　　）。

 A. 流动比率主要反映企业的长期偿债能力

 B. 一般认为生产性企业合理的最低流动比率为1

 C. 流动比率只适用于对短期偿债能力的粗略估计

 D. 流动比率过高，企业近期可能会有财务方面的困难

24. 项目融资主要根据（　　）来安排融资。

 A. 项目的资产、预期收益、政府扶持措施的力度

 B. 项目投资人的资信和拥有的资产

 C. 项目发起人的资信和项目预期收益

 D. 第三人为项目投资人提供的抵押担保

25. 企业商业信用筹资包括（　　）。

 A. 应收账款   B. 预付账款

 C. 应收票据   D. 应付票据

26. 某公司长期资本总额为20000万元，其构成为长期借款5000万元，长期债券8000万元，普通股7000万元，对应资金成本率分别为5%、6%、10%，该公司综合资金成本率为（　　）。

 A. 5.36%   B. 6.24%

 C. 7.00%   D. 7.15%

27. "2/10、1/20、0/30"表示若在信用期间内超过（　　）d付款，则不享受折扣。

 A. 2   B. 10

 C. 20   D. 30

28. 某建筑工程项目建设投资为12000万元，工程建设其他费为2000万元，预备费为500万元，建设期利息为900万元，流动资金为300万元。该项目的固定资产投资额为（　　）万元。

 A. 12900   B. 13400

 C. 15400   D. 15700

29. 关于进口设备外贸手续费的计算，下列公式中正确的是（　　）。

 A. 外贸手续费=FOB×人民币外汇汇率×外贸手续费率

B. 外贸手续费＝CIF×人民币外汇汇率×外贸手续费率

C. 外贸手续费＝FOB×人民币外汇汇率／(1－外贸手续费率)×外贸手续费率

D. 外贸手续费＝CIF×人民币外汇汇率／(1－外贸手续费率)×外贸手续费率

30. 下列费用中，属于建筑安装工程费中人工费的是（　　）。

A. 劳动保险费

B. 劳动保护费

C. 职工教育经费

D. 流动施工津贴

31. 按照有关标准规定，对建筑以及材料、构件和建筑安装物进行一般鉴定、检验所发生的费用在（　　）中列支。

A. 建筑安装工程材料费

B. 建筑安装工程企业管理费

C. 建筑安装工程规费

D. 工程建设其他费用

32. 根据我国现行建筑安装工程费用项目组成的规定，下列费用中应计入暂列金额的是（　　）。

A. 施工过程中可能发生的工程变更以及索赔、现场签证等费用

B. 应建设单位要求，完成建设项目之外的零星项目费用

C. 对建设单位自行采购的材料进行保管所发生的费用

D. 施工用电、用水的开办费

33. 下列费用项目中，应在研究试验费中列支的是（　　）。

A. 为验证设计数据而进行必要的研究试验所需的费用

B. 新产品试验费

C. 施工企业技术革新的研究试验费

D. 设计模型制作费

34. 某建设项目静态投资计划额为10000万元，建设前期年限为1年。建设期为2年，分别完成投资的40%、60%。若年均投资价格上涨率为4%，则该项目建设期间价差预备费为（　　）万元。

A. 442.79　　　　　　　　　B. 649.60

C. 860.50　　　　　　　　　D. 1075.58

35. 施工定额的研究对象是（　　）。

A. 分项工程　　　　　　　　B. 工序

C. 分部工程　　　　　　　　D. 单位工程

36. 关于周转性材料消耗量的说法，正确的是（　　）。

A. 周转性材料的消耗量是指材料每次的使用量

B. 周转性材料的消耗量应当用材料的一次使用量和摊销量两个指标表示

C. 周转性材料的摊销量供施工企业组织施工使用

D. 周转性材料的消耗与周转使用次数无关

37. 斗容量为1m³的反铲挖土机，挖三类土，装车，深度在3m内，小组成员4人，机械台班产量为3.84（定额单位100m³），则挖100m³的人工时间定额为（　　）工日。

　　A. 3.84　　　　　　　　　　　　B. 1.04

　　C. 0.78　　　　　　　　　　　　D. 0.26

38. 关于施工机械台班单价的确定，下列表述式正确的是（　　）。

　　A. 台班折旧费＝机械原值×(1-残值率)/耐用总台班

　　B. 耐用总台班＝检修间隔台班×(检修次数+1)

　　C. 台班检修费＝一次检修费×检修次数/耐用总台班

　　D. 台班维护费＝∑（各级维护一次费用×各级维护次数）/耐用总台班

39. 下列施工机械的停歇时间，不在预算定额机械幅度差中考虑的是（　　）。

　　A. 机械维修引起的停歇

　　B. 工程质量检查引起的停歇

　　C. 机械转移工作面引起的停歇

　　D. 进行准备与结束工作时引起的停歇

40. 关于设计概算作用的说法，正确的是（　　）。

　　A. 设计概算是确定建设规模的依据

　　B. 设计概算是编制固定资产投资计划、签订承发包合同的依据

　　C. 设计概算是施工预算的依据

　　D. 设计概算不应作为编制最高投标限价和投标报价的依据

41. 某单位建筑工程初步设计已达到一定深度，建筑结构明确，则编制该单位建筑工程概算最适合的方法是（　　）。

　　A. 类似工程预算法　　　　　　　B. 概算指标法

　　C. 概算定额法　　　　　　　　　D. 生产能力指数法

42. 关于施工图预算文件的组成，下列说法中错误的是（　　）。

　　A. 当建设项目有多个单项工程时，应采用三级预算编制形式

　　B. 三级预算编制形式的施工图预算文件包括建设项目总预算、单项工程综合预算和单位工程预算组成

　　C. 当建设项目仅有一个单项工程时，应采用二级预算编制形式

　　D. 二级预算编制形式的施工图预算文件包括综合预算表和单位工程预算表两个主要报表

43. 施工图预算审查的内容不包括（　　）。

　　A. 施工图预算是否超过设计概算

　　B. 施工图是否满足项目功能要求

　　C. 施工图预算的编制是否符合相关法律、法规

　　D. 工程量计算是否准确

44. 关于工程量清单作用的说法，正确的是（　　）。

A. 是调整工程价款、处理工程索赔的依据

B. 招标人可据此编制设计概算

C. 招标人可据此编制施工图预算

D. 为招标人编制投资估算文件提供依据

45. 根据现行计量规范明确的工程量计算规则，清单项目工程量是以（   ）为准，并以完成的净值来计算的。

A. 实际施工工程量   B. 形成工程实体

C. 返工工程量及其损耗   D. 工程施工方案

46. 关于最高投标限价编制的说法，错误的是（   ）。

A. 分部分项工程费采用综合单价的方法编制

B. 招标文件提供了暂估单价的材料，应按暂估单价计入综合单价

C. 可以计算工程量的措施项目，以"项"为单位计价，应包括除规费、税金外的全部费用

D. 规费和税金必须按国家或省级、行业建设主管部门规定的标准计算，不得作为竞争性费用

47. 编制工程量清单出现计算规范附录中未包括的清单项目时，编制人应作补充，下列有关编制补充项目的说法中正确的是（   ）。

A. 补充项目编码由字母B与三位阿拉伯数字组成

B. 补充项目应报县级工程造价管理机构备案

C. 补充项目的工作内容等应予以明确

D. 补充项目编码应顺序编制，起始序号由编制人根据需要自主确定

48. 承包人提交给发包人的计量成果，在（   ）情况下可视为已获得发包人认可。

A. 发包人收到计量成果后立即确认

B. 发包人在约定时间内未提供核对结果

C. 承包人提交计量成果后，发包人提出异议并要求重新计量

D. 承包人自行认为计量成果无误，无需发包人确认

49. 某土方工程，合同工程量为1万 m^3，合同综合单价为60元/m^3。合同约定：当实际工程量增加15%以上时，超出部分的工程量综合单价应予调低。施工过程中由于发包人设计变更，实际完成工程量1.3万 m^3，监理人与承包人依据合同约定协商后，确定的土方工程变更单价为56元/m^3。该土方工程实际结算价款为（   ）万元。

A. 72.80   B. 76.80

C. 77.40   D. 78.00

50. 当承包人投标报价中可调价因子单价高于基准价时，计量周期工程造价管理机构发布的单价跌幅以（   ）为基础超过合同约定的风险幅度值，其超过部分按实调整。

A. 定额单价   B. 投标报价

C. 基准价   D. 最高投标限价

51. 采用单价合同的工程，工程量清单缺陷引致清单项目增加或减少的，增减工程量未

超过相应清单项目合同清单所含工程量的（　　）的，应按单价合同工程变更的相应规定计算调整合同价格。

A. 20% B. 15%
C. 10% D. 5%

52. 当工程量清单中给定暂估价的材料不属于依法必须招标的，且由承包人进行市场采购询价或自主报价（承包人自产自供的）时，对合同价格的处理是（　　）。

A. 直接以承包人报价作为最终价格
B. 由发包人单方面确定价格
C. 经发包人确认价格后以税前价格取代暂估价
D. 由第三方机构进行价格评估

53. 工程施工过程中发生索赔事件以后，承包人首先要做的是（　　）。

A. 提交索赔意向通知书 B. 提交索赔证据
C. 提交索赔报告 D. 与监理人进行谈判

54. 根据《标准施工招标文件》（2007年版）通用合同条款，下列引起承包人索赔的事件中，可以同时获得工期和费用补偿的是（　　）。

A. 发包人原因造成承包人人员工伤事故
B. 施工中遇到不利物质条件
C. 承包人提前竣工
D. 基准日后法律的变化

55. 发包人应在开工后28d内预付安全文明施工费总额的（　　）。

A. 30% B. 40%
C. 50% D. 60%

56. 因不可抗力解除合同的，发包人不应向承包人支付的费用是（　　）。

A. 承包人已完成工程的价款 B. 承包人未交付材料的货款
C. 解除订货合同而产生的费用 D. 承包人撤离施工现场的费用

57. 工程总承包为固定总价合同，预备费可作为风险包干费用，在合同专用条件中约定，预备费应（　　）。

A. 归发包人所有 B. 归承包人所有
C. 归监理人所有 D. 由项目设计方决定其用途

58. 工程总承包工程完工后，承包人可在（　　）时向发包人提交竣工结算文件。

A. 提交工程竣工验收申请 B. 工程完工之日
C. 竣工验收合格之日 D. 工程交付之日

59. 国际工程投标报价中，工程计价中最重要的基础工作是（　　）。

A. 投标策略的选择 B. 标价的动态分析
C. 现场管理费的计算 D. 分项工程单价的计算

60. 在国际工程报价中，投标人为了既不提高总报价，又能在结算中获得更理想的经济效益，运用不平衡报价法时，可降低一些报价的是（　　）。

A. 能早日结账收款的工程项目
B. 经核算预计今后工程量会增加较多的项目
C. 因设计图纸不明确可能导致工程量增加的项目
D. 预计不可能完全实施的早期工程项目

二、多项选择题（共20题，每题2分。每题的备选项中，有2个或2个以上符合题意，至少有1个错项。错选，本题不得分；少选，所选的每个选项得0.5分）

61. 现金流量图中表示现金流量三要素包括（　　）。
    A. 净现值　　　　　　　　　B. 方向
    C. 现值　　　　　　　　　　D. 大小
    E. 作用点

62. 关于财务基准收益率的说法，正确的有（　　）。
    A. 所有方案均应使用国家发布的行业基准收益率
    B. 基准收益率反映方案资金应当获得的最低盈利水平
    C. 确定基准收益率不应考虑通货膨胀的影响
    D. 基准收益率是评价和判断方案在财务上和方案比选的依据
    E. 基准收益率一般等于商业银行贷款基准利率

63. 建设项目敏感性分析中，确定敏感因素可以通过计算（　　）来判断。
    A. 盈亏平衡点　　　　　　　　B. 评价指标变动率
    C. 不确定因素变动率　　　　　D. 临界点
    E. 敏感度系数

64. 关于经营租赁的说法，正确的有（　　）。
    A. 具有可撤销性、短期性、租金高等特点
    B. 适用于技术进步快、用途较广泛、使用具有季节性的设备
    C. 出租人对设备的维修保养等不承担责任
    D. 租赁费计入企业成本，可以减少企业所得税纳税基数
    E. 任何一方都可以随时以一定方式在通知对方的规定时间内取消或终止租赁

65. 对于企业生产由多种产品组成或一种产品由多个零部件组成的情形，从施工维度，企业应优先选择（　　）的工程项目作为价值工程的分析对象。
    A. 工程量大　　　　　　　　B. 用户意见多
    C. 竞争力差　　　　　　　　D. 工艺复杂
    E. 原材料和能源消耗高

66. 会计确认的标准是（　　）。
    A. 可定义性　　　　　　　　B. 可计量性
    C. 相关性　　　　　　　　　D. 持续性
    E. 可靠性

67. 从工程成本核算的角度分析，属于工程直接费用中机械使用费的有（　　）。
    A. 施工企业总部车辆使用费

B. 施工过程中自有施工机械的使用费
C. 施工过程中自有施工机械的财产保险费
D. 工程施工租用外单位施工机械的租赁费
E. 施工机械进出场费

68. 根据《企业会计准则》，合同执行过程中，奖励款形成的收入确认为合同收入时，应同时满足的条件有（   ）。
A. 客户能够认可因变更而增加的收入
B. 该收入能够可靠地计量
C. 对方同意接受的金额能够可靠地计量
D. 根据合同目前完成情况，足以判断工程进度和工程质量能够达到或超过规定的标准
E. 奖励金额能够可靠地计量

69. 关于资产负债表作用的说法，正确的有（   ）。
A. 资产负债表能够反映企业在某一特定日期所拥有的各种资源总量及其分布情况
B. 资产负债表能够反映企业的偿债能力
C. 资产负债表可以提供某一日期的负债总额及其结构
D. 资产负债表可以判断资本保值、增值的情况以及对负债的保障程度
E. 能够反映企业在一定会计期间现金和现金等价物流入和流出的情况

70. 关于杜邦财务分析体系的说法，正确的有（   ）。
A. 该体系是以权益乘数为核心指标
B. 杜邦分析能研究各项资产的比重变化情况，揭示企业的偿债能力
C. 是一个多层次的财务比率分解体系
D. 权益净利率＝营业净利率×总资产周转率×权益乘数
E. 以总资产净利率和权益乘数为两个方面，重点揭示企业获利能力及财务杠杆应用对权益净利率的影响

71. 某建设工程项目需从国外进口设备，应计入该进口设备运杂费的是（   ）。
A. 设备安装前在工地仓库的保管费
B. 国外运费
C. 国外运输保险费
D. 按规定缴纳的增值税
E. 设备出厂价格中没有包含的包装材料器具费

72. 下列内容属于安全文明施工费的有（   ）。
A. 环境保护费
B. 临时设施费
C. 已完工程及设备保护费
D. 特殊地区施工增加费
E. 建筑工人实名制管理费

73. 下列费用中，属于工程建设其他费的有（   ）。
A. 土地使用费
B. 环境影响评价费
C. 单台设备调试费
D. 场地准备费
E. 生产准备费

74. 编制人工定额时，应计入工人定额时间的有（   ）。

A. 材料供应不及时造成的停工时间
B. 施工组织混乱造成的停工时间
C. 由于施工工艺特点引起的工作中断所必需的时间
D. 工人在工作过程中为恢复体力所必需的短暂休息时间
E. 工人违背劳动纪律损失的时间

75. 建筑安装工程概算评审包括对（　　）进行评审。
A. 计价结果
B. 设备型号
C. 工程量计算
D. 取费及材料价格
E. 概算定额选用

76. 关于措施项目清单列项的说法，正确的有（　　）。
A. 参考拟建工程常规施工组织设计确定的临时设施项目
B. 施工过程中可能发生的工程变更而引起的技术措施项目
C. 参考拟建工程常规施工技术方案确定的脚手架项目
D. 施工方案没有表述但为实现施工规范要求而必须发生的技术措施项目
E. 列入暂估价中的专业工程的技术措施项目

77. 关于合同价款调整的说法，正确的有（　　）。
A. 工程价款未按约定时间支付，造成合同价款调整的，由责任方承担
B. 合同未约定物价变化应予调整价款的项目，市场物价异常波动时，费用由承包人全部承担
C. 发生工程量清单缺陷、暂列金额等影响合同价款调整事项的，应按计价规范调整合同价格
D. 承包人按合同要求对合同图纸进行施工深化设计引致的差异，合同价格需做调整
E. 完成合同签订的工程，价款支付前需要重新计量计价的，合同价格应按计价规范计算调整

78. 根据《建设工程施工合同（示范文本）》GF-2017-0201，关于不可抗力后果承担的说法，正确的有（　　）。
A. 承包人在施工现场的人员伤亡损失由承包人承担
B. 永久工程损失由发包人承担
C. 因不可抗力引起暂停施工的，承包人在停工期间按照发包人要求照管工程的费用由发包人承担
D. 承包人施工机械损坏由发包人承担
E. 发包人在施工现场的人员伤亡损失由承包人承担

79. 承包人在每个计量周期向发包人提交的已完工程进度款支付申请应包括的内容有（　　）。
A. 签约合同价
B. 累计完成合同价款
C. 前期累计已支付进度款
D. 累计已扣回预付款（包括当期扣回价款）
E. 累计发生计日工价款

11

80. 下列国际工程施工项目投标报价费用构成中，通常可以计入开办费的是（   ）。
A. 保险费
B. 劳动保护费
C. 进场临时道路费
D. 经营业务费
E. 施工用水电费

考前冲刺试卷（二）参考答案及解析

一、单项选择题

1. A；	2. C；	3. D；	4. B；	5. D；
6. A；	7. C；	8. A；	9. A；	10. B；
11. C；	12. B；	13. D；	14. B；	15. B；
16. D；	17. C；	18. D；	19. C；	20. B；
21. C；	22. A；	23. C；	24. A；	25. D；
26. D；	27. C；	28. A；	29. B；	30. D；
31. B；	32. A；	33. A；	34. C；	35. B；
36. B；	37. B；	38. B；	39. D；	40. B；
41. C；	42. D；	43. B；	44. A；	45. B；
46. C；	47. C；	48. C；	49. C；	50. C；
51. B；	52. C；	53. A；	54. B；	55. C；
56. B；	57. B；	58. A；	59. D；	60. D。

【解析】

1. A。本题考核的是利率及其影响因素。利率的影响因素：（1）社会平均利润率的高低；（2）资金市场供求对比状况；（3）借出资金的用途和使用方式；（4）借出资金期限的长短；（5）经济周期所处阶段。其中，社会平均利润率是决定利率水平的首要因素。

2. C。本题考核的是有效利率的计算。本题的计算过程为：

甲银行 $i=(1+5\%/4)^4-1=5.09\%$；

乙银行 $i=(1+5\%/12)^{12}-1=5.12\%$；

丙银行 $i=5\%$；

丁银行 $i=(1+5\%/2)^2-1=5.06\%$；

借款有效利率最低的银行是丙银行。

3. D。本题考核的是一次支付终值的计算。$F=P(1+i)^n=2000\times(1+0.8\%)^2=2032.13$ 万元。

4. B。本题考核的是方案经济效果评价指标体系。盈利能力动态分析指标包括：财务净现值、净现值率、费用现值、净年值、费用年值、内部收益率、动态投资回收期、效益费用比。选项A、D属于盈利能力静态分析指标；选项C属于偿债能力分析指标。

5. D。本题考核的是净现值的计算。根据公式：

13

$$FNPV = \sum_{t=0}^{n}(CI-CO)_t \frac{1}{(1+i_c)^t}$$

则该方案财务净现值 = $-300\times(1+10\%)^{-1}-200\times(1+10\%)^{-2}+300\times(1+10\%)^{-3}+700\times(1+10\%)^{-4}+700\times(1+10\%)^{-5}+700\times(1+10\%)^{-6}$ = $-272.73-165.29+225.39+478.11+434.64+395.13=1095.25$ 万元。

6. A。本题考核的是方案之间的关系。根据多方案之间的经济关系类型，一组备选方案之间一般存在着三种关系：独立关系、互斥关系和相关关系，不包括选项 D。独立关系是指各个方案的现金流量是独立的，不具有相关性，其中任一方案的采用与否与方案自身的可行性相关，而与其他方案采用与否没有关系。互斥关系是指各个方案之间存在着互不相容、互相排斥的关系。相关关系是指各个方案之间，某一方案的采用与否对其他方案的现金流量带来一定的影响，进而影响其他方案的采用或拒绝。

7. C。本题考核的是盈亏平衡分析。盈亏平衡分析优点是计算简便，可直接对方案最关键的盈利性问题进行初步分析，还可预先估计方案对市场需求变化的适应能力，有助于了解方案可承受风险的程度，也可以检测方案规模（如设计生产能力等）确定得是否经济合理。缺点是不能揭示产生方案风险的根源。

8. A。本题考核的是设备的有形磨损。设备在使用过程中，因受到外力作用导致实体产生的磨损、变形或损坏，称为第Ⅰ类有形磨损。这类磨损的程度与设备使用强度和使用时间长短有关，也是引起设备有形磨损的主要原因。设备在闲置过程中，因受自然力作用而导致的实体磨损，如金属性零部件生锈、腐蚀、橡胶件老化等，称为第Ⅱ类有形磨损。由于科学技术进步的影响，设备制造工艺不断改进，劳动生产效率不断提高，使生产同样结构或性能的设备所需的社会必要劳动时间相应减少，设备制造成本和价格不断降低，致使原设备相对贬值。这类磨损称为第Ⅰ类无形磨损。第Ⅱ类无形磨损是由于科学技术的进步，市场上出现了结构更先进、性能更完善、生产效率更高、耗费原材料和能源更少的新型设备，使原有设备在技术上显得陈旧落后，其经济效益相对降低而发生贬值。

9. A。本题考核的是确定设备经济寿命期的原则。确定设备经济寿命期的原则是：使设备在经济寿命内平均每年净收益（纯利润）达到最大；使设备在经济寿命内年平均使用成本达到最小，第 5 年的平均使用成本值最小，因此该设备的经济寿命为 5 年。

10. B。本题考核的是设备租赁与购置方案的比较。对该设备租赁或购买的分析如下：

设备租赁方案：

$PC_R = 150000\times(P/A,10\%,5)-0.25\times150000\times(P/A,10\%,5)$

$= 150000\times 3.7908-0.25\times 150000\times 3.7908$

$= 426465$ 万元

设备购置方案：

年折旧费 = $(500000-50000)\div 5 = 90000$ 元

借款年利息 = $500000\times 8\% = 40000$ 元

$PC_B = 500000 - 0.25 \times 90000 \times (P/A, 10\%, 5) - 0.25 \times 40000 \times (P/A, 10\%, 5)$
     $= 500000 - 0.25 \times 90000 \times 3.7908 - 0.25 \times 40000 \times 3.7908$
     $= 376799$ 万元

因 $PC_B < PC_R$，则应选择购买新设备的方案。

11．C。本题考核的是提高价值的途径。提高价值的途径：

（1）双向型——功能提高，费用降低。即在提高对象功能的同时，又降低对象费用。

（2）改进型——功能提高，费用不变。即在对象费用不变的条件下，通过提高对象资源利用的成果或效用，达到提高对象功能和价值的目的。

（3）节约型——功能不变，费用降低。即在保持对象功能不变的前提下，通过降低费用，达到提高价值的目的。

（4）投资型——功能较大提高，费用较少提高。即通过适当增加投入，较大幅度提高对象的整体功能，从而提高对象的价值。

（5）牺牲型——功能略有下降，费用大幅度降低。即通过适当"牺牲"对象功能实现费用大幅度降低，从而提高对象价值。

12．B。本题考核的是流动资产的内容。流动资产包括货币资金、交易行金融资产、衍生金融资产、应收票据、应收账款、应收款项融资、预付款项、其他应收款、存货、合同资产、持有待售资产、一年内到期的非流动资产、其他流动资产。选项 A、C、D 属于非流动资产。

13．D。本题考核的是会计要素的计量属性。在现值计量下，资产按照预计从其持续使用和最终处置中所产生的未来净现金流入量的折现金额计量。负债按照预计期限内需要偿还的未来净现金流出量的折现金额计量。

14．D。本题考核的是会计核算基础。权责发生制基础下，会计主体某一会计期间的收入、支出和费用以当期收入是否已经实现，支出和费用是否已经发生为标准，而不是以款项的实际收付时间作为基础。某一会计期间内，凡当期实际发生并应归属当期的收入、支出和费用，无论其款项是否收到或付出，均应作为当期的收入和费用处理；凡不应属于当期的收入和费用，即使款项已经收到或支付，亦不应作为当期的收入、支出和费用处理。

15．D。本题考核的是营业外支出。营业外支出主要包括：公益性捐赠支出、非常损失、盘亏损失、非流动资产毁损报废损失等。"非流动资产毁损报废损失"通常包括因自然灾害发生毁损，已丧失使用功能等原因而报废清理产生的损失。

16．D。本题考核的是固定资产折旧方法。年数总和法是将固定资产的应计折旧额乘以一个逐年递减的折旧率计算固定资产每年应计折旧额的方法。计算折旧的基数 = 10000 - 1000 = 9000 元。年数总和 = 1+2+3+4 = 10 年。第 4 年折旧额 = (10000-1000)×1/10 = 900 元。

17．C。本题考核的是成本转结。当履约进度不能合理确定时，企业已经发生的成本预计能够得到补偿的，应当按照已经发生的成本金额确认收入，直到履约进度能够合理确定为止。

18．D。本题考核的是收入的概念。收入有狭义上的收入和广义上的收入之分。狭义上

15

的收入，即营业收入，是指在销售商品、提供劳务及让渡资产使用权等日常活动中形成的经济利益的总流入，包括主营业务收入和其他业务收入，不包括为第三方或客户代收的款项。广义上的收入，包括营业收入、投资收益、补贴收入和营业外收入。

19. C。本题考核的是合同收入的确认。合同收入＝合同总收入×完工进度－以前会计年度累计已确认的收入＝8000×80%－8000×30%＝4000万元。

20. B。本题考核的是税后利润的分配顺序。税后利润的分配顺序是：（1）弥补公司以前年度亏损；（2）提取法定公积金；（3）经股东会或者股东大会决议提取任意公积金；（4）向投资者分配利润或股利；（5）未分配利润。

21. C。本题考核的是利润表的概念。利润表是反映企业在一定会计期间的经营成果的财务报表。

22. A。本题考核的是财务报表列报的基本要求。除现金流量表按照收付实现制原则编制外，企业应当按照权责发生制原则编制其他财务报表。

23. C。本题考核的是流动比率指标。选项A错误，流动比率主要反映企业的短期偿债能力。选项B错误，一般认为生产性企业合理的最低流动比率为2。选项D错误，如果一个企业流动比率与上一年同期相比明显过高，则要检查其原因，是否是由资产结构不合理造成的，或者是募集的长期资金没有尽快投入使用，或者是其他原因。如果流动比率过低，企业近期可能会有财务方面的困难。偿债困难会使企业的风险加大。

24. A。本题考核的是项目融资的特点。项目融资主要根据项目的预期收益、资产以及政府扶持措施的力度来安排融资，其贷款的数量、融资成本的高低以及融资结构的设计都是与项目的现金流量和资产价值直接联系在一起的，因此，项目融资是以项目为主体的融资活动。

25. D。本题考核的是商业信用的形式。商业信用的具体形式有应付账款、应付票据、预收账款、其他应付款项等。

26. D。本题考核的是综合资金成本计算。

各种长期资本占全部资本的比例：

长期借款资金比例：5000/20000×100%＝25%

长期债券资金比例：8000/20000×100%＝40%

普通股资金比例：7000/20000×100%＝35%

综合资金成本＝25%×5%＋40%×6%＋35%×10%＝7.15%。

27. C。本题考核的是现金折扣政策。现金折扣是企业对顾客在商品价格上所做的扣减。"2/10、1/20、0/30"表示，信用期为30d，在信用期间10d内付款可享受2%的折扣，20d内付款可享受1%的折扣，超过20d则全额付款。

28. A。本题考核的是我国建设项目总投资及工程造价的构成。固定资产投资＝建设投资＋建设期利息＝12000＋900＝12900万元。

29. B。本题考核的是外贸手续费的计算。外贸手续费＝到岸价（CIF）×外贸手续费率×人民币外汇汇率。

30. D。本题考核的是人工费的组成。人工费包括计时工资或计件工资、奖金、津贴补贴、加班加点工资、特殊情况下支付的工资。津贴补贴包括流动施工津贴、特殊地区施工津贴、高温（寒）作业临时津贴、高空津贴等。选项A、B、C属于企业管理费。

31．B。本题考核的是检验试验费的列支。检验试验费是指施工企业按照有关标准规定，对建筑以及材料、构件和建筑安装物进行一般鉴定、检查所发生的费用。包括自设试验室进行试验所耗用的材料等费用。不包括新结构、新材料的试验费，对构件做破坏性试验及其他特殊要求检验试验的费用和发包人委托检测机构进行检测的费用，对此类检测发生的费用，由发包人在工程建设其他费用中列支。

32．A。本题考核的是暂列金额的用途。暂列金额是指发包人在工程量清单中暂定并包括在工程合同价款中的一笔款项。用于施工合同签订时尚未确定或者不可预见的所需材料、工程设备、服务的采购，施工中可能发生的工程变更、合同约定调整因素出现时的工程价款调整以及发生的索赔、现场签证确认等的费用。

33．A。本题考核的是研究试验费。研究试验费是指为建设项目提供或验证设计数据、资料等进行必要的研究和试验，以及按照相关规定在建设过程中必须进行试验、验证所需要的费用，包括项目所在地规定应由建设单位承担的工程检测费用，自行或委托其他部门的专题研究、试验所需人工费、材料费、试验设备及仪器使用费等。研究试验费不包括以下项目：（1）应由科技三项费用（即新产品试制费、中间试验费和重要科学研究补助费）开支的项目。（2）应在建筑安装费用中列支的施工企业对建筑材料、构件和建筑物进行一般鉴定、检查所发生的费用。（3）应由勘察设计费或工程费用中开支的项目。

34．C。本题考核的是价差预备费的计算。本题的计算过程如下：
第1年价差预备费$=10000 \times 40\% \times [(1+4\%)^1(1+4\%)^{0.5}-1]=242.38$万元；
第2年价差预备费$=10000 \times 60\% \times [(1+4\%)^1(1+4\%)^{0.5}(1+4\%)^{2-1}-1]=618.12$万元；
该项目预备费$=242.38+618.12=860.50$万元。

35．B。本题考核的是施工定额的编制对象。施工定额是以同一性质的施工过程（工序）为对象，指在正常的施工条件下，完成一定计量单位的工序所需消耗的人工、材料、施工机械台班数量及其费用标准。

36．B。本题考核的是周转材料消耗量的相关内容。定额中周转材料消耗量指标的表示，应当用一次使用量和摊销量两个指标表示。一次使用量是指周转材料在不重复使用时的一次使用量，供施工企业组织施工用；摊销量是指周转材料退出使用，应分摊到每一计量单位的结构构件的周转材料消耗量，供施工企业成本核算或投标报价使用。

37．B。本题考核的是单位产品时间定额的计算。单位产品人工时间定额（工日）=小组成员总人数/台班产量$=4/3.84=1.04$工日。

38．B。本题考核的是施工机械台班单价的组成和确定方法。

台班折旧费$=\dfrac{\text{机械预算价格} \times (1-\text{残值率})}{\text{耐用总台班}}$，所以选项A错误。

耐用总台班=折旧年限×年工作台班=检修间隔台班×检修周期，检修周期=检修次数+

1，所以选项 B 正确。

$$台班检修费 = \frac{一次检修费 \times 检修次数}{耐用总台班} \times 除税系数$$，所以选项 C 错误。

$$台班维护费 = \frac{\sum（各级维护一次费用 \times 除税系数 \times 各级维护次数）+临时故障排除费}{耐用总台班}$$，

所以选项 D 错误。

39．D。本题考核的是机械台班消耗指标的确定。机械幅度差是指在施工定额中未曾包括的，而机械在合理的施工组织条件下所必需的停歇时间，在编制预算定额时应予以考虑。其内容包括：施工机械转移工作面及配套机械互相影响损失的时间；在正常的施工情况下，机械施工中不可避免的工序间歇；检查工程质量影响机械操作的时间；临时水、电线路在施工中移动位置所发生的机械停歇时间；工程结尾时，工作量不饱满所损失的时间。

40．B。本题考核的是设计概算的作用。建设项目设计概算是设计文件的重要组成部分，是确定和控制建设项目全部投资的文件，是编制固定资产投资计划、实行建设项目投资包干、签订承发包合同的依据，同时也是签订贷款合同、项目实施全过程造价管理以及考核项目经济合理性的依据。

41．C。本题考核的是单位建筑工程概算编制方法。类似工程预算法适用于拟建工程初步设计与已完工程或在建工程的设计相类似且没有可用的概算指标的情况，但必须对建筑结构差异和价差进行调整。在初步设计、方案设计或概念性设计深度不够，单位工程或分部分项工程量无法准确提供或计算，行业和地方对应概算定额资料不足的条件下，而工程设计采用的技术比较成熟，已有平台数据库在建设地点、工程特征和结构特征、建设规模等类似的单位工程概算指标和分部分项工程概算指标时，可以采用概算指标法编制设计概算。概算定额法又叫扩大单价法或扩大结构定额法。该方法要求初步设计达到一定深度，建筑结构比较明确时方可采用。选项 D 属于投资估算方法。

42．D。本题考核的是施工图预算编制。当建设项目只有一个单项工程时，应采用二级预算编制形式，二级预算编制形式由建设项目总预算和单位工程预算组成。当建设项目有多个单项工程时，应采用三级预算编制形式，三级预算编制形式由建设项目总预算、单项工程综合预算、单位工程预算组成。

43．B。本题考核的是施工图预算的审查内容。施工图预算的审查内容包括：（1）审查施工图预算的编制是否符合现行国家、行业、地方政府有关法律、法规和规定要求。（2）审查工程量计算的准确性、工程量计算规则与计量标准或定额规则的一致性。（3）审查在施工图预算的编制过程中，各种计价依据使用是否恰当，各项费率计取是否正确；审查依据主要有施工图设计资料、有关定额、施工组织设计、有关造价文件规定和技术规范、规程等。（4）审查各种要素市场价格选用是否合理。（5）审查施工图设计中是否存在擅自扩大建设规模、提高建设标准等现象。审查施工图预算是否超过设计概算，是否进行偏差分析。

44．A。本题考核的是工程量清单的主要作用。工程量清单是工程量清单计价的基础，贯穿于建设工程的发包承包阶段和施工阶段，工程量清单为投标人的投标竞争提供了平等和共同的基础，是编制最高投标限价、投标报价、计算工程量、支付工程款、调整合同价款、办理竣工结算以及工程索赔等的依据。

45. B。本题考核的是工程量计算。现行计量规范明确了清单项目的工程量计算规则，其工程量是以形成工程实体为准，并以完成后的净值来计算的。

46. C。本题考核的是最高投标限价的编制内容。可以计算工程量的措施项目，应按分部分项工程量清单的方式采用综合单价计价；其余的措施项目可以"项"为单位计价，应包括除规费、税金外的全部费用。措施项目费中的安全文明施工费应当按照国家或地方行业建设主管部门的规定标准计价。

47. C。本题考核的是工程量清单编制补充项目的规定。补充项目的编码由对应计算规范的代码x（即01~09）与字母B和三位阿拉伯数字组成，并应从x001起顺序编制，同一招标工程的项目不得重码，所以选项A、D错误。工程量清单中需附补充项目的项目名称、项目特征、计量单位、工程量计算规则和工作内容。将编制的补充项目报省级或行业工程造价管理机构备案，所以选项B错误。

48. B。本题考核的是工程计量一般规定。承包人应以书面形式提交相关工程的计量成果给发包人核对，发包人收到承包人的计量成果后应在约定时间内将核对结果以书面形式通知承包人。发包人未在约定时间内提供核对结果的，可视为承包人提交的计量成果已获得发包人认可，除合同另有约定外，承包人提交的该计量成果可作为工程价款的计算依据，但不应作为相关工程已合格交付的依据。

49. C。本题考核的是工程价款结算。实际完成工程量1.3万m^3>1×1.15=1.15万m^3，当工程量增加15%以上时，增加部分的工程量的综合单价应予调低。该土方工程实际结算价款=1×1.15×60+(1.3-1.15)×56=77.40万元。

50. C。本题考核的是采用造价信息的价格调整。承包人投标报价中可调价因子单价高于基准价：计量周期工程造价管理机构发布的单价跌幅以基准价为基础超过合同约定的风险幅度值，或材料单价涨幅以投标报价为基础超过合同约定的风险幅度值时，其超过部分按实调整。

51. B。本题考核的是工程量清单缺陷引致的合同价格调整规定。采用单价合同的工程，应依据计价规范规定重新计量合同图纸分部分项工程项目清单的所有清单项目工程量，并按以下计价规则调整其与合同清单存在差异的工程量清单缺陷引致的合同价格：（1）工程量清单缺陷引致清单项目增加或减少的，增减工程量未超过相应清单项目合同清单所含工程量的15%（含15%）的，应按单价合同工程变更的相应规定计算调整合同价格；（2）工程量清单缺陷引致清单项目增加或减少的，增减工程量超过相应清单项目合同清单所含工程量的15%（不含15%）的，应按单价合同工程变更的相应规定计算调整合同价格。

52. C。本题考核的是暂估价引致的合同价格调整规定。工程量清单中给定暂估价的材料不属于依法必须招标的，可由承包人进行市场采购询价或自主报价（承包人自产自供的），经发包人确认价格后以税前价格取代暂估价，或可由发承包双方共同询价确认价格后以税前价格取代暂估价，并计算相应价格调整引致的增值税变化，调整合同价格。

53. A。本题考核的是承包人提出索赔的程序。非承包人原因发生的事件造成承包人损失时，承包人可按下列程序向发包人提出工程索赔：（1）承包人应在工程索赔事件发生后28d内，向发包人提交工程索赔意向通知书，说明发生工程索赔事件的事由。承包人逾期未发出工程索赔意向通知书的，丧失索赔的权利。（2）承包人应在发出工程索赔意向通知书后28d内，向发包人正式提交工程索赔报告。工程索赔报告应详细说明索赔理由和要求，并附必要的记录和证明材料。（3）承包人提出的索赔事件同时涉及费用增加及工期延长的，应一并提出。（4）工程索赔事件具有连续影响的，承包人应按合同约定的期限（合同未约定的为28d）继续提交延续工程索赔通知，说明连续影响的实际情况和记录以及要求。（5）在工程索赔事件影响结束后的28d内，承包人应向发包人提交最终工程索赔报告，说明最终工程索赔要求，并附必要的记录和证明材料。

54. B。本题考核的是《标准施工招标文件》（2007年版）中合同条款规定的可以合理补偿承包人索赔的条款。发包人原因造成承包人人员工伤事故，只能获得费用补偿，所以选项A错误。承包人提前竣工，能获得费用和利润补偿，所以选项C错误。基准日后法律的变化只能获得费用补偿，所以选项D错误。

55. C。本题考核的是安全文明施工费支付。发包人应在开工后28d内预付安全文明施工费总额的50%给承包人，其余部分应按照提前安排的原则进行分解，并与工程进度款同期支付。

56. B。本题考核的是因不可抗力导致合同解除的价款结算。因不可抗力导致合同无法履行，发承包双方按合同约定或法律法规规定解除合同的，发承包人应协商确定发包人应当支付的价款，该价款包括：（1）合同解除前承包人已完成工作的价款；（2）承包人为合同工程合理订购且已交付的，或承包人有责任接受交付的材料和其他物品的价款；（3）发包人要求承包人退货或解除订货合同而产生的费用，或因不能退货或解除合同而产生的损失；（4）承包人撤离施工现场以及遣散承包人人员的费用；（5）在合同解除前应支付给承包人的其他价款；（6）扣减承包人应向发包人支付的价款；（7）发承包双方协商确定的其他价款。

57. B。本题考核的是工程总承包项目的预备费使用。工程总承包为可调总价合同，已签约合同价中的预备费应由发包人掌握使用，发包人按照合同约定支付后，预备费如有余额，应归发包人所有；工程总承包为固定总价合同，预备费可作为风险包干费用，在合同专用条件中约定，预备费归承包人所有。

58. A。本题考核的是竣工结算文件的提交。工程总承包工程完工后，承包人可在提交工程竣工验收申请时向发包人提交竣工结算文件。

59. D。本题考核的是国际工程投标报价。分项工程单价的计算是工程计价中最重要的基础工作。分项工程单价通常为综合单价，包括直接费、间接费和利润等。

60. D。本题考核的是不平衡报价法。能够早日结账收款的项目（如开办费、土石方工程、基础工程等）可以报得高一些，以利资金周转，后期工程项目（如机电设备安装工程、装饰工程等）可适当降低。经过工程量核算，预计今后工程量会增加的项目，单价适当提高，这样在最终结算时可获得超额利润，而将工程量可减少的项目单价降低，工程结算时损失不大。针对工程量有错误的早期工程，如果不可能完成工程量表中的数量，则不能盲目抬高报价，要具体分析后再确定。设计图纸不明确，估计修改后工程量要增加的，可以提高单价，而工程内容说明不清的，则可降低一些单价。

二、多项选择题

61. B、D、E；　　　　62. B、D；　　　　63. D、E；
64. A、B、D、E；　　65. A、D、E；　　　66. A、B、C、E；
67. B、D、E；　　　　68. D、E；　　　　69. A、B、C、D；
70. C、D、E；　　　　71. A、E；　　　　72. A、B、E；
73. A、B、D、E；　　74. C、D；　　　　75. C、D、E；
76. A、C、D；　　　　77. A、C、E；　　　78. A、B、C；
79. B、C、D、E；　　80. C、E。

【解析】

61. B、D、E。本题考核的是现金流量图。现金流量图应反映现金流量的三要素，即：现金流量的大小（现金流量数额）、方向（现金流入或现金流出）和作用点（现金流量发生的时点）。

62. B、D。本题考核的是财务基准收益率的确定。财务基准收益率在本质上体现了投资决策者对方案资金时间价值的判断和对方案风险程度的估计，是投资资金应当获得的最低盈利率水平，它是评价和判断方案在财务上是否可行和方案比选的主要依据。一般投资者自行测定的基准收益率应不低于单位资金成本和单位投资的机会成本，同时应考虑投资风险和通货膨胀率。在中国境外投资方案的财务基准收益率的测定，应首先考虑国家风险因素。

63. D、E。本题考核的是敏感性分析。敏感性分析的目的是寻找敏感因素。通常判别敏感因素的方法有相对测定法和绝对测定法两种，其中相对测定法主要是通过敏感度系数确定，绝对测定法主要是通过临界点确定。

64. A、B、D、E。本题考核的是设备租赁方式。经营租赁是指在一定期限内，承租人支付租金而拥有设备使用权的行为。租赁时，出租人除向承租人提供租赁设备外，还要承担设备的维修保养，承租人不需要获得该设备的所有权，只是支付相应的租金来取得该设备的使用权。经营租赁的任何一方都可以随时以一定方式在通知对方的规定时间内取消或终止租赁。该类租赁具有可撤销性、短期性、租金高等特点，适用于技术进步快、用途较广泛、使用具有季节性的设备。经营租赁设备的租赁费计入企业成本，可以减少企业所得税纳税基数。

65. A、D、E。本题考核的是价值工程对象选择原则。施工维度：选择工程量大、工序繁琐、工艺复杂、原材料和能源消耗高、质量难于保证的工程项目或其分部分项工程。

66. A、B、C、E。本题考核的是会计确认的标准。会计确认的标准是可定义性、可计量性、相关性和可靠性。

67. B、D、E。本题考核的是工程成本核算。机械使用费包括施工过程中使用自有施工机械所发生的机械使用费和租用外单位施工机械的租赁费，以及按照规定支付的施工机械进出场费等。

68. D、E。本题考核的是奖励款构成合同收入满足的条件。奖励款应当在同时满足下列条件时才能构成合同收入：（1）根据合同目前完成情况，足以判断工程进度和工程质量能够达到或超过规定的标准。（2）奖励金额能够可靠地计量。如果不同时具备上述条件，则不能确认收入。

69. A、B、C、D。本题考核的是资产负债表的作用。资产负债表能够反映企业资产、负债和所有者权益的全貌，可以帮助报表使用者了解企业的财务状况，其作用主要体现在以下三个方面：（1）资产负债表能够反映企业在某一特定日期所拥有的各种资源总量及其分布情况，可以分析企业的资产构成，以便及时进行调整；（2）资产负债表能够反映企业的偿债能力，可以提供某一日期的负债总额及其结构，表明企业未来需要用多少资产或劳务清偿债务以及清偿时间；（3）资产负债表能够反映企业在某一特定日期企业所有者权益的构成情况，可以判断资本保值、增值的情况以及对负债的保障程度。

70. C、D、E。本题考核的是杜邦财务分析体系。杜邦财务分析体系是以权益净利率为核心指标，以总资产净利率和权益乘数为两个方面，重点揭示企业获利能力及财务杠杆应用对权益净利率的影响，以及各相关指标之间的相互作用关系，所以选项A、B错误、选项E正确。杜邦财务分析体系是一个多层次的财务比率分解体系，所以选项C正确。权益净利率=营业净利率×总资产周转率×权益乘数，其中的营业净利率和总资产周转率反映企业的经营战略，而权益乘数可以反映企业的财务政策，在总资产净利率不变的情况下，提高财务杠杆可以提高权益净利率，但同时也会增加财务风险，因此如何配置财务杠杆是企业最重要的财务政策，所以选项D正确。

71. A、E。本题考核的是设备运杂费的构成。设备运杂费通常由下列各项构成：（1）国产标准设备由设备制造厂交货地点起至工地仓库（或施工组织设计指定的需要安装设备的堆放地点）止所发生的运费和装卸费。（2）在设备出厂价格中没有包含的设备包装和包装材料器具费；在设备出厂价或进口设备价格中如已包括了此项费用，则不应重复计算。（3）供销部门的手续费，按有关部门规定的统一费率计算。（4）建设单位（或工程承包公司）的采购与仓库保管费。

72. A、B、E。本题考核的是安全文明施工费的内容。安全文明施工费是指施工现场为达到环保要求、文明施工、安全施工所需要的环境保护费、文明施工费、安全施工费及临时设施费、建筑工人实名制管理费。

73. A、B、D、E。本题考核的是工程建设其他费的内容。工程建设其他费主要包括：土地使用费和其他补偿费、建设管理费、前期工作咨询费、专项评价费（包括环境影响评价费）、研究试验费、勘察设计费、场地准备费和临时设施费、引进技术和进口设备材料其他费、特殊设备安全监督检验费、市政公用配套设施费、联合试运转费、工程保险费、专利及专有技术使用费、生产准备费、其他费用等。

74. C、D。本题考核的是人工定额的编制。选项 A、B 属于施工本身造成的停工时间，在拟定定额时不应该计算。选项 E 属于损失时间，在定额中不能考虑。

75. C、D、E。本题考核的是设计概算与施工图预算审查。建筑安装工程概算评审包括对工程量计算、概算定额选用、取费及材料价格等进行评审。

76. A、C、D。本题考核的是措施项目清单的编制。措施项目清单的编制应考虑多种因素，除了工程本身的因素外，还要考虑水文、气象、环境、安全和施工企业的实际情况。措施项目清单的设置，需要：

（1）参考拟建工程的常规施工组织设计，以确定环境保护、安全文明施工、临时设施、材料的二次搬运等项目；

（2）参考拟建工程的常规施工技术方案，以确定大型机械设备进出场及安拆、混凝土模板及支架、脚手架、施工排水、施工降水、垂直运输机械、组装平台等项目；

（3）参阅相关的施工规范与工程验收规范，以确定施工方案没有表述的但为实现施工规范与工程验收规范要求而必须发生的技术措施；

（4）确定设计文件中不足以写进施工方案，但要通过一定的技术措施才能实现的内容；

（5）确定招标文件中提出的某些需要通过一定的技术措施才能实现的要求。

77. A、C、E。本题考核的是计价风险。合同未约定物价变化应予调整价款的项目，当市场物价异常波动超过合同约定幅度，或合同未约定物价波动幅度，但市场价格异常波动且有经验的承包人不能预见的，发承包双方可参照计价规范的规定调整受异常波动物价变化影响的相关清单项目价款，费用可由发承包双方合理分摊，所以选项 B 错误。完成合同签订的工程，价款支付前需要重新计量计价的，合同价格应按计价规范的规定计算调整。但承包人按合同要求对合同图纸进行施工深化设计引致深化图纸与合同图纸存在差异的，除合同另有约定或发包人另有要求外，合同价格不应做调整，所以选项 D 错误。

78. A、B、C。本题考核的是不可抗力后果的承担。因不可抗力事件导致的工程索赔，发承包双方应按下列原则分别承担并调整合同价格和工期：（1）永久工程、已运至施工现场的材料的损坏，以及因工程损坏造成的第三方人员伤亡和财产损失由发包人承担；（2）承包人施工设备的损坏及停工损失由承包人承担；（3）发包人和承包人承担各自人员伤亡和财产的损失；（4）因不可抗力引起暂停施工的，停工期间按照发包人要求照管、清理、修复工程的费用和发包人要求留在施工现场必要的管理与保卫人员工资由发包人承担；（5）因不可抗力影响承包人履行合同约定的义务，引起工期延误的，应当顺延工期，发包人要求赶工的，由此增加的赶工费用由发包人承担；（6）其他情形按法律法规规定执行。

79. B、C、D、E。本题考核的是工程进度款支付申请的内容。进度款支付申请应包括下列内容：（1）累计完成工程总值：①累计完成合同价款；②累计发生工程量清单缺陷调整价款（包括单价合同的重新计量调整价款、总价合同的暂定数量调整价款）；③累计发生暂列金额价款；④累计发生暂估价调整价款（包括材料暂估价、承包人实施的专业工程暂估价）；⑤累计发生总承包服务费调整价款；⑥累计发生计日工价款；⑦累计发生物价变化调整价款；⑧累计发生法律法规及政策性变化调整价款；⑨累计发生工程变更价款；⑩累计发生新增工程价款；⑪累计发生工程索赔价款。（2）累计已扣回预付款（包括当期扣回价款）；（3）累计应付进度款；（4）前期累计已支付进度款；（5）发包人应扣除的价款；（6）本期应付进度款。

80. C、E。本题考核的是开办费的内容。开办费在不同的招标项目中包括的内容可能不相同，一般可能包括以下内容：现场勘察费、现场清理费、进场临时道路费、业主代表和现场工程师设施费、现场试验设施费、施工用水电费、脚手架及小型工具费、承包商临时设施费、现场保卫设施和安装费用、职工交通费、其他杂项。

《建设工程经济》

考前冲刺试卷（三）及解析

《建设工程经济》考前冲刺试卷

一、单项选择题（共60题，每题1分。每题的备选项中，只有1个最符合题意）

1. 某公司向银行借款15万元，年利率为6%，按复利每季度计息一次，6年到期后一次性还本付息，则应付的利息是（　　）万元。
   A. 5.159
   B. 6.278
   C. 6.386
   D. 6.443

2. 关于资金时间价值影响因素的说法，正确的是（　　）。
   A. 资金在不同时机，时间价值相同
   B. 资金使用时间越长，资金的时间价值越小
   C. 投入运营的资金数量越多，资金的时间价值就越多
   D. 资金周转越快，在一定的时间内等量资金的周转次数越少

3. 某人计划5年内每年年末存入银行200万元，银行年利率6%，按复利计息，则5年末可一次性回收的本利和为（　　）万元。
   A. 1127.42
   B. 1035.48
   C. 794.79
   D. 1338.23

4. 采用静态投资回收期指标评价方案经济效果的不足是（　　）。
   A. 不能反映方案原始投资的补偿速度
   B. 不考虑投资回收之前的效果
   C. 不能反映方案投资风险大小
   D. 不能准确衡量方案在整个计算期内的经济效果

5. 评价方案盈利能力的绝对效果指标是（　　）。
   A. 财务内部收益率
   B. 财务净现值
   C. 静态投资回收期
   D. 投资收益率

6. 某项目在可行性研究阶段，有甲、乙、丙、丁四个备选方案，投资额依次增加，内部收益率分别为7.8%、8%、9%、9.8%，基准收益率为8%，若采用增量内部收益率时，应优先选择（　　）两个方案进行比较。

1

A. 甲、乙 B. 乙、丙
C. 丙、丁 D. 甲、丙

7. 关于敏感性分析的说法，正确的是（ ）。
A. 敏感性分析可以通过计算敏感度系数和临界点确定敏感因素
B. 不确定因素的临界点越低，该因素对方案的评价指标影响越小
C. 敏感度系数（S_{AF}）大于零，表示评价指标与不确定因素反方向变化
D. 敏感度系数的绝对值越大，表明评价指标对于不确定因素越不敏感

8. 可以采用大修理方式进行补偿的设备磨损是（ ）。
A. 有形磨损的局部补偿 B. 有形磨损的完全补偿
C. 无形磨损的局部补偿 D. 无形磨损的完全补偿

9. 某设备 4 年前的原始取得成本是 10000 元，目前的账面价值是 4000 元，净残值为 1500 元，在进行设备更新分析时，应视为该设备沉没成本的价值（ ）元。
A. 2500 B. 8500
C. 10000 D. 1500

10. 价值工程研究对象的成本是指（ ）。
A. 产品使用成本 B. 产品寿命周期成本
C. 产品方案的比较成本 D. 产品生产成本

11. 选定对象应用价值工程的最终目标是（ ）。
A. 提高功能 B. 降低成本
C. 提高价值 D. 降低能耗

12. 下列会计要素中，属于流动负债的是（ ）。
A. 应付债券 B. 预付账款
C. 应付职工薪酬 D. 长期借款

13. 会计监督的主要作用是（ ）。
A. 客观反映经济活动，记录已经发生或已经完成的经济活动
B. 明确财务状况，能够记录和汇总企业各种财务交易信息
C. 企业能够获得精准的财务数据，便于进行经营分析和预测
D. 控制经济活动，引导经济活动按照预定的计划和要求进行，以实现既定的目标

14. 下列静态会计等式中，错误的是（ ）。
A. 资产=权益 B. 所有者权益=资产-债权人权益
C. 负债=资产-所有者权益 D. 资产=债权人权益

15. 关于存货初始计量的说法，正确的是（ ）。
A. 施工企业消耗的原材料直接运抵现场使用的，按直接费用计量
B. 投资者投入存货的成本，合同或协议约定价值不公允的，应按照重置成本计量
C. 盘盈存货按照公允价值计量
D. 提供劳务取得的存货，按照从事劳务提供人员的直接人工和其他直接费用以及可以归属于该存货的间接费用计量

16. 下列固定资产折旧方法中，折旧基数随着使用年限的变化而不断变化的是（　　）。

A. 年数总和法　　　　　　　　B. 工作量法

C. 年限平均法　　　　　　　　D. 双倍余额递减法

17. 施工企业发生的下列费用，应当计入财务费用的有（　　）。

A. 应付债券　　　　　　　　　B. 储备基金

C. 盈余公积　　　　　　　　　D. 利息支出

18. 施工企业向外提供机械作业、运输服务取得的收入属于（　　）。

A. 提供劳务收入　　　　　　　B. 销售商品收入

C. 让渡资产使用权收入　　　　D. 建造合同收入

19. 当建筑业企业不能可靠地估计建造合同的结果时，合同成本能够回收的，合同收入根据（　　）来确认，合同成本在其发生的当期确认为费用。

A. 能够收回的实际合同成本　　B. 按实际投入的成本确认收入

C. 合同初始收入　　　　　　　D. 实际合同成本+合理利润

20. 某施工企业当期实际营业利润2000万元，其他业务收入1000万元，营业外收入50万元，营业外支出60万元，则该企业的利润总额为（　　）万元。

A. 2110　　　　　　　　　　　B. 2900

C. 2990　　　　　　　　　　　D. 2940

21. 下列现金流量，不能按照净额列报的是（　　）。

A. 代客户收取或支付的现金

B. 处置固定资产收回的现金

C. 周转快、金额大、期限短项目的现金流入和现金流出

D. 短期贷款发放与收回的贷款本金

22. 某产品生产所需的甲材料消耗情况见表1。采用因素分析法（因素重要性按表1中顺序），则甲材料价格变动对产品总成本的影响是使成本增加（　　）万元。

表1　某产品生产所需的甲材料消耗情况表

项目	单位	计划值	实际值
产品产量	件	100	100
单位产品甲材料消耗量	kg/件	85	90
甲材料价格	元/kg	300	320
甲材料费用	元	2550000	2880000

A. 18　　　　　　　　　　　　B. 15

C. 16　　　　　　　　　　　　D. 17

23. 在计算偿债备付率时，各年可用于还本付息的资金是（　　）。

A. 息税前利润+折旧+摊销

B. 息税前利润+折旧+摊销+所得税

C. 息税前利润+折旧+摊销-所得税

D. 息税前利润-所得税

24. 关于短期负债筹资特点的说法，正确的是（　　）。
   A. 限制条件较多　　　　　　　　B. 筹资成本较高
   C. 筹资弹性好　　　　　　　　　D. 筹资风险低

25. 采用周转信贷协定向银行借款时，企业（　　）。
   A. 可以周转使用信贷资金，贷款额度不受限制
   B. 在有效期和最高限额内，可在任何时候借款
   C. 可以周转使用信贷资金，不必偿还本金
   D. 必须按规定的周期和固定的金额借款

26. 某企业为了扩大规模，筹资金额为 100000 万元，现有两个筹资方案可以选择，见表 2。从资本结构最优的角度应选择方案，下列说法正确的是（　　）。

表 2　某企业筹资方案数据表

筹资方式	原资本结构		追加筹资方案 1		追加筹资方案 2	
	筹资额(万元)	个别资金成本	筹资额(万元)	个别资金成本	筹资额(万元)	个别资金成本
长期借款	25000	6%	10000	5%	30000	6%
长期债券	45000	8%	20000	7%	40000	9%
普通股	30000	15%	70000	16%	30000	15%
合计	100000		100000		100000	

   A. 选择追加筹资方案 1
   B. 选择追加筹资方案 2
   C. 两方案均可
   D. 追加筹资方案 1 的资金成本<追加筹资方案 2 的资金成本

27. 关于短期负债管理目的的说法，错误的是（　　）。
   A. 维护企业流动性和偿债能力　　　B. 增强企业抵御风险的能力
   C. 开拓存款市场　　　　　　　　　D. 提高企业利润和发展潜力

28. 下列费用中，属于建设工程静态投资的是（　　）。
   A. 价差预备费　　　　　　　　　　B. 基本预备费
   C. 建设期贷款利息　　　　　　　　D. 资金占用成本

29. 某进口设备，装运港船上交货价（FOB）为 70 万美元，到岸价（CIF）为 78 万美元，关税税率为 10%，增值税税率为 13%，美元汇率为：1 美元＝6.9 元人民币，则该进口设备的增值税为人民币（　　）万元。
   A. 62.7900　　　　　　　　　　　B. 69.9660
   C. 76.2450　　　　　　　　　　　D. 76.9626

30. 施工企业向定期休假的工人支付的工资，属于建筑安装工程费用中的（　　）。
   A. 计时工资　　　　　　　　　　　B. 计件工资
   C. 特殊情况下支付的工资　　　　　D. 津贴补贴

31. 下列费用项目中，属于建筑安装工程费中规费的是（　　）。

A. 职工福利费 B. 劳动保护费
C. 社会保险费 D. 职工教育经费

32. 项目建设管理费以建设投资中的（　　）为基数乘以项目建设管理费费率计算。
A. 建筑安装工程费 B. 工程准备费
C. 生产准备费 D. 工程费用

33. 提前进厂参与工艺设备、电气、仪表安装调试等生产准备工作而发生的人工费应从（　　）中支付。
A. 建筑安装工程费 B. 设备工器具购置费
C. 建设单位管理费 D. 生产准备费

34. 某项目分部分项工程费 3000 万元，措施项目费 90 万元，其中安全文明施工费 60 万元；其他项目费 80 万元，规费 40.5 万元，以上费用均不含增值税进项税额。则该项目的增值税销项税额为（　　）万元。
A. 96.315 B. 283.545
C. 288.945 D. 321.050

35. 对于产品规格多、工序重复、工作量小的施工过程，以同类型工序或同类型产品的实耗工时为标准制定人工定额的方法是（　　）。
A. 经验估价法 B. 统计分析法
C. 技术测定法 D. 比较类推法

36. 按照工程定额编制要求，在工作时间分类中，属于损失时间而不被计入时间定额的是（　　）
A. 工人擅离岗位引起的机器停工时间
B. 机械在负荷下所做的多余工作
C. 低负荷下的工作时间
D. 机器进行任务内未包括的工作而延续的时间

37. 工程造价管理机构在确定计价定额人工费时，采用的人工日工资单价应按照（　　）确定。
A. 施工企业平均技术熟练程度的生产工人在每工作日按规定从事施工作业的日工资总额
B. 本地区领先的施工企业平均技术熟练程度的工人每工作日应得的日工资总额
C. 施工企业最熟练的技术工人每工作日按规定从事施工作业应得的日工资总额
D. 本领域大多数施工企业一般熟练技术程度工人每工作日实际得到的工资总额

38. 下列施工机械中，其安拆费及场外运费应单独计算，但不计入施工机械台班单价中的是（　　）。
A. 安拆简单的轻型施工机械 B. 利用辅助设施移动的施工机械
C. 固定在车间的施工机械 D. 不需辅助设施移动的施工运输机械

39. 依据劳动定额编制预算定额人工工日消耗量，已知完成 $10m^3$ 某工作的基本用工 8 个工日、辅助用工 1.5 个工日、超运距用工 0.5 个工日，人工幅度差系数按照 15%考虑，则完成该工作 10m³ 的预算定额人工消耗量为（　　）工日。

A. 10.0　　　　　　　　　　　B. 11.2

C. 11.3　　　　　　　　　　　D. 11.5

40. 编制建设工程项目设计概算时进行的工作有：①确定有关数据；②收集原始资料；③单位工程概算书编制；④各项费用计算；⑤单项工程综合概算书的编制。其正确顺序是（　　）。

A. ③→①→②→④→⑤　　　　B. ②→①→④→③→⑤

C. ③→②→①→④→⑤　　　　D. ①→②→③→④→⑤

41. 下列概算方法中，计算精度较低，但其编制速度快，对一般附属、辅助和服务工程项目投资概算有一定实用价值的方法是（　　）。

A. 概算指标法　　　　　　　　B. 概算定额法

C. 预算单价法　　　　　　　　D. 类似工程预算法

42. 关于施工图预算的作用，下列说法正确的是（　　）。

A. 是招投标阶段控制投标报价不突破最高投标限价的依据

B. 是施工企业确定合同价款的直接依据

C. 是施工企业收取工程款的直接依据

D. 是建设单位使用建设资金的依据

43. 使用编制依据编制的审查概算文件，其项目造价（投资）是否反映项目实施的真实造价（投资）水平，属于设计概算编制依据的（　　）审查内容。

A. 技术性　　　　　　　　　　B. 合理性

C. 经济性　　　　　　　　　　D. 适用性

44. 利用综合单价法计价，下列公式表述错误的是（　　）。

A. 分部分项工程费=∑（分部分项工程量×分部分项工程综合单价）

B. 措施项目费=∑（措施项目工程量×措施项目综合单价）+∑单项措施费

C. 其他项目费=暂列金额+暂估价+计日工+总承包服务费+规费+税金

D. 单位工程报价=分部分项工程费+措施项目费+其他项目费+规费+税金

45. 关于分部分项工程量清单中项目名称的确定，说法错误的是（　　）。

A.《计算规范》中规定的"项目名称"为分部工程项目名称

B. 分部分项工程量清单的项目名称应根据《计算规范》的项目名称结合拟建工程的实际情况确定

C. 编制工程量清单时，应以附录中的项目名称为基础，考虑该项目的规格、型号、材质等特征要求

D.《计算规范》中的"项目名称"一般以工程实体命名

46. 关于最高投标限价的说法，正确的是（　　）。

A. 招标人应在招标文件中公布最高投标限价总价各组成部分的详细内容

B. 招标人可在招标文件中对所编制的最高投标限价进行上浮处理

C. 招标人可在招标文件中对所编制的最高投标限价进行下调处理

D. 招标人应将最高投标限价报政府主管部门备案

47. 某预应力混凝土工程所用钢筋由发包人与承包人共同招标采购。施工招标文件中，该部分钢筋暂估价为5650元/t。已知市场价格在5600~5700元/t之间波动。若甲投标人自行采购，其采购价为5500元/t。根据《建设工程工程量清单计价规范》GB 50500—2013，甲投标人在投标报价时针对该部分钢筋应采用的单价是（　　）元/t。

A. 5500
B. 5600
C. 5650
D. 5700

48. 承包人实施的下列工程及工作应予以计量的是（　　）。

A. 承包人为完成永久工程所实施的临时工程，但合同约定应予计量的临时工程除外

B. 承包人责任造成的返工工程

C. 承包人所完成、但不符合合同图纸及合同规范要求的工程

D. 因不可抗力导致的超出合同约定工程范围的工程

49. 某工程由于承包人原因未在约定的工期内竣工，若该工程在原约定竣工日期后继续施工，则采用价格指数调整其价格差额时，现行价格指数应采用（　　）。

A. 原约定竣工日期的价格指数

B. 实际竣工日期的价格指数

C. 原约定竣工日期和实际竣工日期价格指数中较低的一个

D. 实际竣工日期前42d的价格指数

50. 当合同工程发生不适宜按合同约定和相关国家及行业工程量清单计价规范等计价的情况时，发承包双方可采用（　　）进行计价。

A. 固定总价方式
B. 变动总价方式
C. 计日工方式
D. 成本加酬金方式

51. 承包人完成不属于合同约定工程范围的新增工程时，发承包双方对新增工程价格（　　）。

A. 只能按照合同单价及投标报价水平计算

B. 只能重新协商确定新增工程的计量计价规则

C. 由发包人单方面决定计算方式

D. 可按合同约定的国家及行业工程量计算规范等规定计算，或重新协商确定

52. 某工程施工过程中，由于设计变更，新增加轻质材料隔墙$1000m^2$，已标价工程量清单中有此轻质材料隔墙项目综合单价，且新增部分工程量在15%以内，对工程变更价款调整应（　　）。

A. 按成本加利润的原则确定新的综合单价

B. 直接采用该项目综合单价

C. 按可调单价原则确定新的项目单价

D. 由承发包双方协商新的项目单价

53. 承包人在提交的最终结清申请单中，可提出索赔的是（　　）。

A. 竣工结算后发生的索赔
B. 开工通知发出后发生的索赔

C. 竣工验收申请前发生的索赔　　　　　D. 竣工付款证书颁发前发生的索赔

54. 施工合同履行期间出现现场签证事件时，现场签证应由（　　）提出。
A. 发包人　　　　　　　　　　　　　　B. 监理人
C. 设计人　　　　　　　　　　　　　　D. 承包人

55. 若承包人未在规定时间内提交施工过程结算文件，且在发包人催告后仍未提交或未明确答复，发包人根据已有资料编制的施工过程结算文件，下列说法正确的是（　　）。
A. 发包人单方面决定即可
B. 承包人收到文件后应立即确认
C. 承包人确认无异议或在约定时间内没有明确答复的，可视为已被承包人认可
D. 承包人提出异议但双方未达成一致

56. 关于质量保证金的说法，正确的是（　　）。
A. 承包人提供质量保证金的方式原则上采用扣留相应比例工程款的方式
B. 在工程竣工前，承包人已提供履约担保的，发包人不得同时预留质量保证金
C. 在支付工程进度款时逐次扣留时，质量保证金的计算基数应包括预付款的支付、扣回以及价格调整的金额
D. 发包人累计扣留的质量保证金不得超过工程价款结算总额的5%

57. 在工程总承包模式下，初步设计后项目清单编码第五级为（　　）。
A. 单位工程分类码　　　　　　　　　　B. 扩大分部分类码
C. 扩大分项分类码　　　　　　　　　　D. 初步设计后自编码

58. 国际工程投标报价中，投标人在标前会议前发现招标文件中对工程内容范围的描述含糊不清时，正确的处理方式是（　　）。
A. 应当提请说明，且表示或提出任何修改设计方案的要求
B. 应当提请说明，但不要表示或提出任何修改设计方案的要求
C. 不应当提出，但不要表示或提出任何修改设计方案的要求
D. 不需要提出，但应根据自己的判断报价并作出说明

59. 关于国际工程投标报价中分项工程单价分析的说法，正确的是（　　）。
A. 具有可靠定额标准的企业必须采用定额估价法进行单价分析计算
B. 为保证估价的正确与合理性，作业估价法的内容应包括制定施工计划和计算各项作业的资源费用等
C. 匡算估价法适合于工程量较大并且所占费用比例较大的分项工程
D. 采用作业估价法进行单价分析，估价师的实际经验直接决定估价的准确程度

60. BIM技术一般应用于施工图预算中的最高投标限价编制、工程量清单编制、投标预算编制、工程成本测算等工作，可以（　　）。
A. 实现对成本的实时模拟及核算
B. 有助于整个项目生命周期设计数据的共享
C. 提高建设工程工程量计算、计价的效率与准确率
D. 快速核对是否达到控制投资总额

二、多项选择题（共20题，每题2分。每题的备选项中，有2个或2个以上符合题意，至少有1个错项。错选，本题不得分；少选，所选的每个选项得0.5分）

61. 对于经营性的方案，财务分析可通过编制财务分析报表，计算财务指标，分析项目的（　　）。
   A. 盈利能力
   B. 抗风险能力
   C. 偿债能力
   D. 市场竞争能力
   E. 财务生存能力

62. 采用财务内部收益率指标评价方案经济效果的特点有（　　）。
   A. 考虑了资金的时间价值及方案在整个计算期内的现金流量
   B. 计算比较简单
   C. 可直接用于互斥方案之间的比选
   D. 大小完全取决于方案投资过程净现金流量的情况，不受外部参数影响
   E. 在某些情况下财务内部收益率可能不存在或有多个解

63. 关于敏感性分析中临界点的说法，正确的有（　　）。
   A. 临界点是指方案不允许不确定因素向不利方向变化的极限值
   B. 临界点可用临界点百分比或者临界值分别表示某一变量的变化达到一定的百分比或者一定数值时，技术方案的效益指标将从不可行转变为可行临界点
   C. 通过计算临界点来进行敏感性分析
   D. 临界点的确定可以通过敏感性分析图求得临界点的近似值
   E. 如当产品价格下降到某一值时，财务内部收益率将刚好等于基准收益率，此点称为产品价格下降的临界点

64. 施工企业经营租赁设备比购买设备的优越性有（　　）。
   A. 可以改善自身的投资结构
   B. 加快设备更新速度
   C. 不必承担设备维修和管理的责任
   D. 可避免通货膨胀和利率波动的冲击
   E. 可提高自身资金的流动性

65. 价值工程应用中，研究对象的功能价值系数小于1时，可能的原因有（　　）。
   A. 研究对象的功能现实成本小于功能评价值
   B. 研究对象的功能比较重要，但分配的成本偏小
   C. 研究对象可能存在过剩功能
   D. 研究对象实现功能的条件或方法不佳
   E. 研究对象的功能现实成本偏低

66. 关于企业会计信息质量要求的说法，正确的有（　　）。
   A. 企业应以实际发生的交易或者事项为依据进行会计核算
   B. 同一企业不同时期的会计信息应具有可比性
   C. 企业应按照交易或者事项的经济实质进行会计确认和计量
   D. 会计信息应主要便于企业内部管理者理解和使用
   E. 已经发生的交易或者事项应及时在会计信息中反映

67. 下列施工企业的各项支出中，在财务会计核算时应作为收益性支出的有（　　）。

   A. 建造办公楼支出　　　　　　　　B. 支付劳动报酬支出

   C. 管理费用支出　　　　　　　　　D. 财务费用支出

   E. 购买机械设备支出

68. 某施工企业签订一组合同，在同时具备（　　）条件时，会计处理上应合并为单项合同。

   A. 该组合同按一揽子交易签订

   B. 该组合同总收入能够可靠地计量

   C. 该组合同同时或依次履行

   D. 与合同相关的经济利益能够流入企业

   E. 该组合同中的每项合同实际上已构成一项综合利润率工程的组成部分

69. 财务报表至少应当包括（　　）。

   A. 成本分析表　　　　　　　　　　B. 资产负债表

   C. 现金流量表　　　　　　　　　　D. 利润表

   E. 所有者权益（或股东权益）变动表和附注

70. 企业盈利能力只涉及正常的营业状况，因此分析企业盈利能力时，下列情形应当排除的有（　　）。

   A. 证券买卖等非正常经营项目　　　B. 已经或将要停止的营业项目

   C. 新开发刚投入生产的经营项目　　D. 目前处于亏损状态的经营项目

   E. 会计准则变更带来的累积影响

71. 关于企业存货管理的说法，正确的有（　　）。

   A. 存货管理的目标是最大限度地降低存货成本

   B. 存货管理是要在存货成本与存货效益之间做出权衡，达到两者之间的最佳结合

   C. 财务部门存货管理的职责是选择供应单位及筹集订货资金

   D. 根据存货管理的 ABC 分析法，应对 C 类存货实施严格控制

   E. 存货的总成本是取得成本、储存成本和缺货成本之和

72. 根据我国现行建筑安装工程费用项目组成规定，包含在企业管理费中的费用项目有（　　）。

   A. 工地转移费　　　　　　　　　　B. 工具用具使用费

   C. 仪器仪表使用费　　　　　　　　D. 检验试验费

   E. 材料采购与保管费

73. 国家计量规范规定不宜计量的措施项目费中，适合采用费率法计算的有（　　）。

   A. 脚手架工程费　　　　　　　　　B. 安全文明施工费

   C. 二次搬运费　　　　　　　　　　D. 冬雨季施工增加费

   E. 夜间施工增加费

74. 关于概算定额的作用，下列说法正确的有（　　）。

   A. 是编制初步设计阶段工程概算、扩大初步设计阶段修正概算的主要依据

B. 是控制施工图预算和最高投标限价的依据

C. 是编制概算指标的依据

D. 是编制施工图预算、确定建筑安装工程造价的基础

E. 是编制施工组织设计的依据

75. 单位建筑工程概算各项费用的审查包括（   ）。

A. 审查费用项目是否按统一规定计列

B. 审查各项费用所包含的具体内容是否重复计算或遗漏

C. 审查取费标准是否符合国家有关部门或地方规定的标准

D. 审查具体费率或计取标准是否符合建设单位要求

E. 审查适用范围是否合理

76. 投标报价编制的依据有（   ）。

A. 预算定额、市场价格信息

B. 省级、行业建设主管部门颁发的工程量计量计价规定

C. 工程特点及交付标准、地勘水文资料、现场踏勘情况

D. 投标人企业定额、工程造价数据、市场价格信息及价格变动预期、装备及管理水平、造价资讯

E. 招标文件（包括招标工程量清单、合同条款、招标图纸、技术标准规范等）及其补遗、答疑、异议澄清或修正

77. 施工承包人实施按计日工计价的某项工作时，应报送发包人核实的资料有（   ）。

A. 工作名称、内容和数量

B. 投入该工作的所有人员的姓名、工种、级别和耗用工时

C. 投入该工作的材料类别和数量

D. 投入该工作的施工机具型号、台数和耗用台班

E. 实施该工作的全部流程

78. 关于提前竣工与工期延误的说法，正确的是（   ）。

A. 发包人要求合同工程提前竣工的，应承担承包人由此增加的提前竣工费用

B. 工程实施过程中，发包人要求合同工程提前竣工的，承包人必须采取加快工程进度的措施

C. 因承包人原因导致合同工程发生误期，承包人应赔偿发包人由此产生的损失，并应向发包人支付误期赔偿费

D. 因发承包一方原因导致工期延误，且在延长的工期内遭遇不可抗力的，不可抗力事件造成的损失由责任方承担

E. 发包人未作要求，由承包人自行提前竣工的，由此增加的费用应由承包人承担

79. 在工程竣工结算价款确认后，承包人提交的竣工结算价款支付申请的内容包括（   ）。

A. 工程竣工结算价款总额

11

B. 累计已实际支付的金额

C. 施工过程中发生的所有变更事项的详细清单

D. 应预留的质量保证金（已提供其他工程质量担保方式的除外）

E. 实际应支付的竣工结算款金额

80. 人工智能对工程计价的影响包括（　　）。

A. 支持价值工程　　　　　　　　B. 提高计价精度和效率

C. 限制了工程造价管理　　　　　D. 提供智能决策支持

E. 强化设计与施工协同

考前冲刺试卷（三）参考答案及解析

一、单项选择题

1. D；	2. C；	3. A；	4. D；	5. B；
6. B；	7. A；	8. A；	9. A；	10. B；
11. C；	12. C；	13. D；	14. D；	15. D；
16. D；	17. D；	18. A；	19. A；	20. C；
21. B；	22. A；	23. C；	24. C；	25. B；
26. A；	27. C；	28. B；	29. D；	30. C；
31. C；	32. D；	33. D；	34. C；	35. D；
36. A；	37. A；	38. B；	39. D；	40. B；
41. A；	42. D；	43. B；	44. C；	45. A；
46. A；	47. C；	48. D；	49. C；	50. C；
51. D；	52. B；	53. A；	54. D；	55. C；
56. B；	57. B；	58. B；	59. B；	60. C。

【解析】

1. D。本题考核的是利息的计算。$I=P[(1+i)^n-1]=15\times[(1+6\%/4)^{4\times6}-1]=6.443$ 万元。

2. C。本题考核的是资金时间价值的影响因素。选项 A 错误，不同时机生产经营获利的可能性及水平高低不同，资金在不同时机使用的增值潜力不同，具有不同的时间价值。选项 B 错误，在单位时间的资金增值率一定的条件下，资金使用时间越长，则资金的时间价值越大；使用时间越短，则资金的时间价值越小。选项 D 错误，在资金周转效率一定的情况下，资金周转越快，在一定的时间内等量资金的周转次数越多，资金的时间价值越多；反之，资金的时间价值越少。

3. A。本题考核的是等额支付系列终值的计算。5 年末可一次性回收的本利和 = $200\times\dfrac{(1+6\%)^5-1}{6\%}$ = 1127.42 万元。

4. D。本题考核的是静态投资回收期的优缺点。静态投资回收期指标的优点是计算简单，容易理解，可以反映方案原始投资的补偿速度和方案投资风险大小。静态投资回收期愈短，投资风险愈小，方案抗风险能力愈强。对于那些技术上更新迅速的方案，或资金相当短缺的方案，或未来的情况很难预测而投资者又特别关心资金补偿的方案，适宜采用静态投资回收期指标进行分析；但其缺点是静态投资回收期没有全面地考虑方案整个计算期内的现金流量，即只考虑投资回收之前的效果，不能反映投资回收之后的情况，故无法准确衡量方案在整个计算期内的经济效果，因此用于方案选择时只能作为辅助评价指标，或与其他评价指标结合应用。

5. B。本题考核的是财务净现值分析。财务净现值是评价方案盈利能力的绝对效果指标，反映的是方案所取得超过既定收益率的超额收益部分的现值大小。

6. B。本题考核的是增量指标分析法。常用的增量指标有增量财务净现值、增量投资财务内部收益率、增量静态投资回收期等。采用增量指标分析法的基本计算步骤为：（1）将方案按照投资额从小到大的顺序排列；（2）确定基础方案，即满足指标评判准则要求的投资额较小的方案，也称临时最优方案，作为整个方案序列计算的基础；（3）计算相邻两个方案的增量现金流量的评价指标，若满足评判准则的要求，则投资较大的方案优于投资较小的方案；若不满足，则投资较小的方案优于投资较大的方案，投资较大的方案被淘汰；（4）以确定的较优方案为基础方案，重复计算步骤，直至所有方案都计算完毕；（5）最后确定最优方案优选序列。

本题中，乙、丙、丁三个方案的内部收益率均大于等于基准收益率8%，方案可行，所以应优先选择乙、丙进行比较。

7. A。本题考核的是敏感性分析。敏感度系数较高者或临界点较低者为较为敏感的因素，所以选项B错误。敏感度系数$S_{AF}>0$，表示评价指标与不确定因素同方向变化；$S_{AF}<0$，表示评价指标与不确定因素反方向变化，所以选项C错误。$|S_{AF}|$越大，分析指标对于该不确定因素的敏感度越高，所以选项D错误。

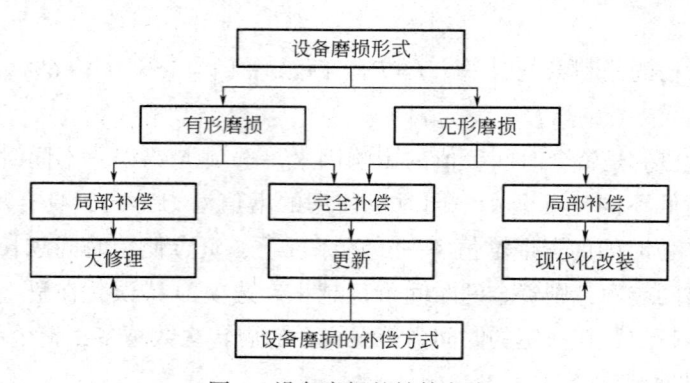

8. A。本题考核的是设备磨损的补偿方式。设备磨损的补偿方式如图1所示。

图1 设备磨损的补偿方式

9. A。本题考核的是沉没成本的计算。目前该设备的价值等于净残值1500元，该旧设备的沉没成本＝4000−1500＝2500元。

10. B。本题考核的是价值工程的概念。价值是对象所具有的功能与获得该功能所发生的费用之比。理论公式为：

$$V = \frac{F}{C}$$

式中　V——价值；
　　　F——对象的功能，即对象能满足某种需求的效用或属性；

C——对象获得功能所发生的费用（成本），包括获得功能所有权/使用权的费用（成本）和保证功能发挥作用的费用（成本），即寿命周期成本。

11. C。本题考核的是价值工程的特点。价值工程的目标是提高对象的价值。

12. C。本题考核的是流动负债的内容。流动负债包括短期借款、交易性金融负债、衍生金融负债、应付票据、应付账款、预收款项、合同负债、应付职工薪酬、应缴税费、其他应付款、持有待售负债、一年内到期的非流动负债、其他流动负债。

13. D。本题考核的是会计监督的主要作用。会计监督的主要作用是控制经济活动，引导经济活动按照预定的计划和要求进行，以实现既定的目标。

14. D。本题考核的是静态会计等式的应用。企业会计要素中，资产、负债和所有者权益是反映企业某一时点财务状况的会计要素。其公式为"资产＝负债+所有者权益"，反映企业财务状况各会计要素的关系，称为静态会计等式。

15. D。本题考核的是存货初始计量。施工企业消耗的原材料一部分是直接运抵现场使用的，按外购成本计量；另一部分是需要进一步加工的，计量需加工取得的存货成本，重点是确定加工成本，所以选项A错误。投资者投入存货的成本，应当按照投资合同或协议约定的价值确定，但合同或协议约定价值不公允的，应按照公允价值计量，所以选项B错误。盘盈存货按照重置成本计量，所以选项C错误。

16. D。本题考核的是固定资产折旧方法。年限平均法按固定资产的使用年限平均分摊固定资产应计折旧额；工作量法按固定资产使用年限内预计总工作量平均分摊固定资产应计折旧额；双倍余额递减法折旧率不变，计算固定资产每期折旧额的基数逐年减小；年数总和法计算固定资产每期折旧额的基数不变（固定资产应计折旧额），而固定资产年折旧率逐年减小。

17. D。本题考核的是期间费用核算。期间费用包括财务费用。财务费用指企业为筹集生产经营所需资金等而发生的费用，包括利息支出（减利息收入）、汇兑损失（减汇兑收益）以及相关的手续费、因借入资金所付出的不符合资本化条件的借款费用、除外币专门借款之外的其他外币借款本金及其利息所产生的汇兑差额等。

18. A。本题考核的是收入的分类。提供劳务收入是指企业通过提供劳务作业而取得的收入。建筑业企业提供劳务一般均为非主营业务，主要包括机械作业、运输服务、设计业务、产品安装、餐饮住宿等。销售商品收入是指企业通过销售产品或商品而取得的收入。建筑业企业销售商品主要包括产品销售和材料销售两大类。产品销售主要有自行加工的碎石、商品混凝土、各种门窗制品等；材料销售主要有原材料、低值易耗品、周转材料、包装物等。让渡资产使用权收入是指企业通过让渡资产使用权而取得的收入，如金融企业发放贷款取得的收入，企业让渡无形资产使用权取得的收入等。建造合同收入是指企业通过签订建造合同并按合同要求为客户设计和建造房屋、道路、桥梁、水坝等建筑物以及船舶、飞机、大型机械设备等而取得的收入。

19. A。本题考核的是合同结果不能可靠地估计时建造合同收入的确认。当建筑业企业不能可靠地估计建造合同的结果时，就不能采用完工百分比法来确认和计量当期的合同收入，应区别以下两种情况进行处理：（1）合同成本能够回收的，合同收入根据能够收回的实际合同成本来确认，合同成本在其发生的当期确认为费用。（2）合同成本不能回收的，应在发生时立即确认为费用，不确认收入。

20. C。本题考核的是利润总额的计算。利润总额＝营业利润+营业外收入－营业外支出＝2000+1000+50－60＝2990万元。

21. B。本题考核的是现金流量列报。现金流量表的内容应当包括经营活动、投资活动和筹资活动产生的现金流量，分别按照现金流入和现金流出总额列报，但是以下3类现金流量可以按照净额列报：（1）代客户收取或支付的现金；（2）周转快、金额大、期限短项目的现金流入和现金流出；（3）金融企业的有关项目，包括短期贷款发放与收回的贷款本金、活期存款的吸收与支付、同业存款和存放同业款项的存取、向其他金融企业拆借资金以及证券的买入与卖出等。

22. A。本题考核的是连环替代法的运用。连环替代法是常用的一种因素分析法，是将分析指标分解为各个可以计量的因素，并根据各个因素之间的依存关系，顺次用各因素的比较值（通常为实际值）替代基准值（通常为标准值或计划值），据以测定各因素对财务指标的影响。差额计算法是连环替代法的一种简化形式，它是利用各因素的实际数与基准值之间的差额，计算各因素对分析指标的影响。本题中：

计划指标：100×85×300＝255万元；

第一次替代（产量）：100×85×300＝255万元；

第二次替代（消耗量）：100×90×300＝270万元；

第三次替代（价格）：100×90×320＝288万元；

甲材料价格对产品总成本的影响为：288－270＝18万元。

23. C。本题考核的是偿债备付率的计算。偿债备付率是指企业在借款偿还期内，各年可用于还本付息的资金与当期应还本付息金额的比值。其中，可用于还本付息的资金一般包括未分配利润（提取了盈余公积金、公益金并向股东支付完股利之后的未分配利润）、固定资产折旧、无形资产及其他资产摊销费，减去所得税。

24. C。本题考核的是短期负债筹资的特点。与长期负债筹资方式相比，短期负债筹资通常具有如下特点：（1）筹资速度较快；（2）筹资弹性好；（3）筹资成本较低；（4）筹资风险高。

25. B。本题考核的是周转信贷协定。周转信贷协定是银行具有法律义务地承诺提供不超过某一最高限额的贷款协定。在协定的有效期内，只要企业的借款总额未超过最高限额，银行必须满足企业任何时候提出的借款要求。企业享用周转信贷协定，通常要就贷款限额的未使用部分付给银行一笔承诺费。

26. B。本题考核的是资本结构决策的分析方法。本题的计算过程为：

追加筹资方案1的资金成本率为：

10000÷100000×5%+20000÷100000×7%+70000÷100000×16%＝13.1%

追加筹资方案2的资金成本率为：

30000÷100000×6%+40000÷100000×9%+30000÷100000×15%＝9.9%

根据上述数据计算，追加筹资方案2的资金成本比追加筹资方案1的资金成本低，故从最优资本结构的角度选择追加筹资方案2。

27. C。本题考核的是短期负债管理的目的。短期负债管理的目的是维护企业流动性和偿债能力，增强企业抵御风险的能力，提高企业利润和发展潜力。

28. B。本题考核的是建设工程静态投资的组成。固定资产投资可以分为静态投资部分和动态投资部分。静态投资部分由建筑安装工程费、设备及工器具购置费、工程建设其他费和基本预备费构成。动态投资部分，是指在建设期内，因建设期利息和国家新批准的税费、汇率、利率变动以及建设期价格变动引起的建设投资增加额，包括价差预备费、建设期利息等。

29. D。本题考核的是进口设备增值税的计算。增值税＝组成计税价格×增值税率，组成计税价格＝到岸价（CIF）×人民币外汇牌价+进口关税+消费税，进口关税＝到岸价（CIF）×人民币外汇牌价×关税税率，消费税为0，进口关税＝78×6.9×10%＝53.82万元，则增值税＝（78×6.9+53.82+0）×13%＝76.9626万元。

30. C。本题考核的是人工费的组成。特殊情况下支付的工资是指根据国家法律、法规和政策规定，因病、工伤、产假、计划生育假、婚丧假、事假、探亲假、定期休假、停工学习、执行国家或社会义务等原因按计时工资标准或计时工资标准的一定比例支付的工资。

31. C。本题考核的是规费的内容。规费包括社会保险费和住房公积金。社会保险费包括企业按照规定标准为职工缴纳的基本养老保险费、失业保险费、医疗保险费、生育保险费和工伤保险费。选项A、B、D属于企业管理费。

32. D。本题考核的是项目建设管理费的计算基数。项目建设管理费以建设投资中的工程费用为基数乘以项目建设管理费费率计算。

33. D。本题考核的是生产准备费。生产准备费包括生产人员提前进厂费，是指生产单位人员为熟悉工艺流程、设备性能、生产管理等，提前进厂参与工艺设备、电气、仪表安装调试等生产准备工作而发生的人工费等费用。

34. C。本题考核的是增值税销项税额的计算。增值税销项税额＝税前造价×9%。税前造价为人工费、材料费、施工机具使用费、企业管理费、利润和规费之和，各费用项目均不包含增值税可抵扣进项税额的价格计算。增值税销项税额＝（3000+90+80+40.5）×9%＝288.945万元。

35. D。本题考核的是制定人工定额的常用方法。对于同类型产品规格多、工序重复、工作量小的施工过程，常用比较类推法来制定人工定额。

36. C。本题考核的是施工机械工作时间消耗的分类。低负荷下的工作时间是由于工人或技术人员的过错所造成的施工机械在降低负荷的情况下工作的时间。例如，工人装车的砂石数量不足引起的汽车在降低负荷的情况下工作所延续的时间。此项工作时间不能作为计算时间定额的基础。

37. A。本题考核的是人工日工资单价的确定。人工日工资单价是指施工企业平均技术熟练程度的生产工人在每工作日（国家法定工作时间内）按规定从事施工作业应得的日工资总额，简称人工单价或人工工日单价。合理确定人工日工资单价是正确计算人工费的前提，有利于合理确定和有效控制工程造价。

38. B。本题考核的是安拆费及场外运费的计算规定。安拆费及场外运费根据施工机械不同分为计入台班单价、单独计算和不需计算三种类型。单独计算的情况包括：（1）安拆复杂、移动需要起重机运输机械的重型施工机械，其安拆费及场外运费单独计算。（2）利用辅助设施移动的施工机械，其辅助设施（包括轨道和枕木）等的折旧、搭设和拆除等费用可单独计算。（3）自升式塔式起重机、施工电梯安拆费的超高起点及其增加费，各地区、部门可根据具体情况确定。

39. D。本题考核的是预算定额中人工工日消耗量的计算。人工消耗量＝基本用工＋超运距用工＋辅助用工＋人工幅度差用工，人工幅度差用工数量＝∑（基本用工＋超运距用工＋辅助用工）×人工幅度差系数。则完成该工作 $10m^3$ 的预算定额人工消耗量＝(8+1.5+0.5)×(1+15%)＝11.5 工日。

40. B。本题考核的是设计概算编制的工作顺序。设计概算编制的工作顺序：收集原始资料→确定有关数据→各项费用计算→单位工程概算书编制→单项工程综合概算书的编制→建设项目总概算的编制。

41. A。本题考核的是单位工程概算的编制方法。概算指标法计算精度较低，但由于编制速度快，因此对一般附属、辅助和服务工程等项目，以及住宅和文化福利工程项目或投资较小、比较简单的工程项目投资概算有一定实用价值。

42. D。本题考核的是施工图预算的作用。施工图预算对建设单位的作用：（1）施工图预算是施工图设计阶段确定建设工程项目造价的依据，是设计文件的组成部分。（2）施工图预算是建设单位在施工期间安排建设资金计划和使用建设资金的依据。（3）施工图预算是确定工程最高投标限价的依据。（4）施工图预算可以作为确定合同价款、拨付工程进度款及办理工程结算的基础。施工图预算对施工单位的作用：（1）施工图预算是确定投标报价的参考依据。（2）施工图预算是施工单位进行施工准备的依据，是施工单位在施工前组织材料、机具、设备及劳动力供应的重要参考，是施工单位编制进度计划、统计完成工作量、进行经济核算的参考依据。（3）施工图预算是施工企业控制工程成本的依据。参考施工图预算确定的中标价格是施工企业收取工程款的依据，企业只有合理利用各项资源，采取先进技术和管理方法，将成本控制在施工图预算价格以内，才能获得较好的经济效益。（4）施工企业可以通过施工图预算和施工预算的对比分析，找出差距，采取必要的措施。

43. B。本题考核的是设计概算的审查内容。设计概算的审查内容之一是审查设计概算的编制依据。审查设计概算编制依据是否符合以下要求：（1）定额和标准的时效性。必须使用概算文件编制期正在执行使用的定额和标准，严禁使用已经作废或还没有正式颁布执行的定额和标准。（2）针对性。要针对项目特点，使用相关的编制依据，并在编制总说明中加以说明，使概算对项目造价（投资）有一个正确的认识。（3）合理性。概算文件中所使用的编制依据对项目造价（投资）水平的确定应当是合理的，也就是说，按照该编制依据编制的项目造价（投资）能够反映项目实施的真实造价（投资）水平。（4）对影响造价或投资水平的主要因素或关键工程的必要说明。概算文件编制依据中应对影响造价或投资水平的主要因素作较为详尽的说明，并对影响造价或投资水平关键工程造价（投资）水平的确定作较为详尽的说明。（5）适用性。不同的建设项目各具特点，概算文件中所使用的编制依据应适用于具体建设项目，不应使用不当或不适用的编制依据，以提高概算编制水平。

44．C。本题考核的是综合单价法计价公式。分部分项工程费＝∑（分部分项工程量×分部分项工程综合单价）。措施项目费＝∑（措施项目工程量×措施项目综合单价）+∑单项措施费。其他项目费＝暂列金额+暂估价+计日工+总承包服务费+其他。单位工程报价＝分部分项工程费+措施项目费+其他项目费+规费+税金。单项工程报价＝∑单位工程报价。总造价＝∑单项工程报价。

45．A。本题考核的是项目名称确定。分部分项工程量清单的项目名称应根据《计算规范》的项目名称结合拟建工程的实际情况确定。《计算规范》中规定的"项目名称"为分项工程项目名称，一般以工程实体命名。编制工程量清单时，应以附录中的项目名称为基础，考虑该项目的规格、型号、材质等特征要求，并结合拟建工程的实际情况，对其进行适当的调整或细化，使其能够反映影响工程造价的主要因素。

46．A。本题考核的是最高投标限价的应用。招标人应在招标文件中如实公布最高投标限价，不得对所编制的最高投标限价进行上浮或下调，所以选项B、C错误。招标人在招标文件中应公布最高投标限价各组成部分的详细内容，不得只公布最高投标限价总价，并应将最高投标限价报工程所在地工程造价管理机构备查，所以选项A正确，选项D错误。

47．C。本题考核的是其他项目清单与计价表的编制。暂估价不得变动和更改。暂估价中的材料、工程设备暂估单价必须按照招标人提供的暂估单价计入清单项目的综合单价；专业工程暂估价按招标工程量清单中列出的金额填写。材料、工程设备暂估单价和专业工程暂估价均由招标人提供，为暂估价格，在工程实施过程中，对于不同类型的材料与专业工程采用不同的计价方法。

48．D。本题考核的是工程计量一般规定。承包人实施的下列工程及工作不予计量：
（1）承包人为完成永久工程所实施的临时工程，合同约定应予计量的临时工程除外；
（2）承包人原因造成超出合同约定工程范围的工程；
（3）承包人所完成、但不符合合同图纸及合同规范要求的工程；
（4）承包人拆除及迁离不符合合同图纸及合同规范要求的工程或工作；
（5）承包人责任造成的其他返工。

49．C。本题考核的是物价变化合同价格调整原则。因承包人原因导致工期延误的，计划进度日期后续工程的价格，采用计划进度日期与实际进度日期两者价格的较低者。

50．C。本题考核的是计日工计价。合同工程发生不适宜按合同约定和相关国家及行业工程量清单计价规范等计价的，发承包双方可采用计日工方式进行计价。

51．D。本题考核的是新增工程价款确定。承包人按发包人要求完成不属于合同约定工程范围的新增工程，发承包双方可按合同约定的国家及行业工程量计算规范所规定的清单项目列项要求、工程量计算规则和补充的工程量计算规则、合同单价及投标报价水平计算新增工程价格，或重新协商确定新增工程的计量计价规则计算新增工程价格，并签订相关新增工程合同或补充协议。

52．B。本题考核的是工程变更价款调整方法的应用。直接采用适用的项目单价的前提是其采用的材料、施工工艺和方法相同，也不因此增加关键线路上工程的施工时间。该工程已标价工程量清单中有此轻质材料隔墙项目综合单价，且新增部分工程量在15%以内，所以应直接采用该项目的综合单价。

53. A。本题考核的是提出索赔截止期限。发承包双方在办理了竣工结算后，应被认为承包人已无权再提出竣工结算前所发生的任何工程索赔。承包人在提交的最终结清申请中，只限于提出竣工结算后的工程索赔，提出工程索赔的期限应自发承包双方最终结清时终止。

54. D。本题考核的是现场签证的程序。承包人应在接受发包人要求的7d内向发包人提出签证，发包人签证同意后施工。

55. C。本题考核的是施工过程结算。施工过程结算节点工程完工后，承包人应在规定时间内向发包人提交施工过程结算文件。承包人未提交施工过程结算文件，经发包人催告后仍未按要求提交或没有明确答复的，发包人可根据已有资料编制施工过程结算文件，并提请承包人确认。承包人确认无异议或在约定时间内没有明确答复的，应视为发包人编制的施工过程结算文件已被承包人认可，可作为办理施工过程结算和支付施工过程结算价款的依据。

56. B。本题考核的是质量保证金的处理。除专用合同条款另有约定外，质量保证金原则上采用质量保证金保函方式，所以选项A错误。在支付工程进度款时逐次扣留时，质量保证金的计算基数不包括预付款的支付、扣回以及价格调整的金额，所以选项C错误。发包人累计扣留的质量保证金不得超过工程价款结算总额的3%，所以选项D错误。

57. B。本题考核的是初步设计后清单编制。初步设计后项目清单编码应在可行性研究或方案设计后项目清单编码的基础上进行。前四级编码按照可行性研究或方案设计后清单编码确定；第五级为扩大分部分类码，第六级为扩大分项分类码，分别由两位阿拉伯数字组成，其编码可参考相关专业总承包工程量计算规范中的初步设计后项目清单表，该表中项目编码的最后四位即分别为扩大分部分类码和扩大分项分类码；第七级为初步设计后自编码，由两位阿拉伯数字组成，在同一扩大分项存在多种情况时使用。

58. B。本题考核的是参加标前会议的注意事项。参加标前会议应注意以下几点：（1）对工程内容范围不清的问题应当提请说明，但不要表示或提出任何修改设计方案的要求。（2）对招标文件中图纸与技术说明互相矛盾之处，可请求说明应以何者为准，但不要轻易提出修改技术要求。如果自己确实能提出对业主有利的修改方案，可在投标报价时提出，并做出相应的报价供业主选择而不必在会议中提出。（3）对含糊不清、容易产生歧义理解的合同条件，可以请求给予澄清、解释，但不要提出任何改变合同条件的要求。（4）投标人应注意提问的技巧，不要批评或否定业主在招标文件中的有关规定，提问的问题应是招标文件中比较明显的错误或疏漏，不要将对己方有利的错误或疏漏提出来，也不要将己方机密的设计方案或施工方案透露给竞争对手，同时要仔细倾听业主和竞争对手的谈话，从中探察他们的态度、经验和管理水平。

59. B。本题考核的是分项工程的单价分析。选项A错误，一般拥有较可靠定额标准的企业，定额估价法应用较为广泛；选项C错误，匡算估价法适合工程量不大、所占费用比例较小的分项工程；选项D错误，匡算估价法，估价师的实际经验直接决定了估价的准确程度。

60. C。本题考核的是 BIM 技术在建设项目中的应用。BIM 技术一般应用于施工图预算中的最高投标限价编制、工程量清单编制、投标预算编制、工程成本测算等工作，以提高建设工程工程量计算、计价的效率与准确率，降低管理成本与预算风险。选项 A、B、D 是在设计概算中的应用。

二、多项选择题

61. A、C、E；	62. A、D、E；	63. B、D、E；
64. B、D、E；	65. C、D；	66. A、B、C、E；
67. B、C、D；	68. A、C、E；	69. B、D、E；
70. A、B、E；	71. B、E；	72. A、B、D；
73. B、C、D、E；	74. A、B、C；	75. B、E；
76. B、C、D、E；	77. A、B、C、D；	78. A、C、D、E；
79. A、D、E；	80. B、D、E。	

【解析】

61. A、C、E。本题考核的是财务分析的内容。对于经营性的方案，财务分析可通过编制财务分析报表，计算财务指标，分析项目的盈利能力、偿债能力和财务生存能力，判断财务可接受性，明确项目对财务主体及投资者的价值贡献，为项目决策提供依据。

62. A、D、E。本题考核的是财务内部收益率指标的优缺点。财务内部收益率（FIRR）指标的优点是考虑了资金的时间价值及方案在整个计算期内的现金流量，其大小完全取决于方案投资过程净现金流量的情况，不受外部参数影响。但缺点是财务内部收益率计算比较麻烦，对于非常规现金流量的方案来讲，在某些情况下财务内部收益率可能不存在或有多个解。

63. B、D、E。本题考核的是敏感性分析。选项 A 错误，临界点是指不确定因素的变化使方案由可行变为不可行的临界数值。选项 C 错误，敏感性分析的目的在于寻求敏感因素，通过计算敏感度系数和临界点来判断。

64. B、D、E。本题考核的是设备租赁与设备购买的优越性。对于承租人，与设备购置相比，设备租赁的优越性：（1）节省设备投资。在资金短缺的情况下，用较少的资金获得急需的生产设备，使企业在资金短缺情况下仍可以使用设备。（2）加快设备更新速度。(3) 提高设备的利用率，特别是针对一些季节性或临时性需要使用的设备，企业通过租赁进行使用，可以避免设备购置带来的闲置。（4）设备租金可在所得税前扣除，能享受税费上的利益。（5）可以保持资金的流动状态，不会使企业资产负债状况恶化。（6）可避免通货膨胀和利率波动的冲击，减少投资风险。

65. C、D。本题考核的是功能评价。如果功能价值系数 $V<1$，表明功能目前成本大于功能评价值（初始目标成本）。一种可能是存量过剩功能；另一种可能是功能虽无过剩，但实现功能的条件或方法不佳，以致功能目前成本大于实现所需功能水平的理想成本。

66. A、B、C、E。本题考核的是企业会计信息质量要求。会计核算原则对于选择会计程序和方法具有重要的指导作用。同时也是提供会计信息的质量要求。企业会计信息质量要求：

（1）企业提供的会计信息应当反映与企业财务状况、经营成果和现金流量等有关的所有重要交易或者事项。

（2）企业对交易或者事项进行会计确认、计量和报告应当保持应有的谨慎，不应高估资产或者收益、低估负债或者费用。

（3）企业应当按照交易或者事项的经济实质进行会计确认、计量和报告，不应仅以交易或者事项的法律形式为依据。

（4）企业提供的会计信息应当具有可比性。

（5）企业提供的会计信息应当与财务会计报告使用者的经济决策需要相关，有助于财务会计报告使用者对企业过去、现在或者未来的情况做出评价或者预测。

（6）企业提供的会计信息应当清晰明了，便于财务会计报告使用者理解和使用。

（7）企业对于已经发生的交易或者事项，应当及时进行会计确认、计量和报告，不得提前或者延后。

（8）企业应当以实际发生的交易或者事项为依据进行会计确认、计量和报告，如实反映符合确认和计量要求的各项会计要素及其他相关信息，保证会计信息真实可靠、内容完整。

67. B、C、D。本题考核的是收益性支出的内容。收益性支出是指通过它所取得的财产或劳务的效益仅及于一个会计期间的支出。如企业外购材料、支付劳动报酬支出，以及管理费用、销售费用（营业费用）、财务费用支出等；另外，生产经营过程中缴纳税金、有关费用（消费税、城市维护建设税、资源税、教育费附加及房产税、土地使用税、车船使用税、印花税等）的支出也包括在收益性支出之内，它是企业得以存在并持续经营的必要的社会性支出。选项A、E属于资本性支出。

68. A、C、E。本题考核的是建造合同的合并。一组合同无论对应单个客户还是多个客户，同时满足下列条件的，应当合并为单项合同：（1）该组合同按一揽子交易签订；（2）该组合同密切相关，每项合同实际上已构成一项综合利润率工程的组成部分；（3）该组合同同时或依次履行。如果不同时符合上述三个条件，则不能将该组合同进行合并，而应以各单项合同进行会计处理。

69. B、C、D、E。本题考核的是财务报表的构成。财务报表是对企业财务状况、经营成果和现金流量的结构性表述，至少应当包括的组成部分有资产负债表、利润表、现金流量表、所有者权益（或股东权益）变动表和附注。

70. A、B、E。本题考核的是盈利能力分析应当排除的项目。盈利能力是指企业赚取利润的能力。一般来说，企业的盈利能力只涉及正常的营业状况。因此，在分析企业盈利能力时，应当排除以下项目：（1）证券买卖等非正常经营项目；（2）已经或将要停止的营业项目；（3）重大事故或法律更改等特别项目；（4）会计准则或财务制度变更带来的累积影响等因素。

71. B、E。本题考核的是存货管理。存货管理的目标是尽力在各种存货成本与存货效益之间做出权衡，达到两者的最佳结合，所以选项A错误、选项B正确。财务部门存货管理的职责是决定进货时间和进货批量，所以选项C错误。实施严格控制的是A类存货，所以选项D错误。存货的总成本=取得成本+储存成本+缺货成本，所以选项E正确。

72. A、B、D。本题考核的是企业管理费的组成。企业管理费是指建筑安装企业组织施工生产和经营管理所发生的费用。内容包括：管理人员工资、办公费、差旅交通费、固定资产使用费、工具用具使用费、劳动保险和职工福利费、劳动保护费、检验试验费、工会经费、职工教育经费、财产保险费、财务费、税金、城市维护建设税、教育费附加、地方教育附加和其他（包括技术转让费、技术开发费、投标费、业务招待费、绿化费、广告费、公证费、法律顾问费、审计费、咨询费、保险费等）。选项A属于差旅交通费，所以正确。选项C属于施工机具使用费；选项E属于材料费，所以不是正确答案。

73. B、C、D、E。本题考核的是措施项目费计算方法。国家计量规范规定不宜计量的措施项目中，适合采用费率法计算的有：（1）安全文明施工费；（2）夜间施工增加费；（3）二次搬运费；（4）冬雨季施工增加费；（5）已完工程及设备保护费。

74. A、B、C。本题考核的是概算定额的作用。概算定额主要作用包括：（1）是编制初步设计阶段工程概算、扩大初步设计阶段修正概算的主要依据。（2）是对设计项目进行技术经济分析比较的基础资料之一。（3）是编制建设工程主要材料计划的依据。（4）是控制施工图预算和最高投标限价的依据。（5）是工程结束后，进行竣工决算和项目评价的依据。（6）是编制概算指标的依据。

75. B、C。本题考核的是单位建筑工程概算各项费用的审查。各项费用的审查：审查是否按照有关规定计取企业管理费、规费及税金。审查各项费用所包含的具体内容是否重复计算或遗漏、取费标准是否符合国家有关部门或地方规定的标准。

76. B、C、D、E。本题考核的是投标报价编制的依据。投标报价编制的依据有：（1）《建设工程工程量清单计价规范》和相关的国家及行业工程量计算标准；（2）招标文件（包括招标工程量清单、合同条款、招标图纸、技术标准规范等）及其补遗、答疑、异议澄清或修正；（3）国家及省级、行业建设主管部门颁发的工程计量计价规定以及根据工程需要补充的工程量计算规则；（4）与招标工程相关的技术、标准、规范等技术资料；（5）工程特点及交付标准、地勘水文资料、现场踏勘情况；（6）投标人的工程实施方案及投标工期；（7）投标人企业定额、工程造价数据、市场价格信息及价格变动预期、装备及管理水平、造价资讯等；（8）其他相关资料。

77. A、B、C、D。本题考核的是计日工计价。采用计日工计价的任何一项工作，承包人应在该项工作实施过程中，每天提交以下报表和有关凭证报送发包人核实：

（1）工作名称、内容和数量；
（2）投入该工作的所有人员的姓名、工种、级别和耗用工时；
（3）投入该工作的材料名称、类别、规格、品牌和数量；
（4）投入该工作的施工机具型号、台数和耗用台班；
（5）发包人要求提交的其他有关资料和凭证。

78. A、C、D、E。本题考核的是因提前竣工（赶工）、工期延误导致的工程索赔。发包人要求合同工程提前竣工的，应征得承包人同意后与承包人商定采取加快工程进度的措施,并应修订合同工程进度计划。发包人应承担承包人由此增加的提前竣工(赶工)补偿费用,所以选项A正确,选项B错误。因承包人原因导致合同工程发生误期,承包人应赔偿发包人由此产生的损失,并应向发包人支付误期赔偿费,所以选项C正确。因发承包一方原因导致工期延误,且在延长的工期内遭遇不可抗力的,不可抗力事件造成的损失由责任方承担,所以选项D正确。发包人未作要求,由承包人自行提前竣工的,由此增加的费用应由承包人承担,所以选项E正确。

79. A、B、D、E。本题考核的是竣工结算价款支付申请的内容。工程竣工结算价款确认后,承包人应根据竣工结算文件向发包人提交竣工结算价款支付申请,办理竣工结算。支付申请应包括下列内容:(1)工程竣工结算价款总额;(2)累计已实际支付的金额;(3)应预留的质量保证金(已提供其他工程质量担保方式的除外);(4)实际应支付的竣工结算款金额。

80. B、D、E。本题考核的是人工智能对工程计价的影响。人工智能对工程计价的影响包括:(1)提高计价精度和效率;(2)提供智能决策支持;(3)强化设计与施工协同。